2017年国家社科基金一般项目"新媒介场域下的新闻生产惯习研究"
（项目编号：17BXW025）成果

新媒介场域下的新闻生产惯习研究

A Study on News Production Habitus
in the Field of New Media

王 敏 著

西南大学出版社
国家一级出版社 全国百佳图书出版单位

图书在版编目(CIP)数据

新媒介场域下的新闻生产惯习研究/ 王敏著. --重庆：西南大学出版社，2024.6. -- ISBN 978-7-5697-2376-2

I.G21

中国国家版本馆CIP数据核字第2024JQ3593号

新媒介场域下的新闻生产惯习研究
XINMEIJIE CHANGYU XIA DE XINWEN SHENGCHAN GUANXI YANJIU

王敏　著

责任编辑	刘江华
责任校对	胡君梅
排　　版	杨建华
出版发行	西南大学出版社（原西南师范大学出版社）
地　　址	重庆市北碚区天生路2号
邮　　编	400715
电　　话	023-68868624
印　　刷	重庆美惠彩色印刷有限公司
成品尺寸	185 mm×260 mm
印　　张	15.5
字　　数	304千字
版　　次	2024年6月第1版
印　　次	2024年6月第1次印刷
书　　号	ISBN 978-7-5697-2376-2
定　　价	68.00元

第二节　M报融合新闻生产机制与媒介逻辑重构……………………34
　　一、M报及融媒体中心概况……………………………………34
　　二、融合新闻生产机制考察……………………………………36
　　三、多平台运作…………………………………………………46
　　四、情感化叙事推动下的内容生产逻辑重置…………………52
　　五、融合之困……………………………………………………61
第三节　融合新闻生产中的编辑室控制…………………………67
　　一、媒介社会学路径下的编辑室控制研究及反思……………67
　　二、互联网时代传统控制因素及其嬗变………………………70
　　三、数字新闻生产中的新型控制:以微信为例………………72
第四节　总结:新媒介场域下惯习的延续与变迁………………80

第四章　策展:复杂媒介生态中的内容生产方式创新………………85
第一节　"策展"及其进入新闻业的观念脉络……………………86
　　一、策展溯源……………………………………………………86
　　二、把关与策展:两个对照性的概念…………………………90
第二节　全球视野下的内容策展实践……………………………96
　　一、社群媒体的内容策展………………………………………96
　　二、专业媒体的内容策展………………………………………101
第三节　社交媒体策展:基于对一个美国"策展记者"个人推特的考察…………106
　　一、研究对象选择与研究设计…………………………………107
　　二、"策展"推特信源使用分析…………………………………109
　　三、"社交媒体策展"信源使用的核心特征解析………………112
第四节　专业媒体策展:基于对M报"综合稿"生产的考察……115
　　一、"综合稿"的议题特点………………………………………118
　　二、"综合稿"的内容构成………………………………………120
　　三、"综合稿"的呈现特色………………………………………123
　　四、"综合稿"的信息来源………………………………………124
　　五、"综合稿"生产的动因解析…………………………………128

目 录

第一章 导论 从"常规"到"惯习":新闻生产社会学的研究框架及其变迁············1
 第一节 第一波新闻室研究浪潮:学术脉络与社会背景················2
  一、"第一波浪潮"的主要学术资源················3
  二、新闻"常规":核心概念及其反思················6
 第二节 "场域—惯习"框架引入媒介研究················12
 第三节 "第二波浪潮":网络时代新闻生产研究的再出发················13
  一、新闻生产研究的"去组织化"················14
  二、对新技术条件下新闻业自主性(autonomy)的重思················15
  三、媒介融合与新闻业的公共性················17
 第四节 小结:"第二个黄金年代的十字路口"················19

第二章 研究概述············21
 第一节 研究视角与核心概念················22
 第二节 研究框架················24
 第三节 研究方法················24
  一、以新闻民族志为核心的混合研究方法················24
  二、会话分析(conversation analysis)················26
  三、拓展个案法················26
 第四节 研究意义与伦理规范················27

第三章 融合:结构、冲突与控制············29
 第一节 融合新闻生产:传媒业的一种新工作模式················30
  一、媒介融合与融合新闻生产················30
  二、中国语境下的融合新闻生产:政策主导与技术驱动················32

内容提要

　　本书主要运用了媒介社会学的理论资源和经验视角,对融合新闻生产过程进行近距离的考察。将新闻生产视为一个多种力量影响下对新闻信息的建构过程,以"惯习"作为核心概念和研究支点,以新闻生产链条为主线,运用田野调查和典型个案资料分析,深入透视在互联网时代不断变化的媒介场域中,传统惯习如何遭遇数字化生产方式的冲击并做出回应,进而逐渐形成新惯习,总结和提炼新媒介场域下新闻生产惯习的主要形态、特征、影响因素,及其与媒介场域的互动规律,探索适应媒介融合传播特性的新闻生产模式,为互联网时代的新闻生产提供有理论指导意义和实践应用价值的对策建议。

作者简介

王敏，博士、西南大学新闻传媒学院教授、澳大利亚格里菲斯大学访问学者。主要研究领域为媒介社会学，尤其深耕媒体融合下的新闻生产方式转型研究，近年来深入海内外数十家媒体开展田野调查，推进了中国语境下媒介社会学的范式转型与实证研究。承担国家级、省部级课题十余项，在《新闻与传播研究》《国际新闻界》《现代传播》《新闻记者》等权威期刊发表CSSCI论文30余篇，多篇文章被《中国社会科学文摘》《中国人民大学复印报刊资料》全文转载。获重庆市社会科学优秀成果奖、重庆市高校课程思政教学名师等奖项和荣誉，入选中宣部、教育部高校与新闻单位互聘交流"双千计划"。

目录

第五节　"策展"对于新闻生产的创新价值及反思 …………………… 130
 一、策展推动的新闻知识形态和生产范式变革 …………………… 130
 二、策展实践中存在的问题及反思 ………………………………… 133

第六节　总结：一种新兴的内容生产方式 …………………………… 136

第五章　目击：UGC嵌入新闻生产的新路径 …………………… 139

第一节　媒体语境下的"目击"及其对新闻生产的价值 ……………… 141
 一、从"看见"到"说出"：目击的媒介化及其演变 ………………… 141
 二、"目击"与真实性 ………………………………………………… 145

第二节　"目击"融入新闻生产的全球实践 …………………………… 148
 一、"目击"对新闻生产边界的突破 ………………………………… 148
 二、"目击"融入新闻生产的实践模式 ……………………………… 152

第三节　"目击者内容"：问题、反思与策略建构 ……………………… 161
 一、"目击者内容"存在的问题与挑战 ……………………………… 161
 二、把关机制与传播伦理重构 ……………………………………… 172

第四节　社交媒体时代"目击"的价值延展 …………………………… 178
 一、参与价值：推动公众参与社会治理 …………………………… 179
 二、议题价值：边缘化群体进入媒体视野 ………………………… 180
 三、话语价值：国际视野下的话语权博弈 ………………………… 181
 四、记忆价值：保存与保护记忆 …………………………………… 182

第五节　总结："全民目击"时代的审思 ……………………………… 185

第六章　余论　互联网时代新闻民族志的重思与改造 …………… 187

第一节　理论溯源：民族志与新闻传播研究的勾连 ………………… 189
第二节　新闻生产研究使用民族志方法之反思 ……………………… 191
第三节　数字时代的新闻民族志：几个核心问题 …………………… 195
 一、整体观 …………………………………………………………… 195
 二、反思性与批判性 ………………………………………………… 196
 三、多点(multi-sited) ……………………………………………… 197

四、参与观察……………………………………………………………………197
　　五、线上田野……………………………………………………………………199
　　六、混合民族志…………………………………………………………………200
　第四节　基于田野个案的思考………………………………………………………201
　　一、田野的拓展：从"新闻室"观察到全过程观察……………………………201
　　二、"关键事件"与"追踪"策略…………………………………………………202
　　三、问题视域的拓展：以编辑室控制研究为例………………………………203
　第五节　总结：寻求民族志与新闻传播研究的深度互嵌…………………………205

附录一　在编辑室做田野………………………………………………………………207

附录二　参考文献………………………………………………………………………221

第一章

导论

从"常规"到"惯习":新闻生产社会学的研究框架及其变迁

在新闻生产社会学半个多世纪的研究历程中,先后呈现出两波有特色的研究浪潮。1970—1980年代,一批社会学家深入新闻编辑室,将人类学民族志研究方法植入社会学的组织研究框架之中,获取大量经验性的研究资料,以此探究社会权力结构作用于新闻生产的复杂过程,出现了一系列已被公认为这一领域经典的重要研究,形成了新闻生产社会学研究的"第一波浪潮"。2000之后,随着数字化技术的日新月异,新闻生产方式正在经历全方位的变革,促使研究者再度深入转型中的新闻编辑室,在承继"第一波浪潮"成熟的理论框架基础上,也试图从核心议题设定、研究方法、研究路径等各个方面尝试着突破,进行与网络化的新闻生产相适应的"多地点民族志"或者"网络民族志"研究。虽然"第二波浪潮"还处在刚刚发端、尚未定型的阶段,但其因应新媒体环境下的新新闻生态系统提出了很多有价值的新问题,无疑对新闻生产社会学的学科走向产生了极具创新性的影响。

第一节 第一波新闻室研究浪潮:学术脉络与社会背景

一般认为,新闻生产社会学发端于1950年代中期对新闻编辑室"社会控制"(social control)的研究,这一针对小规模的、特定对象间的互动关系的研究深受芝加哥学派传播研究的影响。其中比较突出的是怀特(David Manning White)的"把关人"(gatekeeper)研究,通过对一个报社编辑的个案研究,分析其一段时间内新闻选择。怀特惊异地发现,在所涉及的423件"被抛弃的"新闻个案中,只有18例有政治或其他方面的明确缘由。怀特最后得出结论:新闻选择主要取决于"把关人"自身的观念、感受、态度等,因此我们看到的新闻其实是不那么"客观"的![1] 与怀特的研究聚焦于在新闻组织中对新闻选择和审查新闻起重要作用的个体不同,沃伦·布里德(Warren Breed)在对新闻编辑室进行参与式观察(participate observation)的基础上,开始从组织研究的视角来分析新闻运作,尤其是那些决定新闻生产的权力因素。

怀特和布里德第一次将研究视角放到新闻媒介的组织内部,这种研究取向相对中

---

[1] Michael Schudson. (1989). The Sociology of New Production. *Media, Culture and Society*, vol. 11, pp. 263−282.

观,侧重将媒介作为社会组织来进行分析,"主要试图理解新闻从业者的工作努力如何受行业和职业要求的牵制,以及新闻生产过程中的各种规范和社会关系的制约,并在这个基础上展开对新闻产品的意识形态意义的考察"[1]。因此,其更直接地适用于研究编辑部组织层次的新闻生产方式和过程,以及探讨这种方式和过程中组织内外部各种因素的制约和影响。

在1960—1980年代,一些没有受过专业新闻学训练的社会学家不约而同地投入新闻生产研究,形成了学术史上的一个奇观。他们深入新闻编辑室内部,借鉴人类学田野调查的方式展开民族志研究(ethnography),出现了一批重要的优秀著作,形成了"新闻室观察研究"的第一波浪潮,主要包括爱泼斯坦(Edward Jay Epstein)《来自乌有之乡的新闻》(*News From Nowhere*)、盖伊·塔克曼(Gaye Tuchman)《做新闻:现实的社会建构》(*Making News: A Study of Social Construction of Reality*)、马克·费什曼(Mark Fishman)《制造新闻》(*Manufacturing the News*)、赫伯特·甘斯(Herbert J. Gans)《什么在决定新闻:对CBS晚间新闻、NBC夜间新闻、〈新闻周刊〉及〈时代〉周刊的研究》(*What's Deciding the News: A Study of CBS Evening News, NBC Nightly News, Newsweek, and Time*)等。这些研究尽管异彩纷呈,但都呈现出了如下一些大致相近的研究框架与理论支撑,共同形成了"第一波浪潮"的繁荣景观。

一、"第一波浪潮"的主要学术资源

(一)社会学组织理论

从学术脉络上看,这些研究都是主要运用社会学组织理论(organizational theory)对新闻生产进行研究。组织理论着重分析组织的结构和组织管理的一般原则,代表性人物之一泰勒(Fredrick W. Taylor)提出科学管理,其关于工业化组织的思想深刻地影响了行政组织管理和行政理论的研究,也对新闻生产研究产生了影响。从组织的形态看,媒介是一个相对独立的组织,又无时无刻不处于社会环境之中,与社会的各领域发生紧密的关联。

组织理论在1940年代后期成为非常盛行的理论,其核心在于"社会控制"的思想,即研究组织控制其成员行为的一整套系统化的规范和方式。1950年代怀特对新闻编辑室中的社会控制的研究,就是这一理论在新闻生产领域的率先应用。在社会学家眼中,新

---

[1] 李金铨、黄煜:《中国传媒研究、学术风格及其他》,《媒介研究》2004年第3期。

闻并非是其从业者所标榜的"对重要事件的客观报道",而是为了适应组织需求而生产出来的标准化产品,或者说得更直白一点,是为了吸引广告商、获取利润而生产的"眼球"产品。[1]

组织理论在1960年代以来的新闻生产研究浪潮中得到了更深入的应用。塔克曼等人通过对CBS等大的媒体机构的田野研究,探寻组织结构、利润攫取和新闻生产之间的关联。在组织理论视野下,新闻机构等同于商业机构,新闻被视为"工业产品",决定这种产品的是其所属的新闻机构与官僚建制,其内在驱动力是新闻机构对于赢利和效率的追逐,从而形成了新闻生产的常规(routines),导致的结果是新闻生产的同质化、标准化特征,总体上倾向于保守,传播强势者声音,维护精英立场,维持社会现状。虽然这些研究在具体结论上存在一定差异,比如甘斯认为决定新闻的并非主要在于媒体工业对效率和利润的追逐,而是对主流价值观与精英新闻源的依赖,但其主旨都在于揭示新闻产品的工具主义特性,其目的不是服务于民主和公众,而是对商业利益的追逐。

詹姆斯·卡文(James Curran)等人将1960年代开始兴起这一波新闻室研究浪潮的原因归结为:(1)社会学组织理论的成熟;(2)马克思主义的影响,尤其是对机构与权力共生属性的强调;(3)对媒介在政治中的重要性的日益增长的认识。[2]西方一些马克思主义学者认为,媒介最重要的功能是强化占主导地位的观点,比如,在研究媒体暴力问题时,他们强调"媒介暴力服务于将法律和秩序的力量合法化,为强制性的政府媒介管制建构认同,而'去合法化'外来者和持不同政见者"。基于这一认识,马克思主义学者也倾向于对服务于资本主义利益的劳动的"去技术化",这一点对新闻生产研究影响至深。如前所述,新闻生产社会学也强调新闻工作常规,将其比喻为工业化流水线生产。

(二)社会建构论与框架理论

20世纪早期新闻专业主义开始在美国确立,成为时至今日新闻业的核心信条,同时也成为被质疑最多的理念之一。新闻生产研究以社会建构理论为基础,直指以客观性理念为核心的新闻专业主义的虚伪性。如迈克尔·舒德森所说:"批评家们称,都市发展规划造就了贫民窟,学校教育造就了愚民,医药引发了疾病,精神病学创造了精神病,法庭促进了不公平现象的滋长……同样地,'客观'变成了最阴险的偏见,因为'客观'报道营造

---

[1] Stonbely, S. (2015). The Social and Intellectual Contexts of the US "Newsroom Studies", and the Media Sociology Today. *Journalism Studies*, vol. 16, no. 2, pp. 259–274

[2] Curran, J., Gurevitch, M., & Woollacott, J. (2005). The Study of the Media: Theoretical Approaches. In *Culture, Society and the Media*, Routledge, pp. 6–25.

出的社会现实拒绝审视威权和特权的基本结构。"[1]在社会学家眼中,不管新闻人如何标榜自己独立和客观,新闻业的主旨都是服务于权力和机构的需求。塔克曼认为,被雇佣的职业人士、管理层、所有者之间尽管存在对工作控制权的争夺,但最终,在大型现代新闻机构中,专业实践是为机构服务的,新闻专业主义意味着新闻人了解官僚建制常规(bureaucratic routines),熟悉政府机构信源,同时也清楚哪些信息是新闻机构日常工作所需要的。[2]费什曼在对犯罪新闻报道进行研究后得出结论,媒体对犯罪故事的报道总是遵循政府机构的视角和观点,而很少从别的角度进行叙事。而在甘斯的研究中,新闻专业主义不过是新闻人避免被指责为有偏见的一种手段,将主流价值观技巧性地植入新闻叙事之中。换言之,是以个人"客观叙事"的方式来传播机构的偏见!

这些社会学家频繁地使用"制造新闻"(Making News)这一术语,但他们认为,这与"伪造新闻"(Faking News)是有很大差异的,并非如有些新闻人所认为的那样是对新闻业的"侮辱性的"批评。塔克曼曾说:"新闻,如同所有的公共文件一样,都是一种建构的现实。""建构现实"(constructed reality)这一概念最早出现在肯尼斯·博克(Kenneth Burke)1945年发表的著作中,后来由于伯格(Berger)和卢克曼(Luckmann)的《现实的社会建构》(*The Social Construction of Reality: A Treatise on the Sociology of Knowledge*)一书而赢得了广泛关注。他们认为,人们不但在建构生活世界,而且在建构生活世界的同时,那些建构的方式、手段、程序也逐渐被人们所认知和接受,并转化为制度化、组织化的知识,而这些制度化、组织化了的知识反过来又成为人们建构生活世界的基础和依据。"建构论"在传统的效果研究的功能主义取向之外开辟了一条新的道路。它摆脱了刺激—反应模式的固有研究思路,将注意力集中在新闻组织机构、新闻从业者及其专业意识形态之间的相互关系上,并在一定程度上将其与更广泛的社会文化环境之间的复杂关联结合起来考察。[3]

塔克曼进而提出"作为框架的新闻"(news as a frame)这一概念,认为媒介对框架的使用是建构社会现实的重要力量。"框架"一词来源于社会学家戈夫曼的1974年的《框架分析》(*Frame Analysis*)一书,认为人们在认识社会事物时都会使用一个道具作为认识或判断的基准,这就是"框架"(frame)。[4]新闻框架的最终产品就是有关事件或现象新建构的现实,这一术语打破了媒体界长久以来盛行的"镜子"隐喻(新闻是反映现实世界的镜

---

[1] 迈克尔·舒德森:《发掘新闻:美国报业的社会史》,陈昌凤、常江译,北京:北京大学出版社,2009年,第146页。
[2] 盖伊·塔克曼:《做新闻:现实的社会建构》,李红涛译,北京:中国人民大学出版社,2022年,第10—11页。
[3] 张斌:《新闻生产与社会建构——论美国媒介社会学研究中的建构论取向》,《现代传播》2011年第1期,第23—27页。
[4] Goffman, E. (1974). *Frame Analysis: An essay on the Organization of Experience*. Cambridge, MA, US: Harvard University Press, pp. 10–11.

子），成为新闻生产研究中一个重要的基础性概念。

基于此，塔克曼指出，媒体的终极目标就是正当化社会现状，强化当代社会安排，维护现行政治体制。后来爱德华·S.赫尔曼和诺姆·乔姆斯基在传播政治经济学名著《制造共识》(Manufacturing Consent)中，重申了这一观点，并冠之以"大众传媒的宣传模式"(propaganda model of the mass media)。这一时段新闻生产的主要研究者们的这种共识，不约而同地导向或者呼应了一种更加宽泛的对资本主义社会的批判，尤其是对技术理性主义的批判。

1960年代开始了席卷西方社会的对权威的质疑和对官僚建制的反叛，体现在大规模的街头抗议、反越战示威活动，及至1968年的"五月风暴"学生运动。法兰克福学派左翼代表人物赫伯特·马尔库塞1964年出版的《单向度的人》(One-dimensional Man)，对资本主义意识形态及其对人的异化进行了深刻的批判，深深影响了甘斯、爱泼斯坦等人的新闻室研究。他们汲取了马尔库塞理论中"个人对组织的服从"这一论点，阐释了在新闻生产中，同样存在新闻人自动地修正自己的价值观，以和自己从属的新闻机构保持一致，从而将这样的观念"无意识地"植入新闻产品中。

与此同时，西方左派思想家们对霸权主义的揭露与批判也深深渗透进新闻生产研究之中。吉特林通过自己的亲身经历、大量的当事人采访和第一手材料，在传统的文献分析和历史研究方法的基础上，分析了"学生争取民主社会组织"(SDS)和《纽约时报》、CBS电视新闻报道之间的关系。他借用了意大利理论家安东尼奥·葛兰西的霸权理论。霸权理论的核心是统治阶级和被统治阶级的相互作用。作为一种意识形态的霸权，它渗透在人们的日常生活中，以获取被统治阶级对统治阶级思想的认同，从而达成社会秩序的稳定和权力再生产的顺利进行。在这样的理论视角下，新闻就是社会系统的产物，它和经济限制、记者的聘用和培训的方式、将意料之外的报道常规化等都密切相关。因而新闻生产的过程就是一个超越其组织常规的一系列因素相互作用的文化过程。[1]

二、新闻"常规"：核心概念及其反思

（一）"常规"形塑了新闻

在"第一波浪潮"中，学者们敏锐地捕捉到了"常规"对于新闻生产的重要性。盖伊·塔克曼率先提出"新闻常规"(news routines)这一概念，并认为"常规形塑了新闻"。她探

---

[1] 托德·吉特林：《新左派运动的媒介镜像》，张锐译，北京：华夏出版社，2007年，第4、22、41、188页。

讨了新闻网（news net）的分布、新闻的类型化处理、约定俗成的叙事方式等常规手段，对于新闻组织顺利、稳定地采集新闻的必要性，将新闻常规的运作界定为一种特殊的社会建构和社会资源，维系着媒体的日常运转，并指导媒体人的日常工作。[1]赫伯特·甘斯（Herbert J. Gans）也称："（新闻从业者）必须将新闻选择任务'惯例化'（routinize），以将它们置于可操控的范围之内。"并引用一位执行制片人所说，"每天的常规工作就像将螺母拧到螺栓上"[2]。尽管新闻每天在不断变化、难以预测，但在塔克曼、甘斯这些被妮娜·埃里索夫（Nina Eliasoph）称为"常规派理论家"（routines theorists）的眼中，新闻生产是高度常规化的，有固定的模式可循。按照大众文化的生产方式进行分工、合作和流水线式生产，让新闻生产者能够将大量意外事件进行常规化处理。对于传媒组织，常规是一套控制机制，以促使媒介工作者达到组织的预期目标；对于传媒内容生产者，常规是他们工作时所依循的脉络。具体而言，新闻生产的常规包括：报道单一新闻事件为主，而非长期的社会问题；主要依赖精英信源；必须在规定的时间完成相对固定的新闻生产量；注重报道的平衡性及凸显矛盾冲突；为受众进行信息重要性排序，把最重要的事实放在报道的最前面；克制地不在报道中加入编者意见；等等。[3]

"常规"的概念可以追溯到20世纪30年代芝加哥学派对于工业化背景下的工作（work）以及与工作相关的职业（occupation）和专业（profession）的研究，认为由于劳动分工的存在，从事相关工作的职业是相互联系的，它们共同构成了一个关于工作的生态系统。这个系统的最基本要素是职业工作，而职业主义的本质就在于对工作的合法性控制和专业知识的制度化过程。在现代社会，人们总是有太多的工作要做，为便于控制和提高效率，组织机构会尽可能将工作任务常规化。埃弗雷特·休斯（Everett C. Hughes）提出，常规化的过程是一个博弈和协商的过程，即职业工作者努力争取对需要做哪些工作以及时间安排等的控制权，在应对一些紧急情况的时候便于做出优先级排序。[4]

20世纪50年代布里德（Warren Breed）通过对编辑部日常流程的分析，揭示出层级化的审阅链条是如何将赞扬和批评的意见层层下达，"痛骂和蓝铅笔修改批示"是编辑室控制系统的一部分，潜在地会影响到从业者的升迁、岗位聘用和职业评价等，形成对从业者

---

[1] Tuchman, G. (1973). Making News by Doing Work: Routinizing the Unexpected, *The American Journal of Sociology*, vol. 79, no. 1, pp. 110-131.
[2] 赫伯特·甘斯：《什么在决定新闻：对CBS晚间新闻、NBC夜间新闻、〈新闻周刊〉及〈时代〉周刊的研究》，石琳、李红涛译，北京：北京大学出版社，2009年，第95、103页。
[3] Eliasoph, N. (1988). Routines and the Making of Oppositional News, *Critical Studies in Mass Communication*, vol. 5, no. 4, pp. 313-334.
[4] Hughes, E. C. (1964). *Men and Their Work*. Illinois: The Free Press of Glencoe, pp. 55-56.

的压力,迫使其遵循编辑室的价值观和操作规范。[1]在此过程中渐渐形成一种被埃弗雷特·休斯称为"仪式"(rituals)的常规化程序,强制性地要求所有从业者遵从。[2]社会学家安东尼·吉登斯认为,"常规"的形成来自于人们对本体安全的追求。为避免焦虑和孤立,社会行动者在实践中会时时提醒自己的行动避免偏离惯常轨道,从而做出常规性的行动,以获得在秩序之中的安全感。吉登斯将人类日常社会行为具有的这种例行化和重复化的普遍特征概括为"常规或例行化行动"(routine action),它使人们的互动可以预期,使社会生活有序化、可控制。[3]

新闻行业的特性决定了从业者需要随时应对各种突发事件(unexpected events)——正因如此它们才具有新闻价值,如海伦·休斯(Helen Hughes)所说,"快速、紧急是新闻的本质"[4]。新闻机构需要在很短的时间之内以及运用有限的人力物力资源去完成新闻的生产,所以效率非常重要。新闻机构提高效率的方法,和芝加哥学派所研究的现代职业工作一样,涉及如何有效地分工,以及将生产过程的各部分标准化和常规化。在实践中,新闻常规体现为两种做法:一是将杂乱无章的新闻素材进行分类,转变为各种可操作的模块,比如划分为硬新闻、软新闻、焦点新闻、发展中的新闻和持续性新闻,每一种类别都会按照媒体组织的要求进行新闻建构;二是依照事件发生的方式和媒体机构的要求,将新闻进行典型化处理,有的故事由于被高频率使用而成为故事原型(prototypes),为类似的新闻提供叙事框架,同时预估传播效果,其理念支撑是一种"永远反复重现"(eternal recurrence)的新闻观念,[5]可以用过去的经验来衡量未来。概言之,常规对于新闻工作极其重要,能够帮助新闻工作者应对新闻工作的无序和不确定性,简化新闻决策流程,有效地进行时间安排以及资源分配,从而高效率地完成新闻生产。

塔克曼在长期的新闻室田野调查中发现,常规进入新闻生产的过程并非总是强制性的,而是一个逐渐内化、浸润到从业者价值观的过程。这个过程与现代新闻业日趋专业化的过程同步,涉及到新闻机构如何安排生产、记者如何获取资讯、记者和消息来源如何取得联系与沟通、记者和同行之间的合作与竞争、新闻机构的内部结构和工作流程、上下级之间或不同部门之间的互动等。

---

[1] Breed, W. (1955). Social Control in the Newsroom: A Functional Analysis. *Social Forces*, vol.33, pp.326–335.
[2] Tuchman, G. (1972). Objectivity as Strategic Ritual: Examination of Newsmen's Notions of Objectivity. *American Journal of Sociology*, Vol 77, no. 4, pp. 660–679.
[3] 安东尼·吉登斯:《社会的构成:结构化理论大纲》,李康、李猛译,北京:三联书店,第133–142页。
[4] Hughes, H. M. (1940). *News and the Human Interest Story*, Chicago: University of Chicago Press, p.58.
[5] Bird, S. E., & Adams, D.B. (1990). Agenda Building and Information Subsidy in Local Television News, *Journalism Quarterly*, vol.67, pp 723–731.

由于"第一波浪潮"的学者们主要运用社会学组织理论(organizational theory)对新闻生产的过程进行研究,探寻组织结构、利润攫取和新闻生产之间的关联,将研究重心置于组织动力学而非新闻生产中的个人,因此,在组织理论视野下,新闻机构等同于商业机构,新闻等同于"工业产品",新闻机构和官僚建制合谋造就的常规主导新闻生产。媒介对政府官员为主的精英信源高度依赖,从而使其成为重要事件的主要定义者。"常规化"新闻生产的内在驱动力是新闻机构对于赢利和效率的追逐,导致的结果是新闻生产的同质化、标准化特征,总体上倾向于保守,强化已经占据主导地位的观点,维护精英立场,维持社会现状。概言之,建制倾斜成为新闻生产过程的副产品。

迈克尔·舒德森(Michael Schudson)提出,新闻文本书写的常规,包括在开头提供一个总括式的导语,聚焦于单一事件而不是长期过程等,有助于新闻报道凸显与主流文化契合的信息,而遮蔽那些与主流文化不谐和的信息。[1]吉特林研究新闻常规是如何与媒介机构的政治倾向结合在一起,来对1960年代的新左派运动进行扭曲化报道。[2]爱泼斯坦认为,新闻机构和新闻形式是制约媒体报道的双重力量,因此记者个人的政治观点对新闻生产无足轻重。[3]

"第一波浪潮"中的媒介社会学者们对主流媒体的新闻生产持批判态度,揭示出新闻产品的工具主义、理性和目的性操作,揭露建制式新闻生产所导致的话语霸权和对公共领域的侵蚀,导向或者呼应了20世纪六七十年代盛行的对资本主义社会的批判,尤其是对技术理性主义的批判,从而成为那个年代知识领域广泛的批判文化的一个组成部分。不过,与新马克思主义、霸权主义、传播政治经济学等对媒介所有者以及广告主等经济力量的高度凸显不同,新闻生产社会学强调新闻的实际生产过程中形成的常规,是最直接影响新闻内容的因素。新闻生产中的组织约束、经济约束、文本约束,以及由此带来的对记者职业工作、升迁等的压力,使得记者自动地修正自己的价值观,和所在的媒体机构保持一致,强化占据主导地位的观点,并将这样的观念"无意识"地植入新闻产品中。

(二)对过度强调"常规"的反思

然而,对常规的过度强调,也成为新闻生产社会学饱受诟病的一个理论缺陷,即过度强调官僚建制的需求和媒介组织约束,忽视个人的主观能动性,将新闻人视为只能主动

---

[1] Schudson, M. (1982). The Politics of Narrative Form: The Emergence of News Conventions in Print and Television, *Daedalus*, vol. 11, pp. 97-112

[2] 托德·吉特林:《新左派运动的媒介镜像》,张锐译,北京:华夏出版社,2007年,第42、187-189、193页。

[3] Epstein, E. J. (1973). *News from Nowhere: Television and the News*. New York: Random House, p. 265.

支持或被动忍受组织的命令,而非能够活跃思考和有创造力的能动者(agents)。新闻生产的职业实践被视为个体服从机构规则而理性算计的结果。如同舒德森所质疑的,按照组织理论的观点,新闻中的个人完全可以被忽略,因为无论他们是谁,来自哪里,都会迅速被机构的价值观和工作常规所"驯化"。[1]新闻生产研究的"第一波浪潮"尽管取得了辉煌的成绩,成为这个领域无可争议的高峰,但随着时代的变迁,其理论弱势和盲点也日益为学术界所认识。

首先,从研究视域来看,"第一波浪潮"的媒介社会学者们,主要是在媒介组织这个层面进行研究,仅仅聚焦于单个的媒介组织或者媒介部门,过于依赖经验材料和个人阐释,因而具有强烈的媒介中心主义和功能主义色彩。西蒙·科特尔(Simon Cottle)质疑了"第一波浪潮"过度强调新闻常规,将新闻工作"去技术化",将新闻人视为只能被动按照组织要求进行生产的"流水线上的工人",较少关注个人对机构约束的反制,忽视了新闻人自身的主观能动性(agency)和自反性(reflexivity)。过度强调政府信源的力量,而没有区分不同的权力层级和他们对待新闻的细微差别。[2]对"精英信源通过媒介而成为社会生活的主要定义者"这一结论,菲利普·施莱辛格(Philip Schlesinger)也进行了反思。他提出"战略性的信源竞争"(strategic source competition),来批判英国文化研究学者斯图尔特·霍尔(Stuart Hall)影响广泛的"主要解释人"(primary definer)学说,将信源视为一个竞争性的场域,"最优先的群体仅凭最有利的地位并不能保障一种优先的解释权。相反,如果他们获得了这种保障,那是由于在一个有缺陷的场域内成功的策略运用",[3]这一观念关注到了机构权力、精英信源和文化资本等背后的多维度差别,淡化了媒介中心色彩。

其次,从研究方法上,丹麦学者伊达·维利希(Ida Willig)认为,传统的新闻室民族志研究最大的问题是无法从理论和经验上去考察语境,也就是那些在民族志中"不可见"的结构,比如每天都会对新闻记者的新闻实践构成引导的政治经济维度。[4]西蒙·科特尔也认为,民族志研究尽管在新闻生产领域具有独特优势,通过参与式观察、访谈、文献分析等多种研究方法的交叉使用、相互印证,展现原本隐藏起来的新闻生产过程,但受限于各种条件,实际上很难观察到新闻机构内部的高层管理运作,也就是那些真正地决定新闻

---

[1] Schudson, M. (1989). The Sociology of New Production, *Media, Culture and Society*, vol.11, pp. 263-282.
[2] Cottle, S. (2007). Ethnography and News Production: New(s) Developments in the Field, *Sociology Compass*, vol.1, pp.1-16.
[3] Schlesinger, P. (1990). Rethinking the Sociology of Journalism: Source Strategies and the Limits of Media-Centrism, in M. Ferguson, eds., *Communication: The New Imperatives*, London: Sage, pp.61-83.
[4] Willig, I. (2012). Newsroom Ethnography in a Field Perspective, *Journalism: Theory, Practice & Criticism*, vol. 14, no. 3, pp. 372-387.

生产的力量,有的来自于新闻室内部,还有的是外部的、隐形的力量,但也同样重要地作用于新闻生产。[1]因此,"第一波浪潮"的研究尽管对新闻生产实践做出了深入细致的考察,但是在分析驱动和约束新闻生产常规的结构性力量时,就显得力有不逮。

妮娜·埃里索夫反驳了塔克曼等人做出的"常规决定新闻内容"的结论。她指出,"常规派理论家"主要以全国性的主流媒体作为研究对象,而没有做过不同类型的新闻生产之间的比较,尤其缺少对持不同政见的反对派报纸的研究。她通过对美国加州伯克利的一个非营利性社区广播KPFA的参与式观察,认为这一机构同主流媒体具有相似的新闻常规,但却生产出完全不同的新闻产品。基于对KPFA长期的田野调查,妮娜提出,决定新闻内容的不是常规,而是媒介机构内部关系和媒介与外部政治世界的关系所带来的复杂的互动。[2]

对"第一波浪潮"中得出的一些主导性观念的质疑,反映出来的深层次的学术思考在于:如何超越传统社会学研究中存在的根深蒂固的二元对立,即结构与能动性(structure and agency)的对立、微观分析和宏观分析的对立,建立一种包容性更强的研究框架。早在1950年代,美国社会学家赖特·米尔斯(Charles Wright Mills)就批评社会科学研究存在着执迷于虚无的宏大理论、抽象的经验主义唯方法论和各种倾心于细枝末节而放弃历史情境和社会结构的实用主义效果论倾向,从而提出了社会系统(结构)和个体能动性(意义)之间的相互关系问题。1971年,吉登斯也提出,传统社会学理论中存在着两种主要的二元对立,即结构与行动的二元论和社会与个体的二元论,存在着"强结构弱行动"(结构功能主义)和"强行动弱结构"(解释社会学)两种情形。基于此,吉登斯倡导一种居于宏观的结构研究和微观的组织研究之间的一种相互联系的中层研究。塔克曼在2002年一篇反思新闻室民族志的文章中,提出将以往新闻生产社会学研究的三个主要路径"政治—经济"路径、"社会—组织"路径和"文化"路径结合起来。[3]西蒙·科特尔在对类似的方法论进行反思时提出,将怀特的"个人视角"、布里德的"群组视角"和塔克曼等人的"组织视角"纳入同一个理论框架之中,以克服"第一波浪潮"研究的理论局限性。[4]

---

[1] Cottle, S. (2007). Ethnography and News Production: New(s) Developments in the Field, *Sociology Compass*, vol.1, pp.1–16.
[2] Eliasoph, N. (1988). Routines and the Making of Oppositional News, *Critical Studies in Mass Communication*, vol. 5, no. 4, pp. 313–334.
[3] Tuchman, G. (2002). The Production of News, in K.B. Jensen, eds., *A Handbook of Media and Communication Research: Qualitative and Quantitative Methodologies*, London: Routledge, pp. 78–90.
[4] Cottle, S. (2003). *Media Organization and Production*, London: Sage, pp. 3–24.

第二节 "场域—惯习"框架引入媒介研究

20世纪90年代,布尔迪厄的媒介批判为反思新闻生产研究提供了一个全新的范式和理论起点。随着法国最大的电视频道私人化,法国的媒体加剧了商业化的进程,煽情化、非政治化和琐碎化的新闻大量出现,其产生的社会效应正在逐步显现,这吸引布尔迪厄对新闻业产生了浓厚的兴趣,媒介研究成为他分析阶级和文化的必要组成部分。以组织理论为支撑的新闻生产社会学路径的缺陷,恰恰是场域理论进入媒介研究最重要的方法论裂隙和机会。

1996年,布尔迪厄的《关于电视》一书出版,开启了场域分析模式在媒介研究中的运用,并引入另外两个相关的重要概念"惯习"(habitus)和"资本"(capital),展现了新闻实践是如何反映或者至少是使自己适应商业性需求的,它的社会功能怎样受到经济效益的异化,致使批判性沦丧,揭露了电视在资本主义社会中的两个基本功能:反民主的象征暴力和受商业逻辑制约的他律性。在布尔迪厄看来,社会是由相互关联而各自独立的场域构成,新闻场域可以被理解为文化生产的一个亚场域,与其他场域一样,是由不同位置形成的开放性的关系网络,权力关系是决定人们行动的基础。记者和编辑作为新闻场域中的行动者,尽管具有一定的主观能动性,但其行动无法超越所处的社会结构,他们的行为逻辑可以用惯习概念来加以解释。惯习是一种"被结构化的结构"(structured structure),即外在结构内化为从业者的行为惯例来指导实践,使得行动者以某种大体上连贯一致的系统方式对场域的要求做出回应,从而实现行动的程式化、可预期。具体到新闻场域,惯习是指新闻从业者在长期的新闻实践中所积累的一系列生产规范、策略与机制,其内在理念支撑为新闻行业所认同和共享的职业意识形态。惯习并非来自于教条,也不是经过有意识计算后的结果,而是从业者在日常工作中与上下级、同事、信源等的互动中,自然获得一种对游戏规则的把握,或者说一种实践感。布尔迪厄举例:一个资深编辑与一个刚来实习的年轻人具有完全不同的惯习,这种差异归根结底是由于其在场域中所处位置(position)和所拥有资本的不同所致。职业经验、在机构中的职位、部门条线、新闻评奖等,都构成了新闻场域内的重要资本。同时,惯习也是一种"具有结构能力的结构"(structuring structure),即反过来惯习对新闻场域也有建构作用。这种建构的原则存在于社会建构的性情倾向系统里。这些性情倾向在实践中获得,又持续不断地在各种实践中发挥作用;不断地被结构形塑而成,又不断地处在结构生成过程之中。惯习的概念与常规具有一定的相似性,但惯习更强调与理性行动之间的张力,以及由此形成的对新闻场域的建构作用。

布尔迪厄将惯习和场域的关联概括为两种方式:制约关系和认知建构的关系。[1]在对关系的反思中,又将重点放在了权力关系上。在布尔迪厄看来,以往新闻室组织研究中总结出来很多常规,都没有深入透视其背后的权力关系。比如,塔克曼所说的将新闻分类化处理的常规,并不是一个中性化的操作,而是隐含了由新闻室权力层级决定的价值判断。"硬新闻"是新闻类别中最强势的,占据着最显著的新闻版面和最多的新闻室资源,其制作者绝大多数都是男性,他们通常获得的报酬更高,在新闻室中的地位也更高。与之相对的是"软新闻",制作者多为女性,其所获得的编辑室关注度和报酬都远远低于前者。对"新闻价值"(newsworthiness)的迅速判断,表面上看来自于"不言自明"的职业惯习,但究其实质是由一系列"位置"关系决定的:该新闻与当天其他新闻相比较所处的位置;操作该新闻的记者在新闻室权力空间中的位置;该媒体在一个大的媒介场域中所处的位置……新闻价值的建构是通过对场域位置关系的解读来实现的。[2]

布尔迪厄的场域理论以一种关系性思维为基础,以生成的结构主义和实践与反思为主要方法,以资本、惯习和性情为理论工具和主要分析单元,建构了一种更为复杂精细的理论模式和研究方法。1999年,美国学者罗德尼·本森(Rodney Benson)发表《比较语境中的场域理论:媒介研究的新范式》一文,明确将场域理论定义为媒介研究的一种新范式。他指出,聚焦于中观层面的"场域",为传统上割裂的宏观的新闻媒介"社会"(societal)模式(诸如政治经济、霸权、文化和技术理论)和微观的"组织"(organizational)研究路径架设了理论与实证合而为一的桥梁。[3]

第三节 "第二波浪潮":网络时代新闻生产研究的再出发

2000年之后,随着信息技术的发展,整个新闻行业开始了深刻的数字化转型历程,新闻生产的各个链条都在发生全方位的变革,新闻室日趋多媒体化和小型化,新闻生产不再局限于单个媒体机构,而是多平台、多地点、移动化。新媒体环境下的新新闻生态系统

---

[1] 布尔迪厄、华康德:《反思社会学导引》,李猛、李康译,北京:商务印书馆,2015年,第158页。
[2] Schultz, I. (2007). The Journalistic Gut Feeling: Journalistic Doxa, News Habitus and Orthodox News Values, *Journalism Practice*, Vol. 1, No 2, pp. 190-207.
[3] 张斌:《场域理论与媒介研究——一个新研究范式的学术史考察》,《新闻与传播研究》2016年第12期,第38-52、127页。

(New News Ecosystem)触发新闻生产社会学再度迸发出强劲的研究势头,出现了"第二波浪潮"(Second Wave)的发端。一批新闻社会学研究者再度进入"田野",近距离地对转型中的新闻编辑室进行参与式观察,获取经验性的研究资料。不过,从目前已有的研究成果来看,新一轮研究尽管试图对"第一波浪潮"的框架、范式、研究方法等进行创新和突破,但依然没有脱出组织理论的框架,地点限定的、深描的新闻民族志研究作为这一领域最成熟的研究方法,依然占据着主导地位。未来,新闻生产研究的再出发,必须因应新的时代背景,广泛吸收场域理论等多学科理论方法,形成更加广阔的研究视域,建构更具包容性的研究框架,以及探寻新的研究问题。

一、新闻生产研究的"去组织化"

如前所述,新闻生产社会学"第一波浪潮"中的大量经典研究,都是建立在长期的新闻室民族志基础上,主要聚焦于编辑部组织层面,在建构论的视野下,以"常规"概念为核心解析新闻生产。1973年,爱泼斯坦出版《来自乌有之乡的新闻》,该书来自于他在1968—1969年间对一些全国性新闻机构进行的田野调查。1978年,塔克曼在对CBS进行的民族志考察基础上出版了《做新闻:现实的社会建构》一书。1980年,马克·费什曼对加利福尼亚一家发行量4.5万份、拥有37个全职员工的中小型日报进行参与式观察,写成《制造新闻》,揭示新闻人高度依赖官方信息来源的"建制倾向"(bureaucratically oriented)。甘斯前后花了十年的时间,观察CBS夜新闻、NBC夜新闻、《新闻周刊》和《时代》周刊,研究机构对新闻人的组织约束和压力。数字化技术和社交媒体平台所带来的新闻生产"去空间化"(despatialization of production),使得新一轮研究面临重新思考和确定边界的问题。通过对移动工具和社交媒体的运用,新闻生产的边界日益泛化,人人都可以成为曼纽尔·卡斯特(Manuel Castells)所说的"大众自我传播者"(mass self-communicators)[1],以一种更加个性化、创新性的方式来生产新闻。新闻生产已不必局限于编辑室这个物理空间,而是完全可以在"虚拟化"的网络空间中进行,比如2012年美国加州州立大学北岭分校教授梅丽莎·沃尔(Melissa Wall)等发起的虚拟新闻室(pop-up newsroom)实验,取消传统意义上的新闻室,依托推特等社交媒体平台进行移动化、互动式、参与性新闻报道,至今全球已有6个国家的8所大学参与了这个项目,初步形成了一个国际化的网络报道团队。所有报道者都作为新闻生产的一个节点(node),处在相对平等的地位,同时也提

---

[1] Castells, M. (2011). A Network Theory of Power, *International Journal of Communication*, vol. 5, pp.773-787.

供渠道让普通公民参与报道。[1]基于此,在网络化新闻生产的语境下,运用布尔迪厄的"新闻场"思维,突破单一编辑室的地理和空间限制,在更大的社会系统中考察新闻生产,尝试将对个体新闻记者、新闻记者的采访区域(newsbeat)和媒介组织进行研究的经验数据与更大的权力系统结合起来,同时强调宏观因素(政治、经济和文化)、微观因素(记者个人和职业特征等),以及中间程度组织的、专业的和意识形态的空间,无疑是新一轮研究中一个重要的理念突破。

"第一波浪潮"学者吉特林就曾提出反对将视角局限在新闻及其机构本身上。他反复强调:"新闻是大众文化的一个重要组成部分,对新闻的研究最好在一个更为广阔的各种文化产物及其意识形态的领域中展开。"[2]罗伯特·本森运用场域理论,对法国和美国新闻业进行了比较研究,观察场域中间的层次制度环境——有自身特定逻辑和抵制外部压力潜在能力的社会空间,寻找对新闻生产施加最强有力影响的因素。[3]新一轮研究中一些学者也开始对作为传统田野研究场所的新闻编辑室(newsroom)进行反思。2008年,美国学者安德森(C. W. Anderson)一改经典研究主要针对单一媒体编辑室进行考察的做法,深入费城地区多家媒体,进行总共约300小时的参与式观察,涉及的媒体包括《费城问询报》《费城每日新闻》等传统媒体以及 Philly.com 等网络媒体,还有 Independent Media Center of Philadelphia(IMC)等媒体协会组织,做了60个左右的访谈,访谈对象包括记者、编辑、博主、经营管理人员等。从2008年秋天到2010年,他又进行了第二阶段的田野调查,写成了 *Rebuilding the News: Metropolitan Journalism in the Digital Age* 一书,将传统的民族志研究和社会网络分析(social-network analysis)相结合,创建费城媒体的社会网络地图(social-network maps),其中大量运用到中心节点(central nods)、桥(bridge)、簇(clusters)、连接器(connectors)等概念,将更多的主体纳入到新闻生产中,以一种"去组织化"的视角来解析网络时代的新闻生产。

二、对新技术条件下新闻业自主性(autonomy)的重思

新闻业如何获得以及在何种程度上获得自主性的问题,是新闻生产研究中的一个经典命题。"第一波浪潮"学者们认为,不管新闻人如何标榜自己独立和客观,新闻业的主旨都是服务于权力和机构的需求。这样一种决定论的思维是布尔迪厄所反对的。尽管他

---

[1] Wall, M., Baines, D., & Rajaram, D. (2014). Pop-Up Newsroom as News Literacy. *Global Citizenship*, p. 149, p. 162.
[2] 托德·吉特林:《新左派运动的媒介镜像》,张锐译,北京:华夏出版社,2007年,第22页。
[3] 罗德尼·本森:《图绘场域变量:法国和美国的新闻业》,载罗德尼·本森、艾瑞克·内维尔主编《布尔迪厄与新闻场域》,杭州:浙江大学出版社,2017年,第85—104页。

的媒介研究当中同样笼罩着对新闻业的强烈批判和过度悲观,认为基于新闻场对政治场、经济场的"结构性附从",新闻业的自主程度很低,或者说,新闻自由从来不能超越出它所处的社会结构的限制,但他同时也提出商业化并不可能消除场域中所有的对抗性力量,比如新闻专业主义,因此新闻场中依然存在着一定程度的自治,使得新闻场并不总是强化现存的权力,在某些情况下实际上也可以改变权力关系。这集中体现在他的"惯习"概念上。作为一种由历史经验、个人体验等生发出来的实践感,惯习必然是组织化行为的结果,体现结构的特征,但惯习不仅仅是对结构的机械再生产,个体行动者也可以通过"理性行动"反抗惯习,获得主体位置或者说自主性。"借助自觉之意识,行动者可以经过反复思量,让他们的性情倾向'发作',或者相反,压制住这些性情倾向。"[1] "惯习"始终是"理性行动"的基础,"理性行动"是从"惯习"中脱胎而出的。从"惯习"向"理性行动"的转变出现在惯习与场域之间的常规性适应受到了严重干扰、引发危机之时。

"第二波浪潮"学者们汲取了"场域—惯习"理论对社会结构和个体能动性的双重关注,但部分修正了布尔迪厄对"结构"的偏向,将研究重心更多地转向新闻生产的个体,探寻数字化背景下新闻业的适应性变化,尤其是新闻职业和从业者的个人身份角色认同的变迁。鲁滨逊(Sue Robinson)研究新闻编辑室向"网络第一"的转型对新闻从业者的影响,揭示从业者如何将技术因素纳入新闻职业观念的过程。[2] 安德森(C. W. Anderson)对新技术条件下新闻人的生产方式进行传统民族志式的深描(thick description)。[3] 戴维·里夫(David M. Ryfe)对一家都市报纸的观察发现,即便是在严格的组织约束之下,记者同样有拒绝编辑要求、发挥主观能动性的空间,因为他们要尽力强化自己作为一个"好记者"的自我形象。[4] 2012年,尼基·厄舍(Nikki Usher)对洛杉矶地区公共广播Marketplace进行了五个月的田野调查发现,以往形塑新闻常规的因素,包括时间压力、信源获取方式等,在新技术条件下依然是新闻生产重要的约束性机制,但新闻人并不像传统民族志研究中那样,作为既定的观念话语再生产的一部分,无意识地被常规主导,在很多情况下他们具有清醒的目的性和反思性。机构在对个体进行约束和塑造的同时,个体也会反作用于机构;组织约束并非总是对个体产生消极的压力,也可能导致积极的推动。尤其在新技术环境下,新闻人自主协商的空间比以往更大,不断地影响和重塑着媒介权力结构。

---

[1] 布尔迪厄、华康德:《反思社会学导引》,李猛、李康译,北京:商务印书馆,2015年,第182页。
[2] Robinson, S. (2009). The Cyber-newsroom: A Case Study of the Journalistic Paradigm in a News Narrative's Journey from a Newspaper to Cyberspace, *Mass Communication & Society*, vol. 12, no. 4, pp.1-20.
[3] Anderson, C. W. (2013). *Rebuilding the News: Metropolitan Journalism in the Digital Age*, Philadelphia: Temple University Press, p. 167.
[4] Ryfe, D. M. (2009). Structure, Agency, and Change in an American Newsroom. *Journalism*, vol.10, no. 5, pp.665-683.

中国学者中也有一些研究重点借鉴"场域—惯习"框架,将新闻及其从业者置于一个更宏大的新闻生态系统之中进行考察。比如张志安通过对《南方都市报》的个案解析,分析其新闻场域历史建构过程中的资本转换,提出总结出中国语境下"创造性遵从主义"这一实践惯习的典型特征,即"将来自政治控制的、无法突破的安全底线,'内化'为新闻生产的基本规则,但并不以'盲从'或'效忠'的姿态来获取政治资本,而是以'敏感性、创造性、智慧和战略'来争夺经济资本与政治资本"[1]。近年来,随着商业网站、自媒体、社交媒体的崛起,张志安提出从国家权力、跨国资本流动和内部治理结构等维度研究其信息生产和政经逻辑,为研究中国语境下的新闻生产提供更大的理论想象。[2]数字化背景下,媒介场域呈现出更加碎片化、分散化的特征,除了新闻室内部的影响因素外,更多的外部力量通过网络介入新闻生产,因此以民族志方式考察新型生产形态的内在文化和行动逻辑,是在网络时代思考新闻自主性的重要方向。

三、媒介融合与新闻业的公共性

新一轮研究中许多学者都不约而同地观察到,惯习的"滞后现象"导致传统新闻生产与网络新闻生产之间的冲突与紧张,在新闻场域内形成所谓的"变革语境"与"职业语境"的碰撞。如同布尔迪厄在阿尔及利亚看到的那些浑身带着前资本主义时代惯习的农民,突然被迫置身于资本主义世界中,由于客观机构的变迁过于迅猛,那些还保留着被以往结构形塑成的心智结构的行动者就沦为守旧落伍者。尼基·厄舍等也在媒体田野调查中观察到,浑身带着传统媒体时代惯习的新闻人与新媒体工作团队之间,融合是一个很大的难题。对传统新闻工作者来说,与新媒体的交互意味着需要学习更多的技能、承担更多的工作任务和适应完全不同的工作流程。[3]2011年,两位荷兰学者克拉斯克·泰姆林(Klaske Tameling)和马塞尔·布罗斯玛(Marcel Broersma)对荷兰全国性深度日报《人民报》(de Volkskrant)进行了3个月的田野调查。在经过了五年不成功的融合生产尝试之后,这家报纸将印刷版和网络版编辑室重新分离,因为融合不仅没有提升生产力,反而在编辑室内部挑起了激烈的文化冲突:为报纸还是网络写稿,是两种截然不同的工作;纸质版记者大多有自己的专业领域和条线,而网络记者则是杂家;绝大多数纸媒记者并不具

---

[1] 张志安:《新闻场域的历史建构及其生产惯习——以〈南方都市报〉为个案的研究》,《新闻大学》2010年第4期,第48—55页。
[2] 张志安:《新闻生产社会学视角下的田野观察和案例研究——从博士论文〈编辑部场域中的新闻生产〉谈起》,《新闻记者》2017年第5期,第17—25页。
[3] Usher, N. (2014). *Making News at the New York Times*, Ann Arbor: The University of Michigan Press, p. 195–197.

备多媒体思维,而对于一味"求快"、点击率和评论数决定一切的价值取向,他们也相当不以为然。网络化生产方式的介入对纸媒形成了强烈的冲击和干扰,这使得很多传统媒体人产生抵触和对抗,最终以"去融合"(de-convergence)作为收场。[1]

近年来在大型媒体集团中流行的"中央厨房",是一种典型的融合媒体平台建构,然而在实践中也遭遇到极大的困境,甚至沦为只有乱七八糟原材料的"中央菜场"。[2]"中央厨房"的本质是打破编辑部新闻生产,推行大工业生产逻辑所统御的新闻生产方式,让新闻生产进一步被纳入标准化流水线中。这仿佛又神奇地回到了塔克曼式的原点:以提高效率和获取利益为驱动,工业化建制消弭新闻生产中"人"的要素。同时,在大数据算法、人工智能等助力下,数字时代更容易将生产者改造成"计件工作"的流水线工人,由此导致专业记者群体及其所肩负的公共职能走向衰亡。这对于新闻业而言,无疑是一场深刻的危机。

基于此,在新的语境下再度思考新闻场域结构的改变、如何以"理性力量"反抗惯习而获得自主性,以及新闻业的公共性、新闻生产者的能动性等问题,无疑具有重要的意义,是能否走出"第一波浪潮"辉煌的理论建树、进行理论创新的起点。专业化生产和社会化生产,会怎样碰撞并形成新的关系格局?在移动化、草根化、非机构化的新闻生产中,如何重新定义新闻工作"边界",如何建构和重塑新的职业话语?新媒体时代的话语权变革如何重构新的新闻生态?在新技术条件下场域中自律极和他律极如何消长?新闻业中现实权力关系的再生产及其对抗性力量如何博弈互动?这些都成为新一轮新闻生产社会学研究的基础性问题。值得提出的是,网络时代的新闻生产研究不仅应具备更强的包容性和开放性,同时也应具备深刻的批判精神和实践导向,其最终指向是推进更负责任的新闻业,或者如布尔迪厄所说,以反思性社会学来祛除社会世界的自然性和宿命性,粉碎遮掩着权力运作和支配维续的各种神话,为社会抗争开辟"制度性阵地"[3]。从"第一波浪潮"的组织研究到布尔迪厄的场域理论,都贯穿了质化研究与批判思想的结合,从而与法兰克福学派对文化工业的研究、传播政治经济学、霸权理论等有着诸多交集。基于此,"场域—惯习"框架为新闻社会学提供了一个新的范式,它在许多方面补充、拓展而不是取代、抛弃了传统的研究路径。

---

[1] Tameling, K., Broersma, M. (2013). De-Converging the Newsroom: Strategies for Newsroom Change and Their Influence on Journalism Practice, *The International Communication Gazette*, vol.75, no. 1, pp19-34.
[2] 何瑛、胡翼青:《从"编辑部生产"到"中央厨房":当代新闻生产的再思考》,《新闻记者》2017年第8期,第28-35页。
[3] 布尔迪厄、华康德:《反思社会学导引》,李猛、李康译,北京:商务印书馆,2015年,第258页。

第四节　小结:"第二个黄金年代的十字路口"

梳理半个多世纪以来新闻生产社会学发展的学术脉络可以看到,1960—1980年代"第一波浪潮"的崛起,有其深刻的社会政治动因与强大的理论背景。一批受过专业社会学训练的学者,在组织理论的框架下,运用人类学民族志调查研究的方法,深入新闻编辑部进行参与式考察,获取大量经验性的研究资料,以此探究社会权力结构作用于新闻生产的复杂过程。这样的研究在克服"政治—经济"视角研究的粗线条、轮廓化缺陷的同时,也汲取了其深刻的批判性,直指"大众传媒的宣传模式",揭露建制式新闻生产所导致的话语霸权和对公共领域的侵蚀,从而成为那个年代知识领域广泛的批判文化的一个组成部分。

如同每一种研究方法都有其优势和劣势,新闻生产研究的"第一波浪潮"尽管取得了辉煌的成绩,成为这个领域无可争议的高峰,但随着时代的变迁,其理论弱势和盲点也日益为学术界所认识。尤其是在数字化技术推动下,新闻生产方式正在经历全方位的变革,呈现出"组织化"生产向"社会化"生产的大转型,或者称之为专业主义的"职业语境"(occupation context)与替代性新闻生产模式的"变革语境"(reform context)共存的现实图景。[1]因此,传统的以组织理论框架为核心的新闻生产研究,也面临着语境与范式转换的根本性挑战。

在此背景下兴起的"第二波浪潮",在某种程度上回应了新的时代背景,在承继"第一波浪潮"学术遗产的基础上,试图从核心议题设定、研究方法、研究路径等各个方面尝试着突破原有的研究框架,并已取得了一定的成就。然而从目前来看,还没有实现根本的范式转换和新的理论建构。新一轮研究中活跃的学者尼基·厄舍、安德森等人尽管雄心勃勃地宣称,"甘斯、塔克曼等人的经典的新闻室民族志研究方法不再是这个领域研究的唯一范式",然而他们同时也承认,自己的研究依然没有脱出组织理论的框架,地点限定的、深描的新闻民族志研究作为这一领域最成熟的研究方法,依然主导着今后一段时间的新闻生产研究。[2]

因此可以说,"第二波浪潮"才刚刚开始,是时候再度进入"田野"——重新深入转型

---

[1] 张志安、束开荣:《新媒体与新闻生产研究:语境、范式与问题》,《新闻记者》2015年第12期,第29-37页。
[2] Anderson, C. W. (2013). *Rebuilding the News: Metropolitan Journalism in the Digital Age*, Philadelphia: Temple University Press, p. 167.

中的新闻编辑室，进行与网络化的新闻生产相适应的"多地点民族志"（multisite ethnography）或者菲利普·霍华德（Philip N. Howard）所说的"网络民族志"（network ethnography）研究。正是从这种意义上，如同尼基·厄舍等人所宣称的，"我们正站在第二个黄金年代的十字路口"！

第二章

研究概述

在新媒体浪潮冲击下,作为传媒业核心部分的新闻生产,如何深度植入互联网基因,完全按照媒介融合传播规律来实现生产模式的变革与突破,是当前传媒业改革面临的主要问题。传统媒体以往依靠简单地叠加互联网技术和多媒体形态来实现转型的方式,在现实中遭遇诸多困境。2014年8月,中央全面深化改革领导小组第四次会议审议通过了《关于推动传统媒体和新兴媒体融合发展的指导意见》,提出要推动传统媒体和新兴媒体在内容、渠道、平台、经营、管理等方面的深度融合。习近平总书记2016年2月在党的新闻舆论工作座谈会上再次强调"要适应分众化、差异化传播趋势,加快构建舆论引导新格局。要推动融合发展,主动借助新媒体传播优势",将媒介融合问题提升到了新的高度。2020年6月30日,习近平总书记主持召开中央全面深化改革委员会第十四次会议,提出推动媒体融合向纵深发展,要深化体制机制改革,加大全媒体人才培养力度,打造一批具有强大影响力和竞争力的新型主流媒体。2022年10月16日,在中国共产党第二十次全国代表大会开幕会上,习近平总书记再次强调要加强全媒体传播体系建设,推动形成良好网络生态。推进从"相加"走向"相融"的新型主流媒体建设,切实加强主流媒体的传播力,必须深入探究新技术驱动下媒介内容生产的内在性机理,探索适应媒介融合传播的新闻生产特性与模式,在中国语境下推动包括专业价值、职业伦理、传媒规制在内的新闻生态系统的整体性变革。

第一节 研究视角与核心概念

本书主要运用了新闻生产社会学的理论资源和经验视角,对融合新闻生产过程进行近距离的考察,呈现作为各种权力交织的复杂的互动过程的新闻生产。同时,广泛借鉴和吸收社会学、人类学的相关理论资源,包括社会建构论、组织理论、场域理论、行动者网络理论、互动仪式链理论、驯化理论等,形成跨学科的研究视野和理论背景。

新闻是如何被生产出来的?从20世纪50年代以来,新闻生产社会学(Sociology of News Production)作为媒介社会学的一个重要分支,主要聚焦于对新闻生产过程的研究,呈现出相对独特的研究范畴、理论框架与路径取向。迈克尔·舒德森(Michael Schudson)

提出媒介研究主要有三种研究路径或视角:一是宏观的"政治—经济"路径,二是中观的"社会—组织"路径,三是"文化研究"路径,并认为"社会—组织"路径可以说是各种研究视角中最值得提倡的,即考察新闻机构内部、新闻机构之间以及新闻机构与其他社会机构的关系对新闻生产的影响。[1]潘忠党认为,新闻生产社会学侧重于对传媒内容的制作过程的社会学分析,其研究是"以个人和组织的实践活动作为理解新闻体制及其结构的构成因素,由小至大、以微观构成宏观的分析过程"。[2]从研究取向上,新闻生产社会学弥补了传统大众传播学以传播效果为研究的终极关怀的"传播中心论"的局限,凸显了对媒介这一特定社会组织的社会学关注。

在"社会-组织"路径下,塔克曼(Gaye Tuchman)、甘斯(Herbert J. Gans)等学者们敏锐地关注到了"常规"(routines)对于新闻生产的重要性,即"媒介工作者在工作时采用的一套模式、惯例以及重复的行为或型态"。尽管新闻每天不断变化,但在研究者眼中,新闻生产却是高度常规化的。然而,对常规的过度强调,也成为新闻生产研究饱受诟病的一个理论缺陷,即过度强调组织约束,忽视个人的主观能动性。20世纪90年代,布尔迪厄的媒介批判为反思新闻生产研究提供了一个全新的范式和理论起点。他将"场域"(field)和"惯习"(habitus)这两个重要概念引入媒介领域。"惯习"与"常规"具有一定的相似性,但惯习是一个张力更强的概念,强调行动者的主观能动性,即惯习在受到媒介场域塑造的同时,对媒介场域也有建构作用。

本书借鉴布尔迪厄的"惯习"概念,将新闻生产惯习界定为:新闻从业者在长期的新闻实践中所积累的一系列生产规范、策略与机制,其内在理念支撑为新闻行业所认同和共享的职业意识形态。惯习既是新闻场域的产物,又通过内化为从业者的行为惯例来指导新闻实践,从而反作用于场域。本书以新闻生产惯习为研究对象和支点,从日常新闻生产的实践层面具象地透视数字化技术驱动下,新闻生产如何深度植入互联网基因,完全按照媒介融合传播规律来实现生产模式的变革与突破,揭示新媒体技术的嵌入如何改变了原有的媒介场域结构,进而引起从业者惯习的变迁,而生产惯习的变迁又进一步强化和形塑着新的媒介场域。随着新媒体技术的迅猛发展,传统的新闻惯习必然面临着如何改造、重构和嵌入数字化新闻生产的问题。因此,创新性地运用已有的理论框架,研究新媒介场域下的新闻生产惯习,成为新闻生产社会学研究的一个前沿视角。

---

[1] Michael Schudson(1989). The Sociology of New Production. *Media, Culture and Society*, vol.11, 263-282.
[2] 潘忠党:《新闻改革与新闻体制的改造——我国新闻改革实践的传播社会学之探讨》,《新闻与传播研究》1997年第3期,第62-80、96-97页。

第二节　研究框架

本书聚焦于"新媒介场域下的新闻生产惯习"这一研究对象，围绕着新闻生产链条的各主要环节，进行理论梳理和实践考察，具象地呈现互联网时代新闻生产惯习的形成和变迁。为了在惯习与新闻生产实践之间建立更为具体的研究向度，本书进一步提炼出三个核心概念：融合、策展、目击。观察在"融合"的总体特征下新闻生产方式的深刻变革，并重点解析了以"策展"为代表的内容管理模式和以"目击"为代表的用户生产内容模式，探索媒体机构如何将其整合进专业新闻生产框架之中。从宏观与微观相结合的视角，深入透视媒介场域的剧变，以及新旧惯习的交融与冲突，在中国语境下探究媒介内容生产模式的内在性机理；进而反思我国主流媒体在深度融合发展阶段面临的挑战与困境，探究如何在一种良性的发展框架下，推进新旧媒体的双向融合，建构多主体、多媒介、多平台并存，内容产品融合的全媒体传播体系。

总的来说，本书将新闻生产视为一个多种力量影响下对新闻信息的建构过程，以"惯习"作为核心概念和研究支点，以新闻生产链条为主线，运用田野调查和典型个案资料分析，深入透视在互联网时代不断变化的媒介场域中，传统惯习如何遭遇数字化生产方式的冲击并做出回应，进而逐渐形成新惯习，总结和提炼新媒介场域下新闻生产惯习的主要形态、特征、影响因素，及其与媒介场域的互动规律，探索适应媒介融合传播特性的新闻生产模式，为互联网时代的新闻生产提供有理论指导意义和实践应用价值的对策建议。

第三节　研究方法

本书综合运用了新闻民族志、个案研究、文本分析、会话分析等研究方法，对新闻生产展开实证研究。

一、以新闻民族志为核心的混合研究方法

民族志（ethnography）作为人类学的一种基本研究方法，逐渐被社会科学的其他学科广泛借鉴，成为一种重要的质性研究方法。20世纪60—80年代，一些没有受过专业新闻

学训练的社会学家不约而同地投入新闻生产研究,深入新闻编辑室内部,借鉴人类学田野调查的方式展开民族志研究(ethnography),出现了一批重要的优秀著作,建构起新闻生产社会学成熟的研究范式,形成了被称为黄金年代的"第一波浪潮"(First Wave),从而也开创了一个"在编辑室做田野"的新闻生产社会学研究传统。芭比·泽利泽(Barbie Zelizer)称之为"新闻室民族志"(newsroom ethnography)。[1]

本书最主要的基础数据来源于2021年3月至2022年3月期间对省级党报M报持续一年的新闻室民族志考察,并结合过去五年时间内对多家海内外媒体开展的田野调查,对共计100余位海内外媒体从业者进行的深度访谈,整理成近30万字的田野资料。田野调查以线上与线下相结合的方式进行。同时,基于互联网时代新闻生产的移动化、数字化,笔者致力于对传统新闻民族志方法进行改造。一是引入线上民族志,与数字化新闻生产模式相对应,涵盖生产端与发布端的线上田野成为本书获取资料的重要来源,主要包括生产端的微信平台和发布端的各个新媒体平台,尤其重视微信在新闻生产的组织与控制中的作用,将媒体从业者的微信工作群、微信朋友圈以及微信聊天等,视为重要的线上田野。二是建立以参与观察为核心的"混合民族志"方法,将民族志与访谈、新闻产品内容分析、从业者日常会话分析等方法相结合,获取更为丰富的经验材料。三是拓展观察视域,打破"新闻室中心主义",将原本局限于媒体编辑室生产行为的实地观察,转变为全面追踪新闻生产、传播、消费的全过程,打通原本割裂的媒介内容生产与效果研究领域,将媒体如何通过网络组织新闻生产、从业者如何运用网络采集新闻信息以及发布新闻、从业者之间以及从业者和媒介组织之间在互联网上的互动等,都纳入观察研究的视野。互联网技术为这样一种"追踪"策略提供了便利与可能性,因为媒体产品的阅读、转发、评论等,很多都实时呈现在网络平台。以M报为例,目前已拥有自建平台网站、客户端,并入驻微信、微博、抖音、知乎、B站等多个第三方平台,形成较为完整的新媒体传播矩阵。对一些重点选题,笔者会采集新闻产品,进行内容分析和文本分析,并追踪其在各个平台上的传播情况,包括转发、评论、点赞等,进行多平台信息收集,与生产环节获得的田野资料相互补充和校验。

基于"田野"的拓展,笔者尝试建构新闻生产领域相对成熟、规范的"混合民族志"方法,以参与观察为基础,与内容分析、会话分析等其他研究方法有机结合,形成线上线下穿梭、多点的、批判的方法论取向,真正实现"嵌入式"地观察媒体生产、传播与社会生活的互构关系,探寻新闻生产背后的权力支配体系,为互联网时代新闻生产社会学研究寻

---

[1] Barbie Zelizer. (2004). *Taking Journalism Seriously*. Los Angeles: SAGE Publications Inc. p.68.

求方法论的突破。

二、会话分析（conversation analysis）

常人方法学鼓励极端微观的经验主义，通过对社会生活的细致考察，找到社会活动自身的规律和内在秩序，认为对于互动的细致探究是理解社会规则的关键。通过细致分析社会互动，开创了一种高度技术化的会话分析的方法，通过将日常谈话录制音频、视频的方式采集研究资料，并转化为文字，其中有专门用以标识暂停、重点、交迭以及谈话的其他特征的符号，利用这些符号系统对会话进行详细的分析，进而尝试发现人们在社会秩序感的沟通中所使用的潜在方法与规则。常人方法学对于社会互动研究具有重要的启发意义，重塑了文本、话语以及各类媒介的研究范式。

在实地参与观察与线上工作群中，笔者获取了大量的会话资料。而线上会话相比面对面交流，具有不同的传播特性，同时包含更为丰富的隐喻、反语、一语双关等多重意涵。基于此，借鉴常人方法学的会话分析、"录像分析"方法对自然状态下社会互动的研究思维，以及福柯的微观权力分析，考察编辑部成员在不受外界干扰情况下的实时互动与情感联结，可以补充实地参与观察难以获取的一些田野资料，包括媒体管理者顶层控制、记者和管理层之间的日常冲突、对"禁令"的维系与突破、效率与权力约束下记者的能动性等，有助于在一个更加复杂的在线环境中考察个体互动的微观现实，进而探究其对编辑室控制机制的影响，呈现社会结构与个体能动性之间的张力。

三、拓展个案法

个案研究是人文社会科学经验研究中的一项基本研究方法。本书广泛采集全球范围内媒体新闻生产方式变革的新尝试、新探索、新实践案例，进行梳理、归纳和分析，与田野调查获取的资料相互补充、印证，推进对互联网时代新闻生产惯习的研究。但同时，亦反思个案研究所面临的特殊性与普遍性，以及从微观到宏观的问题，引入"拓展个案法"的研究思维，进一步深化个案研究。

"拓展个案法"是由英国社会人类学"曼彻斯特学派"首创，在社会学家麦克·布洛维（Michael Burawoy）手中得以发扬光大的一种研究思维和方法。该方法提出的"拓展"，主要体现在四个层面：从单纯的观察者向参与者拓展；向跨越时空的观察拓展；从微观过程向宏观力量的拓展；理论的拓展。拓展个案法最核心的特点在于从理论出发，选取有理论指向的个案进行田野研究,最终目的在于校验、修正理论。尤其重视宏观权力对日常实践的渗透性和影响力,建构起民族志细节和理论对话之间的桥梁。本书借鉴这样一种"将理论带进田野"的思维,在田野调查中始终以理论为导向,不仅重视个案的普遍性、代表性,更重视个案的理论价值。

第四节　研究意义与伦理规范

在新闻生产社会学的观念中,新闻并非如同镜子般映照现实,而是现实的社会建构,是由供职于特定组织的专业人士发现、采集和传播的,因此,它必定是新闻工作者调用机构过程、遵照机构实践的产物,并且镶嵌到与其他机构的关系当中。[1]新闻从业者也并非是在自主地生产新闻,而是会受到来自组织情境、社会因素以及从业者个体特征等多方面因素的综合影响。本书基于新闻生产社会学的理论资源和经验视角,主要通过民族志、个案研究等方法,对新闻生产过程进行近距离的考察,以"惯习"作为核心概念和研究支点,从宏观与微观相结合的视角,深入透视媒介场域的剧变,以及新旧惯习的交融与冲突,在中国语境下探究媒介内容生产模式的内在性机理。在一定程度上修正了以往新闻生产研究中过于强烈的结构功能主义倾向,更多关注到数字新闻生产实践中行动者的能动性,强调场域结构与行动者惯习之间的互构关系。

在理论层面,本书对新闻生产社会学跨越大半个世纪的发展历程进行理论溯源,并因应互联网时代的到来和数字化新闻生产的转向,对传统的新闻生产社会学理论进行反思和修正,对新闻生产社会学的研究问题、研究框架、研究方法等进行改造,结合自己在海内外多家媒体编辑室进行田野调查的实践探索,提出重新定义新闻生产研究的"田野"、构建网络多点民族志新范式等观点,尝试为新闻生产社会学"第二波浪潮"(second wave)研究引入更多维的视角,打开更为宏阔的研究格局,切实推进互联网时代新闻生产社会学的范式转换和实证研究。

在实践层面,本书将新闻生产视为一个多种力量影响下对新闻信息的建构过程,以"惯习"作为核心概念和研究支点,透视新媒体浪潮下新闻生产方式的深刻变革,分析传统媒体在新闻生产方式变革中的困惑、瓶颈与缺陷,解析在此过程中的驱动新闻生产惯习形成和变化的各种因素,深入探究新技术环境下媒介内容生产的内在性机理,探索适

---

[1] 盖伊·塔克曼:《做新闻:现实的社会建构》,李红涛译,北京:中国人民大学出版社,2022年,第10页。

应媒介融合传播的新闻生产特性与模式,在中国语境下推动从"相加"向"相融"的新型主流媒体建设,切实加强主流媒体的传播力。

本书遵循社会学、人类学的学术伦理和传统,按照知情同意原则,对部分研究对象进行了匿名化处理。对于研究对象不愿意公开的一些细节,比如工作头衔,采用了折中的办法,希望尽量达成一种平衡——既能够提供重要的语境信息,同时又隐去可能暴露研究对象个人信息的细节。比如,本书将M报的员工笼统地区分为:报社管理层(包括报社总编辑、执行副总编辑以及所有编委一级的成员)、部门主任、融媒体中心管理层(包括融媒体中心主任、副主任)、新媒体平台主管(包括M报微信、微博、抖音、知乎等各新媒体平台的负责人)、编辑、记者等类别。同时,对于采访、观察中所涉及到的新闻作品案例,在引用时仅列出话题类型,而不直接写出具体的作品名称,以避免暴露相关人员的真实身份信息。

回首过去五年,感恩在田野中相遇的所有新闻从业者,如果没有他们的热情帮助和坦诚相待,这项研究就失去了基础。感谢西南大学出版社刘江华编辑的悉心斧正!在本书成稿的过程中,西南大学新闻与传播硕士研究生洪典、李远婕参与了部分案例资料搜集,葛鹏英、刘琴、蒋才静、洪典、李远婕参与了书稿校对工作,对她们表示感谢!由于水平所限,难免错漏之处,期待各位同行批评指正!

第三章

融合：结构、冲突与控制

融合新闻生产是近年来国际传媒业的一种新作业模式,将各类媒体的采编业务整合起来,在实现资源共享的前提下,实行集中处理,并将衍生出的不同形态的信息产品,通过不同渠道和终端传播给各类受众。这种新型媒体工作模式改变了传统媒体延续百年的工作流程和工作方式,已成为世界范围内媒体发展的共同趋势。作为融合主体之一的媒介产业在融合进程中的战略选择及操作路线,也成为业界和学界关注的焦点。笔者主要基于组织社会学的视角,对媒介融合所导致的新闻生产场域及惯习的改变进行探究与阐释。

在研究方法与研究材料上,本章主要依托一项为期一年的新闻民族志考察。从2021年3月到2022年3月,笔者在一家省级党报M报进行田野调查,从中观的组织层面和微观的个体新闻实践层面,对M报及其新媒体运作进行了近距离观察。M报可以说是从报纸生产一步踏入社交媒体时代的多平台内容生产,如此"陡峭"的转型,为观察互联网时代专业媒体向融合新闻生产的转变,提供了一个既具典型意义又有独特性的样本,可以深入透视省级党媒如何通过场域调适和建立新的生产惯习,来回应新媒体时代的冲击和挑战,在当前我国的媒体融合发展格局中锚定自己的生态位。

第一节 融合新闻生产:传媒业的一种新工作模式

一、媒介融合与融合新闻生产

"融合"(convergence)一词与大众传媒产生关联,可以追溯到20世纪70年代计算机和网络技术的发明与应用。1977年法伯(David Farber)和巴冉(Paul Baran)发表文章,提出了"计算机和通讯系统的聚合",是目前已知的关于融合技术的最早研究。[1]麻省理工学院的尼葛洛庞帝(Nicholas Negroponte)被公认为是最早预见到传媒业将和数字技术融合并导致多媒体传播形式的出现的学者。1978年,他用三个相互交叉的圆环演示了计算机

---

[1] Farber D., Baran P. (1977). The Convergence of Computing and Telecommunications Systems. *Science New Series*, vol. 195, no. 4283, pp. 1166-1170.

工业、出版印刷工业和电信业的聚合,从而也开创了媒介融合的"1.0版本"——"出版+广播+计算机"模式。

最早明确提出媒介融合(media convergence)这个概念的则是麻省理工学院的伊契尔·索勒·普尔(Ithiel De Sola Pool)。1983年,他在《自由的技术》(Technologies of Freedom)一书中提出了"传播形态融合"(The Convergence of Modes),并使用这一概念来泛指各种媒体呈现出多功能一体化的发展趋势,即过去由不同媒体所提供的服务,如今可由一个媒体提供,过去由一种媒体所提供的服务,如今可由不同的媒体提供。[1]

20世纪90年代后媒介融合已成为一个明确的概念,在欧美新闻传播领域得到广泛的关注和应用。美国新闻学会媒介研究中心主任安德鲁·纳奇森(Andrew Nachison)把媒介融合定义为"印刷、音频、视频、互动性数字媒体组织间的战略的、操作的、文化的联盟"[2],超越了以往对媒介形态融合的强调,开始关注媒介间的合作模式。美国西北大学教授李奇·高登(Rich Gordon)在2003年归纳了美国存在的五种"媒介融合"类型,包括所有权融合、策略性融合、结构性融合、信息采集融合、新闻叙事或表达融合。[3]

2005年"媒介融合"概念被引入中国。这一年中国人民大学蔡雯教授发表了多篇文章,介绍美国新闻传播"正在发生一场前所未有的变化",以及其中的核心概念媒介融合(media convergence)或融合新闻(convergence journalism),并引介了前述安德鲁·纳奇森对媒介融合的定义,强调不同媒介之间的相互合作、相互融合,你中有我、我中有你,从各媒介独立经营转向多种媒介联合运作,能最大限度降低生产成本,使集团利润最大化,并能对已占有的媒介市场起到保护作用。同时指出,媒介融合导致新闻传播业务变革的必然结果是融合新闻,会带来传播业务整合和流程管理的根本性变革,并引发新闻人才需求的变化。[4]结合中国语境,蔡雯进一步将媒介融合定义为:

"媒介融合是指在以数字技术、网络技术和电子通讯技术为核心的科学技术的推动下,组成大媒体业的各产业组织在经济利益和社会需求的驱动下通过合作、并购和整合等手段,实现不同媒介形态的内容融合、传播渠道融合和媒介终端融合的过程。"[5]

基于此,融合主体之一的媒介产业,其本身作为一种复杂组织在融合进程的战略选择及操作路线,无疑成为新闻与传播学者最感兴趣的问题。

---

[1] De Sola Pool, I. (1983). *Technologies of Freedom*. Harvard University Press.
[2] Nachison, A. Good Business or Good Journalism? Lessons from the Bleeding Edge. *A presentation to the World Editors' Forum*, Hong Kong, June 5, 2001.
[3] 宋昭勋:《新闻传播学中Convergence一词溯源及内涵》,《现代传播》2006年第1期,第51-53页。
[4] 蔡雯:《新闻传播的变化融合了什么——从美国新闻传播的变化谈起》,《中国记者》2005年第9期,第70-72页。
[5] 蔡雯、王学文:《角度·视野·轨迹:试析有关媒介融合的研究》,《国际新闻界》2009年第11期,第87-91页。

随着信息技术的不断发展,媒体的旧有边界被打破,开始彼此融会贯通。从广义来看,媒介融合描述的是媒介形态的演化过程,具体是指在数字技术和网络技术的背景下,以信息消费需求为指向,由网络融合、媒体融合和内容融合所构成的媒介形态的演化过程,内容涵盖传媒业、电信业、电子产业、计算机信息技术产业等,也就是所谓的"大传媒业"。从狭义来看,媒介融合描述的是近年来国际传媒业的一种新工作模式,将各类媒体的采编业务整合起来,在实现资源共享的前提下,实行集中处理,并将衍生出的不同形态的信息产品,通过不同渠道和终端传播给各类受众。这种新型媒体工作模式即"融合新闻生产",改变了传统媒体延续上百年的工作流程和工作方式,已成为世界范围内媒体发展的共同趋势。本书主要是从狭义的概念上对媒介融合及其导致的新闻生产场域和惯习的改变进行探究与阐释。

二、中国语境下的融合新闻生产:政策主导与技术驱动

中国媒介融合起步略晚于国际传媒界,但发展的速度很快,其背后的动因,除了互联网技术的飞速发展,更重要的是国家政策的强力推进。国家意志和技术发展的双重驱动,可以说是媒介融合的"中国特色"。

党的十八大以来,以习近平同志为核心的党中央作出推动传统媒体和新兴媒体融合发展的战略部署。在一次次重要会议上,以及在考察新闻单位时,习近平总书记反复就推动媒体融合发展作出深刻阐述,提出明确要求。2014年8月,中央全面深化改革领导小组第四次会议审议通过了《关于推动传统媒体和新兴媒体融合发展的指导意见》,提出"要推动传统媒体和新兴媒体在内容、渠道、平台、经营、管理等方面的深度融合"。这是我国关于媒体融合发展的顶层设计,自此"媒体融合"上升为国家战略。2014年也被称为我国"媒体融合发展元年",媒体融合发展进入快车道。

习近平总书记2016年2月在党的新闻舆论工作座谈会上再次强调"要适应分众化、差异化传播趋势,加快构建舆论引导新格局。要推动融合发展,主动借助新媒体传播优势",将媒介融合问题提升到了新的高度。2018年8月,习近平总书记在全国宣传思想工作会议上表示,要加强县级融媒体中心建设。随后掀起了县级融媒体中心建设的浪潮,县级报纸、广播电视、网站、双微、新闻客户端等从组织结构上打通,以移动网络为主要载体,打造新媒体矩阵,力求实现地方新闻资源的整合和媒介化治理水平的提升。

2019年1月25日,十九届中共中央政治局第十二次集体学习把"课堂"设在了媒体融合发展的第一线人民日报社新媒体大厦。习近平总书记强调,推动媒体融合发展、建设

全媒体成为我们面临的一项紧迫课题。要运用信息革命成果,推动媒体融合向纵深发展,做大做强主流舆论,巩固全党全国人民团结奋斗的共同思想基础,为实现"两个一百年"奋斗目标、实现中华民族伟大复兴的中国梦提供强大精神力量和舆论支持。2020年中共中央办公厅、国务院办公厅印发《关于加快推进媒体深度融合发展的意见》指出,增强主流媒体的市场竞争意识和能力,探索建立"新闻+政务服务商务"的运营模式,创新媒体投融资政策,增强自我造血机能。要按照资源集约、结构合理、差异发展、协同高效的原则,完善中央媒体、省级媒体、市级媒体和县级融媒体中心四级融合发展布局。

在中央关于媒体融合的密集的政策推动下,各级主流媒体机构纷纷提出应对措施,自觉自发开展新闻创新活动,搭建新媒体平台,以及成立融媒体中心,主动适应新的技术与传播语境,完成自身的数字化转型,加强人才队伍建设、自有平台开发和新闻产品创新。这种来自于中央、最终落实到媒体机构的融合意志,提供了新闻创新的先决条件和原动力。[1]

另一方面,5G技术与社交媒体平台的强势崛起,对传统新闻生产与传播形成剧烈冲击。5G技术大范围地提升了数据的速率和容量,为公众提供更为智能和高效的互联网服务。通过5G技术可以促进新闻传输速度的提高和新闻互动性的提升,通过叠加VR、AR等虚拟现实技术,实现全息沉浸式的交互体验,创新新闻传播方式。5G技术的互联网与物联网能够促使万物互联,继而产生了万物皆媒的现象,传统意义上的媒体被无限地扩大,为传媒产业的内容生产带来了新的机遇和挑战。

同时,社交媒体平台越来越成为公众获取信息的重要渠道。凭借规模庞大的用户群和人工智能技术,社交媒体平台在信息传播中凸显分发优势。根据腾讯公布的2021年第三季度财报,截至第三季度末,微信及WeChat的月活跃合并帐户为12.6亿。微博的月活用户数也达到5亿左右。2021年1月5日,抖音发布的《2020抖音数据报告》显示,抖音日活用户数突破6亿,日均视频搜索次数突破4亿。"两微一抖"已具有明显的用户垄断趋势,成为传播新闻信息的最重要平台,而B站、知乎等社交媒体以及今日头条等内容聚合平台,也成为专业媒体无法忽视的传播渠道和合作伙伴。

媒体融合带来了媒介场域的巨变。专业媒体、政务媒体、平台媒体、自媒体等行动者共存于新新闻生态中,大量"新入场者"导致竞争加剧,并进一步加深了专业媒体的危机。如何在技术赋能下快速转变经营思维,构建融合新闻生产体系,推进新旧媒体的双向融

---

[1] 梁君健、黄一洋、阳旭东:《数字新闻生产创新:一项关于记者Vlog的新闻社会学研究》,《新闻界》2022年第2期,第4-11页。

合,建构多主体、多媒介、多平台并存,内容产品融合的全媒体传播体系,更好地实现媒体的公共职能,是媒体行业面临的更为复杂的融合挑战,也是本书对省级党报M报进行民族志考察和分析的总体媒介生态背景。作为媒介场域中相对比较老的"行动者",M报面临着在新媒介场域中的调整和适应问题,为透视互联网时代专业媒体向融合新闻生产的转变,提供了一个既具典型意义又有独特性的样本。同时,亦为思考省级党媒如何通过场域调适和建立新的生产惯习,来回应新媒体时代的冲击和挑战,在当前我国的媒体融合发展格局中锚定自己的生态位,提供了一定的启示意义。

第二节　M报融合新闻生产机制与媒介逻辑重构

美国学者大卫·阿什德(David L. Altheide)和罗伯特·斯诺(Robert P. Snow)在1979年出版的《媒介逻辑》一书中,用"媒介逻辑"这一术语来描述媒介制度性和技术性的运作模式,包括媒介如何分配物质性和符号性的资源,如何在正式的和非正式的规则下运作,以及如何影响社会经验的选择与表达。[1]媒介逻辑影响交流与传播的社会形态,也影响社会关系的本质与功能,以及传者和受众的关系。当然,媒介逻辑并不意味着在所有媒介背后的一种普遍的、线性的或单一的合理性。比如,尼克·库尔德利(Nick Couldry)曾批评,媒介逻辑的观点暗示了社会变迁的线性发展,以及一个在所有媒介运作背后的单一逻辑。因此,在分析媒介逻辑的时候,必须重视语境与特殊性的问题。

中国的党媒系统,以省级党报为例,其媒介逻辑的型构主要有两个重要的驱动力:一是中央对媒体融合的高度重视,形成了一种"自上而下"的推动力,明确党媒不仅要承担以往的信息传播与宣传职能,更要转型成为深度参与社会治理的中介力量;二是互联网技术的迅猛发展,使得传统的媒介生产与传播方式发生裂变,形成一种来自受众、市场的"倒逼"。在这样的双重力量驱动下,省级党媒不断地调整和重构以往的媒介逻辑,进而推动融合新闻生产机制的建构。

一、M报及融媒体中心概况

M报是一家历史悠久的省级党报。2001年,以M报为龙头的M报报业集团正式组建,最多时下辖数十种报刊。随着互联网新媒体的发展,在国家关于媒体融合与新型主

---

[1] Altheide, J. & Snow, R. P. (1979). *Media Logic.* Beverly Hills, CA: Sage, p. 206.

流媒体建设的政策助推下,集团先后进行了多轮改革,加快优化整合、深度融合,把更多优质资源向互联网汇集、向移动端倾斜,目前已建设成为一家全媒体新型传媒集团。根据国家新闻出版署发布的《2020年新闻出版产业分析报告》,M报报业集团已跻身2020年中国总体经济规模综合评价前十大报业集团之列。

作为报业集团的龙头,M报在过去半个多世纪的历程中,已形成了相对稳定的媒介逻辑和生产流程。M报的组织结构是典型的科层制,居于顶端的是编委会,包括总编、副总编以及其他编委。报纸的生产部门主要按条线划分,包括时政、经济、区域、农业农村、科教、文旅等。服务部门包括总编办、考评办等。考评办负责对已经出版的报纸稿件进行审读和评定等级分数。M报在新媒体发展方面相对保守,2012年才开通报纸自己的网站,主要是呈现电子版报纸,到目前也还是维持着"纸媒上网"模式,主要分为十几个板块,内容与报纸大致重叠。2013年开通官方微博。2014年被称为我国"媒体融合元年",M报也是从2014年开始加速了新媒体发展的步伐,在当年开通了微信公众号,2018年开始做客户端App,2019年入驻抖音平台,初步形成了"一张报纸、多个平台"的格局。截至目前,已构建起客户端、微博、微信、抖音、今日头条、知乎、微视、视频号、B站、头条号、百家号等共计13个平台的传播矩阵,第三方平台的覆盖用户达1000万以上,全媒体用户数超2000万。为了更有效地管理和运营新媒体平台,提升M报在社交媒体传播中的影响力,2018年报社专门成立了融媒体中心。

目前,M报融媒体中心已运行20多个新闻板块,共40余个子栏目,日均总发稿量超过300篇,每篇平均1200字,总原创率保持在30%以上。客户端每天推送稿件200~300条,其中30%左右是原创稿件;微信每日推送3次,总共10余条稿件;微博每天发送30条左右,基本上不到一个小时就要更新一次。此外,还有一些每周推出一次的产品,以及大量不定期的策划类产品和后期加工产品。产品类型除了传统的文字、图片之外,大力加强内容的视频化、音频化转型,视频、海报、长图、H5等成为日常的产品形态。据统计,2021年M报生产图文8000余张,生产视频5000条以上,发布直播88场,有40件以上的新媒体产品阅读量破百万,9件产品阅读量破千万,1件产品突破1.5亿阅读量。

融媒体中心目前总共有30余名专职员工。领导层包括主任和副主任。中层管理者主要是视觉总监以及各新媒体平台主管,包括客户端、双微(微博、微信)、抖音等。工作人员分为内容团队和视觉团队。内容团队负责选题策划以及微博、微信、客户端等新媒体平台内容的日常生产。视觉团队由视觉总监主管,人员包括视频记者、后期剪辑人员以及美编,主要负责新媒体产品的后期加工以及抖音等视觉平台上的内容生产。融媒体中心实行"两班制"运作,分为早晚班和白班。早晚班的工作时间为早上6点到9点30分,以及下午5点至深夜,白班工作时间为早上9点30分至下午5点。由于早晚班工作的时间特性,工作人员一般可以在家办公,不用到编辑室来,而白班工作人员则需要来办公室上班。不过,虽然有明确的分工以及轮班运作,但融媒体中心每个人实际上都并非单一角色,而是多任务穿插完成。

总体上看,融合新闻生产与多平台内容传播,极大地拓展了M报这样的传统纸媒的生产形态、空间与影响范围,构建起了"一次性采集、多媒体呈现、多渠道发布"的现代传播体系,传播效率大大提高,媒体竞争力明显提升。过去,发行量几十万、上百万份的报纸已经算有一定影响力了,但现在一个媒体产品全网传播几千万甚至上亿的情况也屡见不鲜。当然,内容生产的转型也会带来对传统生产理念、生产机制、人员素质、传播后果等的多重影响和冲击,滋生出传统媒体时代不存在的许多新问题、新挑战,带来我们常说的"转型之困"。

二、融合新闻生产机制考察

(一)"新媒体优先"的生产策略转型

在2010年前后,国际传媒界就开始普遍推行移动优先(mobile first)战略。2014年我国出台《关于推动传统媒体和新兴媒体融合发展的指导意见》,也正式明确提出媒体融合要将"移动优先"作为一种策略。之后,中央文件中多次提到"移动优先"。当前,在人工智能技术和平台基础设施支撑下,各种智能设备层出不穷,而移动性是这些设备的基本特征。移动优先不仅仅是指让接受信息的设备动起来,它还包含着一系列的内涵规则,深刻地改变了传统的内容生产模式和机制。

对M报而言,由于纸媒持续下滑的趋势,报社在发行、广告这两大支撑点上,都面临着不小的压力,急需调整战略、开源节流。传统上印刷和稿费构成了报社成本支出中的一大块,因此控制报纸版面数量,将更多稿件转移到新媒体平台上,可以有效节省成本,同时也有望借助于新媒体提升报纸传播力和影响力。报社管理层多次在中央厨房采前会上公开强调了"新媒体优先"或"移动优先"原则,改变以往的报网融合模式,即从报纸记者采写内容、由新媒体改写刊登,到记者同时给报纸和新媒体供稿,再到记者只给新媒体供稿、报纸编辑自己从内容池中选择内容改写刊登:

"媒体融合,一定要新媒体优先,移动优先!稿子不要堆积在那里,先在新媒体发,不要错过大家的关注点。要从制度、流程、考核上解决这个问题。记者、采编人员要有媒体融合意识,不要只想到报纸怎么做。以客户端为核心或先导,来推进媒体融合发展。"

为落实"新媒体优先"策略,报社从生产机制上,力图对传统报纸条线部门和融媒体中心进行整合。虽然从组织建制上,融媒体中心居于同其他条线部门平级的地位,但从工作职能上,融媒体中心处于一个相对枢纽的位置,各个条线部门主任签发的稿件,都要统一进入报社采编系统"稿件池",由融媒体中心来对稿件进行选择、审核和编辑,然后分发到各新媒体平台。一般稿件只要进入系统,5~10分钟之内融媒体中心都会进行处理,以求快速发稿。审稿工作基本都在融媒体中心审稿工作群(以下简称A群)中进行。A群成员包括融媒体中心管理层、视觉总监、主要的新媒体平台主管,以及几个负责文案策划的骨干。本来,报社一度还让融媒体中心负责对所有稿件进行考评打分,但这样做融媒体中心工作量巨大,而且容易得罪人,所以后来考评工作还是回归到考评办。此外,融媒体中心的主要负责人由报社编委兼任,其隐形地位又高于一般的条线部门主任。

在一些具体的选题策划与制作上,报社管理层充分意识到纸媒传播的有限性,希望借助于媒体融合传播扩大影响力。比如,对一些更适合新媒体视觉呈现的稿件,就不发报纸版,只发新媒体,或者报纸上简短刊发,而在新媒体平台上重头呈现。此外,在报纸刊发某些稿件的同时,新媒体上策划相应的互动活动,吸引用户参与。一些比较容易引发大众关注的报纸稿件,由融媒体中心重新包装后,在适合的平台推出,吸引用户评论、点赞和转发等,可以有效地延续和放大报纸的传播效应。

融媒体中心"双微"平台主管L曾经跟笔者分享过一个案例。教育"双减"政策出台后,培训市场出现了一些混乱状况,报纸民生部门记者做了一篇关于教培机构"跑路"的深度调查,L认为比较有价值,于是将稿件进行重新包装,在微博和微信上推出,同时配合一定的互动活动。

"稿件在微博、微信发布一个半小时后,微博评论332条,点赞1250次,微信阅读量1.5万,在近期稿件中算是比较高的。民生部门表示会继续跟进报道此事。另外,文旅部门也支持了20张电影票,用于微博评论者抽奖,效果很不错。"

适应融合媒体的传播规律,根据不同的平台特性适配相应的内容,而不能直接照搬报纸稿件,应该说已经成为M报从上到下的一种基本共识和生产惯习。

但是,M报的"新媒体优先"策略在实践中也遭遇到一些阻力,首要的就是文字记者观念中根深蒂固的"报纸优先"思维,以及缺乏相应的考评机制来激励记者投入新媒体生产。一位从报纸夜班编辑部调到融媒体中心工作半年的编辑H惊讶地发现,报纸稿件和新媒体稿件质量差别很大,美其名曰"新媒体专供稿",其实大多是垃圾稿。

对很多文字记者来说,报纸版面容量有限,稿件质量标准非常清晰,一篇稿子能不能"上版",能不能评好稿,心里都大概有数,但到了新媒体平台上,标准一下子就变得模糊和随意了。新媒体平台容量的"无限性",又让记者对稿件的刊发抱持一种"理所当然"的心态。虽然报社管理层一再强调新媒体发稿与报纸发稿要统一标准,堵住垃圾稿,但现实情况是新媒体平台变相地沦为低质量、浅价值新闻集中地。考评办曾发过一个通报,2020年6月记者在报社新媒体平台共发稿1900条,其中低价值稿件就有800条,占比高达42%,导致报社稿费支出暴增,但新闻质量并没有得到提升。

此外,由于融媒体中心和条线部门是平级,主要基于"合作"而非上下级指令生产产品,因此在协调机制上存在一定的欠缺,出现过同一选题两个部门都在闷头进行,或者双方都以为对方在做、实际上双方都没做而导致新闻"踏空"的情况。因此,要真正实现"新媒体优先"的生产策略转型,报社还需要在组织架构、激励机制、观念文化等各方面都进行整体的调整。

(二)产品形态的视频化、音频化转向

近年来,随着短视频、直播成为继社交媒体平台兴起之后的又一大趋势,传统纸媒的视频化逐渐成为融合新闻生产中的一种常态。时长短、轻量化是短视频的突出特点,它们的长度往往是以秒计数的,将新闻资讯以短视频的形式加以呈现,能够极大地契合移动互联网时代大众的信息接受习惯。同时短视频强烈的社交性,也是吸引受众的重要原因。在互联网发展早期,视频往往只是作为纸媒内容的"配料""增量",报社将制作好的视频转化为二维码,再将二维码放在报纸版面上刊发,有需求的受众可以扫描二维码观看视频。而如今,在纸媒纷纷布局客户端、双微、抖音等全平台传播的时代,大量新闻视频开始以独立的新闻形态出现,成为日常新闻报道的"标配"和重大新闻报道的"利器"。纸媒一方面在自有平台客户端开设专门的视频栏目,另一方面入驻社交媒体平台和专业视频平台加强传播。

传播格局的根本改变倒逼纸媒提升视频的产量和水准。作为传统党报,M报的强项是文字报道,而视频新闻与文字报道的特性差异很大,报社在人员配备、基础设施、基本技能等各个方面,都需要按照视频化转向重新调整,补齐短板。近年来,M报将短视频生产作为媒体融合的突破口,主要从几个方面着手提升视频生产能力:一是依托原有的视觉影像部,敦促摄影记者也同时拍视频;二是组建融媒体中心视觉团队,招聘专门的视频

记者和影像后期制作人员;三是推动包括文字记者在内的全员新媒体转型。从技术设备支持上,报社为每一位记者都配备了带高清摄影摄像功能的手机,并安装了专用的视频App,用于处理视频新闻稿件。记者可以一个人完成视频的拍摄、剪辑、上传后台的全过程,而不需要像以往那样,拍完视频传回编辑室,再由专门的后期工作人员来编辑视频素材,极大地提高了新闻生产效率。

笔者进入M报的时候,报社刚刚推出了一项新的考核制度,规定记者每月至少完成10条视频,视频上传到采编内容池,由融媒体中心管理层进行审核后,根据内容特点选择某一个或几个平台进行发布。至于什么样的视频匹配什么平台,报社以及融媒体中心并没有明确规定,往往是依靠视觉总监和融媒体中心管理层审稿时的临时判断。比如,配文字稿的视频,可以与文字稿一起发客户端、微信;不太重要、没有明确主题、时长不到一分钟的短视频,一般就发抖音……这些摸索出来的规则在实践中逐渐形成了新的生产惯习。

同时,工作任务分派上,重要的、专题化的、必须配视频的采访,一般会专门派视频记者去,常规的采访主要由文字记者自己完成视频拍摄和基础剪辑。这一制度使得文字记者压力陡增,为了完成每月视频任务量,甚至"每采访必拍视频",短时间内视频发稿量剧增,但视频质量普遍较低。报道"视频化",尤其是"短视频化"以后,几十秒的视频,往往信息含量太少,新闻要素不全,也没有挖掘深度,仅仅只是事件场景呈现,没有特写,没有现场采访。同时,视频数量的增多,也使得融媒体中心审稿压力加大,穷于应付。融媒体中心管理层T称:

"报社为了推进新媒体转型,鼓励记者多拍视频,但是现在拍来的视频大多质量较低。比如有的记者去了街道、社区采访,就随手拍一个视频发来,几乎没有什么亮点和内容。"

融媒体中心在多次部门周会上,都专门总结、分析目前报社视频生产存在的问题,主要包括:视频主题零碎化、较浅或不具备新闻价值;缺少内容策划和视觉设计,时间偏长,同时故事又没讲清楚;视频拍摄水准较低,很多视频都是"一镜到底",缺乏视觉吸引力;记者没有对视频进行后期加工,比如加字幕,更谈不上进行剪辑和美化;等等。对此,融媒体中心提出,应该强化层层把关机制,条线记者和部门主任需要把好前端的关口,尽量杜绝低质量视频;而融媒体中心则需要制定视频发稿规范和视频新闻内容筛选标准,包括署名、取标题、时长一般限制在2~4分钟等,并对记者进行专门培训,以提高记者拍摄视频的总体质量。

有一次，某个条线记者发来一个时长约20分钟的采访视频，激起了融媒体中心管理层在审稿群A群中的愤怒吐槽：

"访谈的视频确实看不下去，文字记者拿着稿子念问题，同时旁边还坐了一个无关的人，画面不干净，没价值的空镜头太多。访谈嘉宾则完全是在念材料，没有控场，空镜头太多，且大量重复，有的重复两三次。最后记者也不说声'谢谢您接受采访'之类，就戛然而止，谁知道结束没？"

他们认为，这主要是记者长期习惯文字报道、没有镜头感导致的。如何将文字报道转化为视频画面，对绝大部分纸媒的采编人员来说都是一种新挑战。但如果大量毙稿，又会打击文字记者转型视频生产的积极性，引发报社内部矛盾。碍于情面，融媒体中心在审视频时很多都是勉强发稿。尤其是对于配文字稿的视频，尺度放得更宽，"有稿子就扔进稿子里，没稿子就扔进垃圾里"，融媒体中心"双微"平台主管L说：

"传统文字记者转型做视频还是比较难，虽然报社一直在培训，但是'能拍'与'能拍出好视频'是两回事。很多记者往往关注宏大视角，比如高考，他们通常只关注整体场景、警察、志愿者如何为高考服务等，而不会关注细节。或者只有场景，不采人物。做惯了报纸的记者，突然要求他们拍视频，很多人不愿意，也做不好。"

另一方面，融媒体中心的视频记者，尽管在视频拍摄上比文字记者更专业，但也存在不懂新闻、没有新闻敏感、没有新闻专业意识等问题。融媒体中心管理层X屡次在部门会上以及审稿群A群里强调：

"各新媒体平台主管、编辑要教年轻的视频记者们认识新闻、学习新闻，而不是让一帮新人闷头做了再说。视频记者要学会热爱生活，走进生活，'扫街'还是基本功，除了完成工作任务，还需要随时做个生活的有心人。"

总的来看，视频生产已经成为M报媒体融合战略中最着力开拓的领域，但存在着视频"量多质低"的尴尬状况。一些记者将融媒体生产简化为"视频+图文"，于是一篇文章中嵌入了大量没有经过精编的视频素材和图片，使得视频新闻报道陷入低水平作品泛滥的恶性循环之中。

相比视频，音频内容生产在M报才刚刚起步。目前只有一个专门的音频产品，就是每天早上通过微信推送的早间新闻，时长约六七分钟，主要是报纸主要内容的音频呈现。报社夜班编辑一般凌晨四五点钟做完报版稿子后，将主要内容通过人工智能转换为语音，发送给融媒体中心当天执早晚班的编辑。从形式上看，几乎就是人民日报"新闻早班车"、新华社"早知天下事"等早间音频新闻产品的翻版。由于缺乏专门的团队，制作比较粗糙,阅读量一直较低。笔者在M报考察即将结束的时候,报社刚刚借一个重大体育赛事的契机,推出了第一个人工智能虚拟主播,每天早上8点定时介绍当日赛事赛程亮点。虚拟主播外形姣好,音色甜美,但总体上中规中矩,形式单一,没有什么太大的特色和突破。

(三)生产流程与把关机制的重构

传统上,以采前会和"三审三校"制为核心,专业媒体已经形成了一套相对稳定的生产流程和把关机制。M报每天上午都会召开一次采前会,总编、值班编委以及各部门主任参加,各部门依次汇报当天选题,总编与值班编委现场决定是否采用以及执行方案调整等。采前会可以说是把住"来源关"的重要机制,即确保所有进行的采访报道都是基本符合报纸定位与需求的。

稿件完成后,执行"记者—部门主任—值班编委"三级审核制度,并严格实行三校制以尽量减少差错的发生。考评办负责对已经出版的内容进行审读,如果发现差错,就会在第二天上午的采前会上公布。如出现较为严重的错误,报社管理层会公开对相关部门主任进行严厉批评,并要求逐级追查责任,记录在案,实施一定的惩罚。报社管理层多次强调:

"要时刻牢记主流媒体的责任,所有稿件必须三审三校,值班编委负责签发。三审三校制度要落实到人,不是空话,尤其是新媒体,也必须三审三校,避免低级错误。"

然而,融合新闻生产方式在一定程度上削弱了传统的把关机制。在实践中,普遍存在把关权力下移甚至根本没有把关的现象,从而导致差错率大大增加。在采前会以及每周汇总评报会上,考评办所列出的差错绝大部分出自新媒体平台。

在笔者的观察中,新媒体稿件出现差错主要有几个方面的原因:

首先是平台多,稿件量大,以融媒体中心目前的人手,完全不可能像传统报纸那样,对每篇文章做到三审三校。客户端编辑Y称:

"每次轮到自己值班压力都特别大,每天要上传超过200篇稿子到客户端,根本来不及仔细看,反正大致扫两眼,觉得没大问题,就直接上传了。有时请示领导,领导很久没回信,也就这么用了,赶时间嘛,差错肯定是难免的!另外,从知识量上,编辑对信息也很难把关,比如记者稿件,很多信息来源于专家,但是专家有时也可能说得不对,或者记者误解了,编辑也识别不了,就这么直接用了。"

另一位客户端编辑G亦认为,新媒体平台人手紧张与任务的多样化,是难以避免差错的主要原因：

"人手紧张，有时候晚上一下子集中发来十几篇稿件，里面可能有的差错没看到。既要速度，又要改装多媒体形式，还要不出差错，几乎不太可能。"

平台之间频繁的稿件相互传送，也增加了出错的概率。因为各平台是独立运作的，稿件如果中途有修改，其他平台编辑并不会第一时间知晓。有一次"双微"编辑C从M报的数字报上截取了一个数据图表，放到当天早上发稿的一篇微信稿件中，没有注意到数据图表存在一处差错。后来写这条新闻的条线记者发现了，对数字报上的数据图表做了修改，但新媒体平台并不知道，还是用的错误的数据图表，导致了一个差错事故。相比文图稿件，视频审稿更加耗时耗力，同时涉及的方面也更多，包括导向是否正确、拍摄剪辑质量如何、字幕是否准确等。这也可以说是导致差错增多的一个因素。

其次，融媒体生产中审稿流程被大大简化。融媒体中心的稿件审理基本上都在网上进行。客户端、微博除了特殊和重大稿件信息之外，一般都由编辑或平台主管自行掌控，不需要经过领导审稿。所有需要审理的文字、图片、视频等，都会发到审稿工作群A群中，由主任和几位副主任一起"群审"，或者说"混合审稿"，而非层次分明的"三审制"。谁有空第一时间看到，谁就进行审稿并发表意见，对选题做出评价，对差错进行截屏修改，无问题就刊发。因此时不时会出现一些意外情况，比如几位主任正好都没有空，导致稿件较长时间没有审核，耽误了时效性，或者说某位副主任审了说可以，但主任晚一点又说要修改，极有可能此时稿件已经在某个新媒体平台刊出了。当然，如果不是特别严重的差错，发了也就发了。

最后，对来自权威媒体的信息，往往认为不需要再把关，为了求快，就直接转发了。在笔者进入M报的这段时间，就目睹了好几起由于未经审核直接转发权威媒体稿件而导致的差错。把关权下移给新媒体编辑带来了巨大的压力。没看稿件就直接转载，这对于传统媒体来说是不可想象的，但在融合新闻生产中却屡见不鲜。

另一方面，基于新媒体平台的特点，受众开始更多地被卷入到把关机制中，对媒体的把关质量形成某种程度上的"倒逼"。从1950年代怀特（D.M. White）将"把关人"理论引入新闻传播研究以来，把关过程一直以作为把关人的媒体及其从业者为中心，围绕"信息选择"来展开。怀特强调编辑个人因素在把关过程中起到决定性的作用，认为信息被"拒之门外"的理由不外乎三种：编辑个人感觉、没有足够的版面，以及这则新闻以前是否出现过。[1]休梅克(Pamela J. Shoemaker)将把关模式拓展到五个层级的影响因素：个人、生产常规、媒介组织、制度、社会系统，经过层层信息筛选，媒体机构将世界上呈现出来的数以亿计的信息裁剪到"以百计"，并在特定的时间传送给特定的个人。[2]把关模式存在的最重要前提是信息生产的垄断性，也就是主要由作为把关者的媒体从业者来生产新闻，然后刊登在有限的媒体版面上。但在互联网时代，信息的垄断性生产已被打破，版面限制也已不复存在，受众可以通过各种方式参与到内容生产、选择和传播的各个环节，这些新的参与者挑战了传统的把关过程，改变信息质量的判断标准，从原来的被动接受媒体内容，转变为可以积极地、有意识地参与营造自身媒介环境的能动性角色。笔者观察到，即便在M报这样相对来说非常强调媒体控制权的编辑室，受众反馈也开始逐渐地影响到把关流程。比如，稿件出现问题，受众可以第一时间以留言的方式公开指出来。有一次融媒体中心制作了一张纪念日海报在微信上发布，结果海报上有一个错别字，审稿时没有发现，后来读者在留言中指出了这个差错，融媒体中心赶快撤下了这张海报。还有一次，报社在客户端上发起了一个留言抽奖活动，但是软件设计有问题，导致受众操作非常烦琐，融媒体中心编辑也是从留言中发现了这个问题，于是及时反馈给技术部门进行修改。新媒体时代受众与编辑部的互动更为方便、直接和快速，这在很大程度上迫使媒体重视把关问题。

(四)时间惯习："抢快"与"慢半拍"

时间性(temporality)是新闻生产研究的核心问题之一。时间既是新闻生产所能仰赖的资源，又对生产中的组织和个体施加着严厉的约束，成为形塑新闻面貌的一股主要力量。传统新闻业就具有"因时而作"的特性[3]，"及时性""时效性"等时间概念从一开始就是新闻的核心价值。在互联网快速发展的时代，时间更是成为主导新闻业的职业原则，有学者总结了融合新闻生产实践中时间性的变化体现为：加速的时间、提前的时间、拉长的时间、冲突的时间。每一种变化都切实影响着新闻工作常规、编辑部文化和从业者记者的工作状态，因时间性的变化至少出现三种新的工作常规：编辑部会议的增加、AB角的设置、"不打烊"编辑部的出现，使得编辑部弥漫着一种"焦虑文化"，包括对新闻的焦虑、对职业的焦虑、对自我的焦虑，经历着专业自信的动摇以及职业价值感和意义感的

---

[1] White, D. M. (1950). The "Gate Keeper": A Case Study in the Selection of News. *Journalism Quarterly*, vo. 27, no. 4, pp. 383–390.
[2] Shoemaker, P. (1991). *Gatekeeping*. Newburry Park, CA: Sage Publications, p. 1.
[3] 白红义：《因时而作：新闻时间性的再考察》，《国际新闻界》2018年第6期，第46-67页。

流失。[1]

笔者对M报的田野观察中,亦对时间性问题进行了专门的考察,注意到一种省级党媒特有的时间惯习——"抢快"与"慢半拍"相互交织,谨慎中求快,精准把握时间节奏。具体体现为以下几个方面的特性:

1. 普通新闻热点以"快"为原则

首先,与所有转型中的数字化编辑部一样,M报也体现出"新闻加速"的趋势,在时间节奏上强调"快"。报社内部制定了"同城比较规则",即重要消息必须抢在第一时间滚动刊发新媒体平台,如果比同城其他主要媒体晚一个小时以上,就需追究相关采编及主管人员责任。同时,提出"比速度、比信息量、比呈现形式"的三重要求。报社管理层在一次采前会上,对报社近期的新闻发布会报道提出公开批评:

"上周有几个新闻发布会,我们发布时间太晚了,比其他媒体晚了两三个小时,必须要第一时间发布。对党报这是第一任务,是我们的生命线。前方记者和后方编辑要沟通对接好。前方记者想尽办法尽快拿到信息,马上发回来编辑,马上刊发。"

对于一些引起广泛关注的社会热点问题,也要求新媒体平台及时发稿,跟上热点节奏。比如,有一则博士论文致谢走红的消息,网上流传很快,M报微信也整合了一篇综合稿刊出。但报社管理层认为微信稿还是"慢了半拍",比其他媒体滞后了半天,传播效果就被稀释掉了,有点炒冷饭的味道。对于突发事件,比如地震、事故灾害等,如果不能第一时间去到现场采集一手信息,就必须充分利用网络信息和其他媒体信息,快速综合成稿发布。

2. 重要、敏感信息:精准把握时间节奏

但另一方面,报社也不是一味抢快,有些重要、敏感消息,要求信息内容的完全准确和对时间节点的精准把握。比如,发布重要岗位的人事任免,既是党媒的基本职责之一,同时也体现出党媒的制度优势和权威性,能够第一时间发布信息,吸引较高的关注度。对于编辑部来说,需要提前准备好适合各新媒体平台的内容,包括微信稿、微博、快报、客户端要闻等,然后等待上级部门通知,第一时间全平台推送。曾经有一个重要的人事任免消息,新媒体平台的编辑在统一发布时间到来后,又电话请示值班领导,确认是否可以发布,结果因为打电话的时间以及上传稿件消耗了一点时间,造成了最后消息发布出来的时间,比同城媒体晚了一分钟。这一事件引起报社管理层震怒,要求相关编辑和值班

---

[1] 王海燕:《加速的新闻:数字化环境下新闻工作的时间性变化及影响》,《新闻与传播研究》2019年第10期,第36-54页。

领导进行书面解释以及反省。

对于一些有全国影响的重要事件,报社会先观察一下央媒和其他省级党媒的动向,再决定是否刊发、何时刊发。"抢快"与"慢半拍"相互交织,形成省级党媒特有的时间惯习。比如,网上突然爆出一个著名科学家去世的消息,融媒体中心审稿群A群也顿时"炸"了,但并没有做出第一时间跟进报道的决定,而是首先讨论这个消息的真实性。十几分钟后,开始传出辟谣信息,随即央媒也刊发了正式的辟谣声明。但报社接下来的操作显示,他们并没有完全把这个当成"谣言"而什么都不做,反而立即安排了几路人马,分头准备与这位科学家有关的资料,以及联络相关机构、人士采访。下午,科学家去世的消息得到央媒确认,于是报社客户端第一时间开辟纪念专题,并在各个新媒体平台密集推出全媒体化的纪念报道,及时跟进了这一突发热点新闻。这一报道事件非常典型地体现出了省级党媒"谨慎中求快"的时间惯习,即慢半拍,谨慎观望央媒和其他省级党报平台;尽管消息未经证实,但同步准备资料和采访;证实后,迅速密集推出专题化、全媒体化的报道,抢夺公众注意力。

3.常规性的新闻节点"刷存在感"

节日、纪念日向来是媒体"可预见性新闻"选题的重要来源。报社专门制定了年度和月度"新闻日历",编辑据此可以提前策划相关选题,并借助于节日、纪念日的热度,来扩大传播效应。互联网时代为"可预见性新闻"选题提供了更加多样化的呈现方式和传播渠道,海报、H5、长图、动态图、短视频等产品制作简单,方便微信、抖音等平台转发和传播,成为每个节日、纪念日媒体"刷存在感"的一种常规操作。M报规定,农历二十四节气以及重要时间节点,都要制作海报作为客户端开机屏,同时发布到微信、微博等平台。海报画面要具有信息量,比如呈现地方特色景点、标志性建筑或者特色物产、习俗等。这样的常规操作虽然不像应对突发事件那样需要做出紧急、快速反应,但也容易陷入俗套,难以推陈出新,最终沦为应付了事的"应景文"。往往每到节日、纪念日或一些节点性时间来临之前,策划编辑就要绞尽脑汁思考文案。笔者曾经数次在审稿工作群A群中,参与讨论海报文案,有时甚至为了一两个用语纠结至深夜。

对省级党媒来说,时间性问题并非单纯由互联网时代"新闻加速"所驱动,更存在政治站位、监管压力、安全因素等多重考量,因此体现出"抢快"与"慢半拍"相互交织、谨慎中求快的时间惯习。

三、多平台运作

在媒介融合、移动优先的大趋势下,出现了"媒体平台化"的趋势,各家媒体纷纷自建平台以及入驻第三方平台,形成多平台的内容生产与传播格局。M报可以说是从报纸生产一步踏入多平台运作,短短几年内已拥有自建平台网站、客户端,并入驻微信、微博、抖音、知乎、B站等多个第三方平台,形成较为完整的新媒体传播矩阵。这使得M报在生产和传播机制上也面临着新的挑战。

(一)内容生产平台

为适应移动化新闻生产,M报基于传统的选题会和三审制,建立了数字化内容采编系统。记者在系统中报送选题,经部门主任审核后,在每天上午的中央厨房采前会上进行汇报,报社管理层现场审题、讨论并提出选题意见。经报社同意后的选题,由部门主任督促记者进行采写,部门主任在采编系统中审理和签发稿件。原则上,所有经部门主任签发的稿件,才能进入下一步流程——由报社值班总编决定是否上报版;由融媒体中心审定是否能在新媒体平台上刊发。

移动化内容采编系统打破了时间、空间束缚,极大地提升了新闻生产效率。记者可以随时随地通过手机或电脑上传采写的稿件、拍摄的图片以及视频等,不再像传统时代那样,记者在外面做完采访,然后急急忙忙奔回报社写稿。同时,稿件制作的速度也在加快,多媒体效果更容易实现。笔者有一次跟随条线记者进入一个山地采访,当时还是秋天,但到山顶的时候,竟然下起了大雪。于是摄影记者马上开动,拍摄了一系列图片和短视频,并当场进行剪辑。而文字记者趁着这点时间,抓紧撰写了一段关于"某某山上第一场雪"的约200字的消息配上去。大约二十分钟后,这篇在冰冷的雪地中快速完成的"文+图+视频"的多媒体报道就出现在报社客户端上。虽然只是个"顺便做的小稿子",但笔者深深感受到了融合新闻生产的高效率以及内容采编系统的便利性。

图3-1 记者在风雪中现场拍摄、剪辑、写稿,约20分钟内完成了稿件制作、发回送审,并刊登在客户端上

目前,M报在内部生产系统方面,还在进一步建设和完善的过程中。一是内容采编系统的功能完善和精细化,包括开辟统一端口上传视频、文字、图片,并提示元素是否审核完毕;针对短视频的新需求,增加几种模板让视频剪辑更高效,便于普通文字记者掌握;强化内部稿件的智能检索功能,让编辑可以方便地通过关键字搜索到相应稿件;升级图片和视频传输功能,解决记者通过手机上传图片和视频速度缓慢的难题;等等。二是内容采编系统与客户端后台打通。由于客户端后台用的是另一套系统,所以融媒体中心编辑需要手动地在内容采编系统中下载稿件,然后再上传到客户端,既耗时又容易出错。当然,这个就需要增加投入,对整个系统进行升级改造。三是防止后台内容泄露。有时为了工作需要,会提前生成一些内容链接,放在客户端后台,等恰当的时机再发布出来。但是在现有的技术条件下,即便没有公开发布的内容,放在后台也可能被网络自动抓取,尤其是一些重大、敏感内容,从而造成新闻泄密事故。

(二)内容传播平台

传统媒体通过进驻移动互联网第三方平台实现融合转型,已成为全球专业媒体发展的一种主流趋势,或者说必然的选择。尤其是借助社交媒体平台"引流",是大多数媒体通行的做法。在2010年到2014年间，随着微博、微信的先后诞生以及推广，中国开始进入社交媒体时代，极大地改变了我国的媒体发展格局。2018年抖音强势崛起，许多主流媒体纷纷入驻抖音，占领网络新阵地，拓宽宣传渠道。顺应这样的趋势，M报也快速建构起了与社交媒体平台的嫁接，先后入驻了微博、微信、抖音等平台，并在2018年开始推出自己的客户端APP，初步形成了"一张报纸、多个平台"的格局。2021年报社建立了"平台管理台账制度"，每天晚上10点前各平台主管上报发稿情况以及传播情况，由融媒体中心值班副主任来汇总，并在第二天上午的中央厨房采前会上汇报。

多平台运作下的整合传播，极大地突破了单一渠道传播的局限性，扩大了产品传播范围，形成较高的"全网阅读量"。比如，有些动态消息，首先在客户端一边编一边发，由于客户端是自有平台，比较好操作，有错误随时可以修改。精编内容则可以掐准早、中、晚三个时间节点，在微信公众号上推送。或者，如果记者出去一次性拍了很多视频，单条短视频可以发抖音，最后再综合一个较长的视频发微信或客户端，真正形成"一次采集，多次加工，多次传播"的叠加效应。传播效果好的话，还有可能形成从小屏到大屏的"溢出效应"。报社曾经做过一个抗击疫情的系列海报，后来被某区委宣传部看中，将海报放到市中心核心商圈大屏幕上，形成了更加震撼的视觉效果，产生了很高的关注度。

当然，内容传播平台的增多，从根本上改变了报社传统的工作机制，带来了单一的报纸传播中不曾遇到的许多问题和挑战。

1.多平台运作下的算法机制与产品适配

了解各平台差异化、特色、算法、分发机制等，是媒体充分发挥多平台传播优势的前提。融媒体中心视觉总监F分析了几个主要的第三方平台的算法机制：

"抖音和快手不同，抖音实行滚雪球式的'内容池'推荐机制，新上传的内容会首先被放进最小的'内容池'，然后根据用户的正向反馈，包括点击量、完播率、点赞数、评论转发数等，决定是否放到更大的'内容池'进一步推荐。而快手会比较鼓励生产者投稿，因此会对新上传的原创内容有一定的倾斜。头条号更加强调原创，优先推荐那些标记为'全网首发'的稿件，因此如果想要得到头条号的优先推荐，就得避免同一稿件以不同形式发布，被算法检测判定为'非原创'而减少推荐。同时，抖音还有一个'排同'机制，即如果几个人同时拍一个事件，抖音只发第一条。"

除了了解、吃透平台算法之外，研究各个平台不同的媒介属性，进行精准的用户画像，推送相适配的产品，也是多平台运作的关键。比如，同属于现象级的社交媒体平台，微信、微博、抖音、B站等,实际上都有各自的特点和用户群体,分别适应不同类型的内容。M报在建构多平台传播的过程中,已经开始反思不同的平台定位与产品适配问题。融媒体中心管理层T提到:

"我们目前平台多、内容乱、没有特色,其实做不过来,很难保证产品质量和传播率。能否把主要的几个号进行分工?除了重大事件全平台推送,一般稿件针对垂直人群,各有侧重。"

新媒体编辑A回忆起刚刚做的一个比较严肃的大型政经报道,将主要内容剪辑为很多个时长60秒的视频,在抖音上发布,结果不但没有提高传播量,反而"掉粉"不少。她认为原因在于抖音适合轻松化、娱乐化、富有人情味的视频,而且60秒视频在抖音上已经"太长了",超过了一般抖音用户的心理预期,导致传播效果适得其反。总体来说,资讯类、消息类不超过1分钟,人物、故事类不超过5分钟(受众看视频的临界点)。A总结了走红抖音视频的几个特点:触动(让人激动、感动)、吸引、实用、意外(违背预期)。

另一方面,一个"爆款"视频就能立竿见影地带来用户数上涨。比如条线记者K拍摄了一条大约十几秒的短视频,展示了开学季一个大学新生"宿舍音乐会"的场景,大学生们把面盆、锅碗等当作乐器边敲边唱,自得其乐。由于视频很短,而且内容比较简单,编辑就发到了抖音上,没想到竟成为"爆款",一天之内抖音点击量高达630万,而报社抖音号也成功"增粉"2000。用前述编辑A的观点来看,这个短视频就是典型的"触动+意外",如果大学生们用的是正规乐器,反而没有这种温暖、欢乐的效果。

D是融媒体中心一位由美编转型而来的平台编辑,现在负责运营报社在今日头条的"头条号"。她分析了M报头条号的用户特征:本地化、老龄化、男性化,关注时事新闻,使用手机机型较老,偏爱"图+文"形式、1000字以上的深度解析文章,并不喜欢短视频、直播等。因此,M报的头条号从内容到发布频率上,都要适配这一用户定位,比如,多用文章兼插图的形式,比图组和视频的阅读量及评论量更多。

对于微博和微信,M报从管理层到一线的平台编辑,都在不同场合谈及他们对"双微"定位的思考,但并没有形成较为统一的认知,所以导致定位的模糊化。管理层倾向于强调"双微"内容不能脱离党报的精神气质,泛泛追社会热点没有意义。报社编委N坚持认为,新媒体平台只能依托于报纸内容。他多次在采前会上强调:

"两微一端一定要围绕报纸内容来,主推自己原创话题,根据两微一端特点重新做。不要去蹭那些全国范围内的热点,就算赚点流量也没有太大意义。我们不是都市类媒体和自媒体,我们的新媒体是为报纸服务。甚至可以出台规定,与本地无关的内容不推,不管它是不是热点。"

"新媒体平台主要是加工好报纸的内容,提高其传播率,不要自行其是,成天去弄些边缘的东西!"

但另一方面,报社从上到下也都希望利用社交媒体平台的庞大用户基数,来提升M报新媒体内容的传播,形成一定规模的新媒体用户群,因此在实践中也会"蹭热点"。但从内容上看,M报的微博、抖音大多是直接转载热点事件信息,导致内容同质化,没有新鲜感。比如,针对一起突发事故灾难,M报抖音只是很简单地转载了这个消息视频,而另一家省级党报抖音则纳入了事故原因分析等,点赞和评论就非常多。报社也已经意识到这个问题,因此推出"微评"栏目,就一些热点社会事件及时发评论、探观点,关注度得到一定的提升。

"双微"平台主管L称,自己虽然每天都在编微博、微信稿,但其实对于"双微"的内容定位自己也比较糊涂,所以总是摇摆在加工报纸内容、做严肃报道与追社会热点之间,表面上是两者兼顾,实则可能两者都抓不住。他认为,定位摇摆可能是M报微博、微信粉丝数量长期停滞乃至近期还有所下降的原因之一。

平台互动性的欠缺是M报新媒体发展面临的另一个问题。新媒体平台区别于传统媒体传播的重要特点,就是强调互动性,让用户可以方便地进行内容的点赞、评论、转发等操作,以及通过各种类型的活动,参与内容的生产和传播,以此提高用户黏性。通过微博公开数据可以看到,虽然M报微博在粉丝数量上,与一些省级党报差别不算太大,但互动性上欠缺很多。从业者在内部讨论中,也多次提及需要提升互动性的问题。在一次部门会议上,"双微"平台主管L汇报了近期微博粉丝数在不断下降的情况。他认为:

"相对于其他社交媒体平台,微博更强调互动性。微博现在每天掉粉100左右。建议设置话题,包括投票等,加强互动,更加适应年轻人口味。同时,不能关掉评论,不要设定关注才能评论,要有人值守,及时回复部分评论,这块阵地不能放弃。"

"早安""晚安"是微博粉丝互动的重要方式。目前M报微博会在早上和晚上发长段"鸡汤文",不过现在受众已经有点审美疲劳,接受度不高了。相比之下,有的党媒的微博平台会每天设计小话题,比如"本周最后一天你是早睡还是玩手机"之类,对受众比较有新鲜感和吸引力。

没有做好互动的原因,主要还是在于融媒体中心人手缺乏,比如"双微",就两个人轮班值守,只能勉强完成基本的工作任务,难有余力去维持与受众的即时互动。同时,多平台协作生产也没有真正实现,目前主要平台客户端、微博、微信、抖音等工作比较脱节,相互不知道对方在做什么,没有人统筹。这些都导致了多平台运作目前还处在"维持"阶段,难以有更进一步的提升。

2. 第三方平台的局限性

由于每个第三方平台都有自己的运作规则和算法机制,M报在与第三方平台合作中,也会极大地受制于这些规则和机制,不得不部分改变、修正自己传统的生产惯习,来满足平台的要求。以微信为例,其推送规则、算法机制和不可修改性,都对媒体生产造成了一定的限制。

一是呈现序列受限。在显示上,微信公众号虽然也遵从时间序列,最新推送的公众号被显示在最上面,但同时,公众号还遵从"点击频率"规则,即受众越经常点击的公众号,越是能够出现在订阅列表的前端,进一步增加了被点击的机会。因此,发送时间与点击频率两者共同起作用,导致在微信公众号阅读中,也存在"马太效应"。另外,虽然微信每次最多可以推送8篇文章,但每个公众号能够显示出来的文章标题一般只有2个,其余文章都需要通过下拉式菜单,才能显示出标题。在信息超载和注意力稀缺的时代,头条、二条微信文章位置显得尤为珍贵,排在后面的文章一般阅读量就很低了,基本没有什么传播效果。此外,如果某一时间点微信集中上传的话,就需要一定的排队等待时间,对于重大、突发新闻来说,可能导致发布落后。

二是推送次数与容量受限。除了人民日报等少数媒体是特例,每天可以推送10次之外,一般媒体微信公众号每天都只能推送2—3次,每次最多推送8篇文章,每篇文章中最多容纳10个视频。有学者研究了人民日报微信公众号,认为"每日推送十次",意味着工作频率加快、工作量增加,在没有明确盈利驱动的情况下,大多数媒体都没有动力增加推送次数。[1] M报从2014年开通微信公众号以来,一直维持着每日推送3次的节奏,每次大概推送3—4篇文章,偶尔因故才只推送2次。由于"双微"只有两个编辑轮班,人手有限,因此这样的节奏算是刚好能维持。但如果碰到重大突发事件,每日推送3次就会显得非常受限。

在2021年11月的一次当地新冠疫情暴发中,卫健委新公布了本地病例行动轨迹,民众关注度很高。但由于M报微信公众号当天推送次数已经用完,只能尝试变通的办法,在之前的一篇疫情文章中,用留言置顶的方式,将病例行动轨迹的信息发布出来。"双微"平台主管L称,在面对重大突发新闻的时候,微信推送显得捉襟见肘,难以第一时间即时

---

[1] 陈阳:《每日推送10次意味着什么?——关于微信公众号生产过程中的新闻节奏的田野观察与思考》,《新闻记者》2019年第9期,第23—31页。

推送信息,满足受众对信息的需求,错失新闻良机,长期来看容易导致受众对所订阅的公众号丧失期待和兴趣。

"跟打仗一样,又要快,又要确保准确,又怕还有重要信息出现,浪费了微信推送次数。"

三是内容修改受限。传统媒体的一大局限性是不可修改,不管纸媒还是广播电视媒体,已经公开传播的内容就"覆水难收"了,因此传统新闻生产建立了严格的把关机制,力求将所有的差错都控制在刊发之前,以保证媒体质量。出版之后,即便仍然存在差错,也只能事后反省,做出公开声明更正、道歉乃至回收当期报纸等处置。但数字化新闻生产则赋予发布者可以再次修改已发布内容的"服务",这对于传统新闻生产流程来说是具有颠覆性意义的。一方面,给媒体内容纠错提供了技术上的便利性和可行性。比如在客户端,稿件刊出后,如果发现差错,可以马上在后台进行修改,覆盖掉原来的稿件,或者直接将问题稿件删除。微博也可以做类似的处置,最大限度避免不良影响的扩大化,维护媒体专业声誉。不过另一方面,平台的"可修改性"也可能助长生产者随意的、不负责任的心态,导致反转新闻、虚假新闻增多,以及文图差错率的增加。而微信在第三方平台中算是特例,内容一经发布出来之后,发布者无法进行内容修改。因此,如果问题比较严重的话,只能将稿件删除。而尴尬的是,微信内容删除后,标题却无法删除,依然存在于用户的订阅列表内。也就是说,新闻差错的痕迹不能完全擦除。

总的来看,尽管第三方平台具有用户数量大、传播效率高的优势,但专业媒体与其合作,还是需要持谨慎态度,并且重视自主平台客户端、网站的建设,逐步摆脱对第三方平台的依赖。

四、情感化叙事推动下的内容生产逻辑重置

传统新闻观念以专业主义为导向,将客观性视为新闻业的基石,而"情感"则是与新闻客观性相对立的一种因素,尽量避免在新闻报道中出现。欧美新闻界坚持"客观事实"与"主观情感"的二分法,前者受到尊崇,后者被贬低。但随着人文社科领域的"情感转向",情感与理性的二元对立逐渐被打破。在这种背景下,欧美学术界也开始反思客观报道的缺陷,关注传统上一直被忽视的新闻的情感性因素及其功能。互联网时代的到来进一步加剧了对于新闻与情感关系的重构。较之客观事实,情感、观点及立场等主观性内容,更容易在社交媒体上扩散。于是网民、自媒体最早开始自发地尝试网络化、情感化、主观化叙事,形成与传统新闻叙事截然不同的风格。专业媒体在纷纷入驻第三方互联网

平台后,也开始尝试在传统新闻写作方式之外,容纳更多的情感性因素,故事化、夸张、强烈语气词、多媒体和互动性等表达方式更多地出现在客户端、微博、微信、抖音等平台产品上,形成与报纸新闻迥异的风格。可以说,情感化叙事开始成为一种新闻业普遍的转向或趋势。

近年来,已有学者关注到党媒在各新媒体平台上突破传统的新闻发布规范,采用情感模式。龙强和李艳红从"传播调适"的角度切入,提出对中国的执政党而言,不仅需要在结构上进行调整,以适应不断变迁的社会政治环境,而且需要在话语层面重构其传播体系,通过考察以@人民日报和"侠客岛"为代表的党媒社交媒体账号如何调整自身的话语模式,吸纳煽情主义和专业主义元素,在承担宣传使命的同时又希望赢得民众支持,提出党媒的治理理念从宣传主义到文化霸权转变的结论。[1]黄月琴发现,以"感动"为代表的情感模式会在灾难时刻被调取,用以化解媒体自身专业性不足的窘境。[2]张志安、彭璐聚焦人民日报抖音号的视觉化内容生产,运用内容分析探讨总结其内容模式的核心特点,通过题材的选择、碎片化表达和情感化的传播模式,主流媒体在内容生产模式上逐渐形成了一种宣传主义与煽情主义的杂糅,即混合情感传播模式。[3]宋玉生等发现主流媒体的传播实践运用广义上的娱乐化手段进行意识形态宣传或者为其做情感铺垫,这种情感铺垫具有潜在的政治效能。[4]丁伟、胡洪江提出《人民日报》微信内容运营的三个维度,即微信内容生产除了要包含信息含量、观点含量外,还要有情感含量,强调将《人民日报》微信号"人格化",与用户建立情感连接。[5]

总的来看,党媒新闻中的情感化叙事迎合了移动网络的社交特性,从而成为一种普遍性的叙事策略,从话语方式、呈现形态、传播渠道等多个维度,推动了党媒的内容生产逻辑重构。

(一)情感化叙事策略下的话语方式转换

作为党和政府的喉舌,"围绕中心、服务大局"始终是党媒的职责和使命。然而在社交媒体和移动互联网主导的社会化传播语境下,传统党媒的话语主导权、议程设置能力

---

[1] 龙强、李艳红:《从宣传到霸权:社交媒体时代"新党媒"的传播模式》,《国际新闻界》2017年第2期,第52—65页。
[2] 黄月琴:《"心灵鸡汤"与灾难叙事的情感规驯——传媒的社交网络实践批判》,《武汉大学学报(人文科学版)》2016年第5期,第114—118页。
[3] 张志安、彭璐:《混合情感传播模式:主流媒体短视频内容生产研究——以人民日报抖音号为例》,《新闻与写作》2019年第7期,第57—66页。
[4] 宋玉生、骆正林、万思蔚:《意识形态娱乐化的情感面向与主流媒体实践》,《新闻界》2020年第8期,第13—23页。
[5] 丁伟、胡洪江:《微信公号内容运营的三个维度》,《中国报业》2015年11(上),第40—41页。

以及社会影响力在不同程度上受到冲击和影响,党媒面临着转换话语方式、扩大舆论影响力的重要命题。传统的宣传主义话语说教意味浓厚、不接地气、不符合网民尤其是年轻一代的话语习惯。因此,党媒新媒体平台开始部分吸纳情感化传播模式,为宏大问题寻找小的切口和建构亲民话语,以受众的情感诉求为切入点,强化由情感体验而产生的价值认同,在话题选择、标题制作、话语风格、情感取向等方面,都实现了比较大的转变。

1. 轻量化的短视频传播

以笔者在田野观察中关注到的一条"爆款"短视频为例。这条视频捕捉了2021年高考第一天考生走出考场时的一个片段场景,时长只有一分多钟,谈不上什么拍摄技巧,就是条线记者用手机拍下来的,没有进行后期剪辑制作,属于比较原生态的目击新闻短视频。视频发到审稿工作群A群的时候,并没有引起太大的关注,仅被当作一个小花絮新闻发到报社微博上。

然而没想到,这条短视频却在网上迅速爆红,当天晚上几大央媒纷纷转载。还没等报社反应过来,这个视频已经冲上微博热搜。该事件在报社内部引发了"地震"。

首先是震惊,几位新媒体编辑第一反应是:

"这个视频内容很普通啊,质量也一般,怎么就爆红了呢?"

其次是愤怒:

"网上铺天盖地都在转我们的视频,好多10W+,有些居然没写来源,收割我们的流量!"

再次是懊悔:

"糟了,我们自己的微信反而没有登,但这个时候推出,好像倒成跟风了!"

接下来是无可奈何的自我开解:

"算了,反正有没有'爆款'跟记者、编辑收入关联也不大。"

到第二天下午,编辑部才匆忙整合了一篇微信稿,亮明"首发媒体"身份,同时还综合了三大央媒转载、多家媒体跟进、网上传播反响巨大等信息,相较于原创视频本身,形成了一定的内容增值,迅速获得2.3万阅读量。微博该话题阅读量超过2000万,评论上千条。

报社管理层在随后的中央厨房采前会上,对这次报道事件进行了反思,用"失败"来形容报纸版面处理,其背后的原因在于报道的"惯常思维","主流热点"把握不当,不能抓住机会将热点做深做透,获得最好的传播效果。而报社新媒体平台对该稿件的处理,

也只能说是亡羊补牢,起到了一定的弥补作用。报社管理层这样理解主流热点:

"主流媒体的热点可能和一般的社会热点有重合,但精神气质是不一样的,我们需要积极转变话语方式,用好情感传播策略,深耕接地气的正能量新闻、有温度的新闻以及深度报道。"

这个短视频引发的报道事件,比较典型地展示出新媒体环境下省级党媒如何整合"宣传逻辑""新闻逻辑"与"流量逻辑",建构和修正对传统热点新闻概念的理解,其背后来自国家意志和民众心态的驱动因素,以及新媒体平台如何在首发与二次传播、原创稿与综合稿之间循环往复、信息叠加,推动热点的传播扩散。同时,也折射出党媒内部不同层级、不同年龄、不同岗位从业者对热点新闻的不同认知和态度。

笔者事后跟拍摄这条短视频的条线记者K进行了深度访谈。她回忆自己当时守候在新闻现场,仅仅是凭直觉,在那一刻举起手机拍下了这个视频。K认为,这个视频的魅力可能就在于将微小、鲜活的视角嵌入到大的新闻事件场景之中,让受众看得很轻松,同时有耳目一新的感觉。作为一个传统的条线记者,K称自己现在也在新闻实践中不断思考新媒体"爆款"的规律,认为受众也许就是喜欢看一些有日常生活气息的视频,选一个小角度、小切口,拍出平常中的不平常,就有可能爆红。

这条短视频起到了重要的示范效应,甚至助推形成报社内部短视频生产的一个新惯习,在讨论到某些选题、产品思路的时候屡屡被调用。从业者希望能仿效这个视频效果,拍到轻松、有趣、生活化的视频和图片,打破以往主要聚焦于事件、场景、政策等的报道常规。而且,越来越重视从网友的精彩评论、调侃中挖掘素材,做成微信或抖音产品。比如,在准备9月开学季报道的时候,融媒体中心管理层X提出:

"要结合'双减'背景,拍一些搞笑的、调侃的、接地气的、有人情味的东西,尽量轻松些,多角度,与报纸定位不同。比如小学开学,以前总是报道学生'开开心心去上学',那么有没有不开心的呢?新媒体定位应该不同于报纸,我们就想寻找那些非常规的亮点,'违反常理'才是新闻!"

后来,开学季微信文章就选择了一张在网上流传很广的照片作为题图:家长们以各种姿势爬上学校围墙栏杆,朝里张望,搞笑与温情并存,让人看后会心一笑,同时又略带辛酸地唤起"可怜天下父母心"的共情。

2."Vlog+新闻"模式

除了对主流热点的重新定义和对爆款规则的揣摩之外,对于一些重大事件的报道,还可能采用记者Vlog的方式,来形成一种娱乐化、个性化的报道风格,即所谓的"大题小做"和"硬题软做"。Vlog即视频博客(videoblog),以往主要是普通网民用视频的方式记录自己的日常生活,在社交媒体平台上分享。2018年4月,CGTN率先采用了"Vlog新闻"来报道亚洲博鳌论坛,此后,像全国两会等重大事件,央媒都开始采取Vlog的形式对现场进行报道,使得"记者Vlog"成为融媒体新闻生产中的一个新亮点。在话语方式和视听形态上,记者Vlog尽量贴合网络时代的用户接受取向,视频的拍摄、剪辑、配乐、包装等,都刻意突出轻松娱乐的画风,尽量做出网感十足、很接地气的效果。体验式Vlog经常被记者采用,用来营造一种真实的现场感,通过记者的主观体验和主体在场来引起共鸣,进而获得广泛传播。部分新闻后台的前台化呈现,也增强了Vlog作为一种新闻产品形态的吸引力。

M报近年来开始力推"Vlog+新闻"的方式,尤其是在一些重要会议、展会、重大事件报道中,力图改变以往党媒大型报道高高在上、严肃刻板、不接地气的弊病,以"记者探馆"的亲身体验式Vlog,来展示会议场馆设置、主要内容、亮点等,尽量采用口语化和生活化的语言进行报道,在一定程度上颠覆了传统出镜记者的形象。在2022年北京冬奥会报道中,两位派驻冬奥会现场报道的记者,拍摄了一系列Vlog,细致入微地介绍冬奥会的方方面面,包括展示自己作为全媒体记者的装备、冬奥会发放的"媒体记者包"、冬奥会场馆、入场规则等等,辅之以"文+图"的记者手记,形成了在常规报道之外的"另类故事包"。

当然,对于传统的文字记者和摄影记者来说,转型制作Vlog并不容易。Vlog的报道观念、视听形态都与传统现场报道存在较大差异,在工作模式上偏向灵活机动的小团队甚至单人拍摄。很多拍摄都需要根据现场状况临时设计,非常考验记者的现场判断能力。同时,也不是所有记者的形象、体态、声音等都能达到较好的出镜效果。北京冬奥会报道的记者Vlog,就凸显出了两个问题:一是缺少视频内容策划,Vlog拍摄得过于随意和琐碎,没有突出重点亮点;二是记者并不是太有镜头感,发音不够清晰,没有吸引力,加上欠缺精致的后期制作,所以事实上并没有形成此次冬奥会报道中的亮点和突破。

3.原创或改编"神曲"呈现严肃题材

近年来,将严肃题材"掰开""揉碎",融入网络流行"神曲",用说唱形式宣传党的大政方针,成为主流媒体融合新闻生产创新的一种方式。这种做法首先发端于中央级媒体,比如2016年新华社推出面向网络和手机用户的可视化报道《四个全面》说唱动漫MV,用"大白话"歌词解读"全面建成小康社会""全面深化改革""全面依法治国""全面从严治党"的意义;动漫部分,在卡通主基调上加入了拼贴、波普等视觉手法和"快闪""弹幕"等流行元素,乐曲还借用了贝多芬第九交响曲的高潮部分。2021年3月,"十四五"规划出台后,新华社又推出了刷屏"神曲"《十四五@十四亿》,采用Rap说唱方式,融合动漫和中国元素,歌词和旋律相当"上头":

"十四五,十四五,十四亿人的十四五,666,嘟嘟嘟……"

通过这种方式,生动阐释"十四五"规划与人们日常生活的联系,增进民众对"十四五"规划和2035年远景目标纲要草案的理解。该产品在网上获得了相当高的点击量和关注度。

这样的多模态话语创新实践探索,迅速在党媒内部引发模仿效应。M报近年来也不断尝试推出此类产品,原创或改编一些走红的"网络神曲",将严肃的报道内容与"神曲"的旋律相结合,有部分作品甚至一夜之间全网访问量高达几千万,成为"爆款"。比如一个重要的地方性规划纲要出台,M报融媒体中心选取了一首B站"神曲",将歌词改为规划纲要的要点、亮点,并用方言唱出来。这首MV热词爆棚、旋律节奏飞快,邀请本地各行各业的一众普通人出演,发布后短短几小时内,在第三方平台全网曝光量即接近1000万,被央视频、人民号等央媒平台,以及今日头条、腾讯企鹅号、百度百家号等商业平台进行重点推荐。另外,虎年来临之际,M报融媒体中心创作了一个地方感十足的说唱MV,与初一拜年海报一起推出。歌词由策划编辑撰写,邀请饶舌歌手(Rapper)以说唱的方式展现,配合当地标志性景观、先进人物以及动画场景,呈现出"虎虎生威"的地方文化形象,比程式化的新年祝福更令人印象深刻、耳目一新,也取得了比较好的网络传播效果。

4.日常报道中的话语方式转换

日常稿件生产中,报社也经常会主动转变话语方式。2021年夏天,当地气象站发布了"今年最强暴雨天气"即将来临的消息,M报连发两篇报道进行预警,当地民众也都高度关注、严阵以待。然而尴尬的是,"特大暴雨"并没有如期而至,只有少数地方下了一点小雨。于是读者在微信文章下纷纷留言,质问"暴雨在哪里""说好的雨呢""下了个寂寞?"……虽然天气预报不准是常事,责任也不在媒体,在传统媒体时代新闻也就到此为止了,没有人会继续深究。但新媒体时代提供了一种"逆转"方式,转变报道思维,既对"失实"进行弥补,又能衍生出一则新的新闻。融媒体中心管理层X及时给编辑布置了任务:

"如果到第二天早上都没下传说中的暴雨,可搜集网友的调侃,做个微信和抖音,但要把握好度。"

于是,新报道的重心从"下雨"转向了"等雨",集纳网上的一些段子以及本报读者有趣的留言,比如暴雨声称自己正在接受核酸检测、请各位耐心等候,暴雨迷路了之类,最后以一句"暴雨来或不来,加强防范总没错"结尾,可以说是体面而幽默地挽回了面子。从该文的读者留言来看,也比较接受这样"调皮"的风格,不再深究之前的暴雨预警报道,而是一笑了之。

另外,标题制作上,模仿自媒体风格,使用"关键词重复三遍""悬念设置""谐音"等操作手法,并时常嵌入一些网络流行语。X认为,"网友智慧+专业完善",才能将严肃的报纸标题改装得更鲜活、更贴近网民的话语习惯:

"我们做新媒体的标题,必须借用网友智慧,网友往往能够给我们提供新思路,如果我们加以专业的完善,可能就能做出好标题……置身于网络就必须顺应大潮,反向游泳,游不动!"

总之,在保持导向正确、传播正能量的前提下,尽量做到轻松、愉悦、以情动人,是目前包括M报在内的党媒话语转型的一个主导方向。

(二)防止严肃话题过度娱乐化

与此同时,如何防止严肃话题过度娱乐化,则是党媒内容生产转型中一个较难把握的问题。为了投合网民口味,尤其是年轻人的偏好,报纸内容在新媒体发布时,往往会花费很大的力气来重新改造,尤其是改标题,但有时往往"用力过猛",把标题改通俗、有"网感"的同时,偏离了新闻内容,甚至故弄玄虚、不知所云。而融媒体团队自己制作的一些产品,也有类似问题。比如,为了"接地气",在疫情暴发期的核酸检测现场拍摄制作一些带有搞笑性质的视频采访,并配上调侃的后期效果,后来被领导审稿时否决了,认为在抗疫这样严肃的战斗中去刻意凸显"轻松搞笑",是不合适的。

另以笔者参与的一次视频拍摄为例。这次拍摄是针对一个文化纪念馆,计划拍5分钟的记者探馆视频。出镜记者是一位年轻、形象姣好的条线记者。这个视频在审稿时受到管理层的严厉批评,被认为走了"文艺小清新"的路子,完全不符合党报严肃、理性的定位。融媒体中心管理层X称:

"媒体融合之下,我们的记者勇于出镜值得鼓励,但是要明白一个道理:不同于文艺片,在新闻产品中,记者永远不能成为主角,主角应该是新闻事实。把自己当作模特一样,卖弄、炫耀,是不可取的。记者用不着那么多镜头,新闻不是记者形象展示,我们的产品要给读者以厚重而不是轻佻的感觉。"

这个事件在一定程度上反映出报社管理层和年轻记者之间新闻观念上的差异。年轻记者更倾向于把产品做得轻松、吸引人一些,但管理层则强调主流媒体的稳重、严肃。在一个融媒体中心内部业务研讨会上,年轻的视频编辑们展示了包括人民日报、新华社、央视新闻等中央级党媒的新媒体产品,提出"官方媒体也要学会皮起来"、年轻化转型打造"顶流"产品、抖音视频更短一点以提升"完播率"、入驻B站等年轻受众群体聚集地,等等。报社评论部的几位年轻人也曾经尝试过自己出镜,将传统的新闻评论视频化、轻松化、调侃化,加上一些后期特效,做得更有网感,但这种尝试最终被领导否决了。融媒体中心视频记者Z跟笔者交流时提到:

"传统报人积累下来的很多经验、原则,对新媒体不适用,因为完全是两套规则运转。而且跟中央级媒体比起来,我们这里思维还是太死板,太受束缚。"

在服务于"关键少数"还是"普通大众"上,党媒的新媒体生产是比较纠结的。一方面,作为官方媒体围绕中心、服务大局的宣传功能是不变的核心,另一方面,新媒体平台具有完全不同的内容生产和传播逻辑,社会热点话题尤其是争议性话题,会引起较高的关注度,也是不争的事实。于是,新媒体平台上的选题方向也总是在两者之间徘徊。"双微"编辑C与客户端编辑Y都提及,自己对于选稿标准很困惑,完全靠着感觉来。

"网络点击率当然重要,但是上级领导是否看到自己编发的稿件也许更重要。"

融媒体中心新近推出了一档微博"锐评"栏目,负责撰写锐评的"双微"平台主管L称写起来很纠结。他的本意是希望抓住一些有影响的热点事件,在微博上快速推出简短、锐利、观点性强的评论,从而吸引读者关注。但在把握话题尺度上,却屡屡与领导发生冲突。比如,某明星爆出了一次震惊全国的丑闻,L第一时间撰写了一篇短评,领导审阅时却认为这样的评论缺乏深度和客观性,只是人云亦云地冲上去骂一通蹭个热度。后来这篇短评几经修改,最终还是从微博上撤下来了。L在事后和笔者聊天时说:

"到微博发评论,无非是在尺度允许的范围内蹭个热点,并不追求深度,思考来思考去,热点都过去了,再发也没有意义。"

而微信稿件也出现多次被报社管理层批评的情况。有长图漫画被指"太幼稚、太低级""卖萌"等,与省级党报的精神气质不符。新媒体编辑E总结为报社有一种"希望被关注,但又不希望太被关注"的犹疑心态,既希望增强报道的传播力和影响力,又担心有些选题因为党媒身份而被过度解读,甚至引发负面舆情。

(三)开专题与综合稿

"专题化"是传统媒体时代应对重要选题的一种常规操作。针对那些有较高新闻价值和社会关注度的选题,媒体往往精心策划、投入资源、耗时耗力、不惜版面,对选题进行全方位、多角度的报道,形成组合传播的气势。但专题化也意味着大量的投入与对公众注意力的"押注",所以传统媒体会非常谨慎地确定专题的选题。

不过,对互联网新媒体而言,版面的有限性几乎不复存在,所以开专题越来越成为媒体的一种生产惯习。往往一有重大新闻事件,客户端马上开专题,将各种相关内容集纳进去。与传统媒体时代的专题主要依靠自身原创内容不同,新媒体的专题大量吸纳互联网信息和其他媒体报道,所以制作专题最为关键的在于对内容的快速搜集与整合能力。2021年,M报客户端共开设临时性专题60余个,通过集纳报道的方式,对建党百年、全国两会、智博会等重大时政新闻以及各类重大突发新闻进行了报道。笔者归纳M报新媒体上开设的专题主要有以下几类:

一是突发事件专题。笔者重点观察了2021年7月中下旬引起全国关注的"河南暴雨"专题操作。2021年7月20日至7月21日间,河南中北部出现大暴雨,郑州等部分地区出现特大暴雨,给当地人民群众的生命财产安全造成极大威胁和损害,也成为全国关注的焦点事件。7月20日傍晚报社管理层下达指令,立即在客户端开专题"聚焦河南暴雨",同时,抖音、微信、微博等各平台都快速运转起来。笔者从审稿群A群里观察到,新媒体平台编辑C半夜12点多综合了一篇关于河南暴雨的微信稿,将目前能搜集到的信息综合进去。凌晨1:41发稿微信,凌晨2:12发稿微博,可以说是连夜作战。抖音也在不断转发暴雨视频,尤其关注河南当地的河南日报及大河报客户端报道。在鸿星尔克捐款事件冲上微博热搜后,M报微信迅速综合了一篇关于鸿星尔克的报道,同时放到客户端专题当中。这类突发事件开的专题,一般持续到该事件热度过去,就要调整位置,迅速下沉,以免给读者陈旧之感。

二是常规性热点专题。最为典型的是每年的全国两会和地方两会,M报作为省级党报,将两会新闻宣传报道作为重要政治任务,充分运用"中央厨房"统筹指挥调度机制,调动一切可能的人力物力资源投入,形成多角度、多形态、多渠道的全景式报道。据统计,针对2021年全国两会和地方两会,M报报业集团旗下的各媒体共开设了40多个专题,网上网下发稿共5000余条,累计总访问量近10亿人次。除了两会这样重大的热点事件外,还有一些比较普通的常规性热点专题,虽然不具有很强的新闻价值,但也能在特定时间点吸引特定地域内的受众。比如,集纳过年期间各区县"瑞雪兆丰年"的图景,尤其是区县融媒体中心做的下雪视频,和各地过年民俗结合在一起,制作成一个专题;年初七开始上班,则集纳制作各区县"开工"情况的专题;等等。这类专题有一定时效性和看点,同时制作难度不大、成本较低。

三是长期性热点专题,比如新冠疫情,就需要根据疫情暴发的状况来随时集纳信息,以及调整在客户端首页上的位置。当新一轮疫情集中暴发,尤其是本地疫情暴发的时候,关于疫情的专题需要马上调整到客户端首页比较显要的位置。

无论哪类专题生产,迅速、广泛集纳互联网信息的"综合稿"都具有重要价值。与传统"复制粘贴"式的转载稿不同,综合稿强调从自身的编辑思路出发,集纳多方信息,有时还加上自己的原创性采访报道,进行信息的重新整合和多媒体化包装,包括视频、音频、动图、截图等等,工作量更大。同时,还要注意版权问题,需要注明来源,图片尽量用报社自己图片库中的,减少侵权风险。可以说,大量制作综合稿,已经成为流量逻辑下一种媒体间新的竞合规则,即在获取独家新闻几乎不太可能的情况下,引用甘斯所说的"同行消息来源"[1],媒体从相互蹭热点、相互引流中获益。关于综合稿生产及其与"新闻策展"之间的关联,笔者会在第二章再进行详细分析。

五、融合之困

媒介融合极大地激发了传媒行业的创新力,但内容生产和传播的转型也会带来对传统生产理念、生产机制、人员素质、传播后果等的多重影响和冲击,滋生出传统媒体时代不存在的许多新问题、新挑战,带来我们常说的"转型之困"。

(一)"报纸优先"还是"新媒体优先"?

笔者在M报考察的一年中,在各种场合多次听到"新媒体优先"这个词。报社管理层认为,现在党媒面临激烈的竞争,需要"比速度、比信息量、比呈现形式",只有依托以客户端为核心的新媒体平台,才能保证第一时间以多媒体形式刊出新闻,在同城媒体中占据优势传播地位。基于此,一再强调要从制度、流程、考核上确保"新媒体优先",即所有稿件都进入新媒体的内容池,首先考虑发新媒体,再从中选择哪些上报版,以客户端为核心和先导,来推进媒体融合。

事实上,在进入报社的第一天,融媒体中心管理层T在介绍报社情况时,就说报社已经实现了"新媒体优先",一切工作围绕新媒体运转,建构起了"先移动端再纸媒端"的传播格局。然而两个星期以后,在一次午餐闲聊中,他开始抱怨"其实报社还是围绕报纸运

---

[1] 赫伯特·甘斯:《什么在决定新闻:对CBS晚间新闻、NBC夜间新闻、〈新闻周刊〉及〈时代〉周刊的研究》,石琳、李红涛译,北京:北京大学出版社,2009年,第157–158页。

转,新媒体只是配角"。这与笔者后来在田野调查中得到的印象是一致的。总体上,报纸作为报社工作的重心和主体,并没有实质性的变化,只是"凭空"多出了一个融媒体中心及多个新媒体平台,两者硬性叠加,结果是并没有真正实现新媒体优先,还是报纸优先。一些部门主任甚至抵制搞新媒体,担心在人手有限的情况下,搞新媒体会影响传统报纸版面任务的完成。

每天上午的中央厨房采前会,非常明显地反映出了报纸和新媒体在目前报社架构中的地位。采前会主要都是围绕报纸的各个版面来报题和讨论,融媒体中心只是被当作一个附属部门,在后期加工环节发挥作用。会上报社管理层会时不时插一句"这个选题新媒体可以介入",或者"报纸不用发这么多内容,主要放到新媒体吧",诸如此类。笔者之前就熟识的一位报社编委N,曾有一次在会议结束后善意地向笔者询问:

"你怎么去了融媒体中心啊?这毕竟只是个末端部门,你感兴趣哪个条线?我可以安排你到条线部门实践考察。"

从他的语气中,能够非常清晰地感受到报纸在M报社依然具有不可动摇的核心地位。同时笔者注意到,报社管理层(包括总编、副总编以及其他编委)对新媒体定位还是存在一定的差异和摇摆空间。报社另一位管理层B在一次会上就提出:

"不能把新媒体仅仅放在末端、加工环节或二次传播,而是应该从前期就介入,全面参与到新闻制作的所有环节。"

对此,新媒体平台的一线从业者更有感触。客户端编辑Y认为,新媒体并非只是丰富了报纸的表现形式,而是需要从选题环节,就开始与相关文字记者一起策划,分工合作。如果仅仅把新媒体定位于后期加工的"末端环节",事实上是人为地束缚了新媒体优势的发挥。同时,Y也提及,搞新媒体其实是相当耗钱耗力的事,但这一点领导层好像并没有充分意识到,在人力、资金等方面的投入都远远不足,导致无法有效提升新媒体产品的制作水准。

(二)考核机制重构

在笔者进入M报考察的这段时间,报社刚刚修订了《采编人员考核办法》,确立了新的考评制度,即从原来的以报纸考核为主、新媒体考核为辅,转变为"新媒体优先",不单独考评报纸稿件,而是全部考评报社客户端上的稿件。考核类型分为文字稿、图片稿、视频稿等,由考评办提出初步意见,报总编办审核后,在每天上午的中央厨房会上公布,形成每日、每周、每月好稿评选制度。这可以说是完全逆转了传统以报版稿件为中心的考核机制,希望以此调动记者发稿新媒体的积极性,解决报纸版面有限性的问题。

但是这一思维在实践中遭遇到一定的抵制和困境。笔者曾目睹了考评办和记者之间的一次尖锐冲突。记者表示出对考评办的强烈不满,认为新的考评制度不合理、不科学,打分太低,评出来的好稿太少,影响了记者的收入。而考评办则在采前会上公开表态,称所有稿件均以客户端发稿为准,考评完全是严格依据程序进行的,有条文约束,有明确的考核标准,并非主观随意。

笔者就报社的新考核机制何以引发矛盾,专门请教了融媒体中心管理层T,他将问题归结为报社的考评制度并没有真正实现"新媒体优先",其实还是"报纸优先",同时,报社也不具备新媒体考核所需要的技术、数据等,难以做到客观公正:

"在实践中,往往还是上报版的稿子打分较高。考评办的人员都是退居二线的老报人,观念上其实并没有'新媒体优先',还是传统报纸的观念。新媒体稿件如何打分?应该根据阅读量、点赞、评论等数据反馈,与报纸稿件有不同的标准,现在全部混在一起。新媒体考核是一个系统工程,如果根据数据来的话,微博、微信、抖音各个平台的数据都要统计,但是我们的考评系统和采编系统没有打通,考评系统里看不到阅读数据。如果要打通两个系统,又需要投入一大笔资金。"

视频记者Z则认为,完全根据互联网数据评稿也不够合理,还需要考虑到M报作为省级党报需要承担的各类宣传任务,占据了大家很多的时间精力,但是网络点击量可能并不高。

另一方面,新媒体稿费的低廉,也使得记者缺乏足够的动力来生产新媒体内容。客户端编辑Y称:

"报社薪酬机制并没有向新媒体倾斜,做新媒体产品非常廉价,很费劲做一个视频,只拿50分,至多100分(1元/分),记者没有积极性,只想把报纸稿子做好,多上报版。"

比如,报社鼓励记者出镜,制作直播节目,但记者抱怨,做两场探馆直播,耗费两天时间,走了几万步,最后报社只打了50分,严重挫伤记者的积极性。笔者在对条线记者K进行深度访谈时特意问及,她拍摄的一个"爆款"短视频从报社获得了多少报酬,她称考评办给她打了300分,可以获得300元报酬,仅相当于上报版的一篇中上等稿件的价值。融媒体中心管理层T在一次编辑会上也吐槽:

"报社考核上没体现出差别,记者不愿意干。摄影记者说拍段好点的视频很麻烦,才给50分,不如啪啪啪按快门。所以现在都是混工分的视频比较多。考评办应该有人专门考评新媒体。他们的考评标准是报纸思维,看长短、看发到哪个位置,但新媒体应该有另外一套标准。"

这导致了一种恶性循环的状况,即管理层鼓励记者转型做新媒体产品,于是新媒体发稿量激增,甚至一天要发稿一百多条,但大多数质量较低,成为一种变相混工分的方式,又进一步增加了报社的经济压力,无力对好的稿件增加奖励。虽然领导层再三强调不能因为新媒体而降低专业标准,但在实践中,新媒体平台上的稿件往往没有明确的审稿标准,难以堵住低质量稿件。

(三)内部生产机制的进一步融合

在内部融合上,M报的各个条线部门、条线部门与融媒体中心之间,没有完全融合打通,还是各自为政,内部条块分割严重。报社管理层在中央厨房采前会上多次对此提出批评:

"说是'媒体融合',但还是各做各的,整合力度不够。报社人员为什么总觉得不够用?只因没有真正的融合。"

比如对同一个新闻事件,曾出现报社某一个条线部门与融媒体中心都在做直播的情况,造成资源浪费,传播效果也不好。另一方面,也会出现对某个时间节点、某些重要选题,融媒体中心以为条线部门安排了稿件,而条线部门又以为融媒体中心会考虑,结果两边观望、两头落空。究其原因,就在于报社已经习惯于各部门独立生产,没有建立部门之间有效沟通的常规性机制。

另外,即便各部门统筹参加报道,也会出现难以协调的状况。一个典型的例子是新闻发布会报道。一般当地有重要的新闻发布会,报社都会派出条线记者参加。但文字记者主要关心的是发布会内容能够在报纸上刊发多大版面,往往适应报纸版面,写一些比较简短的消息,而视频记者专注于视频拍摄,没有办法也没有意识要去采集内容。最后组合在一起,往往只是发布会的简单报道叠加视频,无法做到第一时间、多媒体发布,信息不全面,也缺乏深度分析,在很多时候浪费了新闻资源。报社管理层已经意识到了这个问题,敦促融媒体中心也要派出成熟的编辑参加发布会,尽量拿到完整资料,在客户端上滚动播发,同时重要内容精编后发微信公众号,尽量多渠道、完整呈现新闻发布会内容。

再比如,现在文字记者和视频记者经常会一起完成某个采访任务,实现融媒体生产"一次采集,多次加工"的效果。但由于缺少事先的策划与沟通,到了现场往往还是"各顾各",文字记者忙着采访提问,而很多问题都是视频拍摄不需要,甚至会影响拍摄效果的,视频记者在旁边干着急。有时条线记者在镜头前会忘记是在拍视频,还是习惯性地拿着事先准备好的采访提纲进行提问,甚至镜头里还出现了采访者与被采访者之外的无关"第三人",导致画面杂乱而奇怪,后期制作很难处理。

视频记者Z认为,急需增加"新媒体策划"岗位:

"由于人手少、时间紧,前期策划不够,经常是'去了再说',但现场临时沟通往往困难而低效,这是导致很多视频拍摄质量较低、新闻性较差的原因。"

Z曾经几次求助于笔者,邀请笔者进行选题的前期策划,以及一起去拍摄现场。他认为自己作为一个视频记者,没有丰富的采访经验,也没有资格和被采访的专家学者做交流,现场沟通中往往"底气不足"。

"视频记者在报社属于非主流,依附于文字记者,尤其在那些资深的文字记者面前,我们往往不敢提要求,不敢打断他们或指挥他们来配合视频拍摄。"

当然,Z也谈及自己未来的努力方向还是要积极地介入策划环节,适应报社全媒体转型的需求。融媒体中心管理层X曾经多次批评视频记者缺乏新闻意识,强调要加强融媒体中心"内部融合"的问题:

"视频记者也要懂策划、懂新闻,出去拍摄之前要想好拍什么,不能被文字记者牵着走。现在人家哪个媒体记者不是身兼数职?美编、视频记者等也可以试着做文案、做策划。我们内部急需加强融合,现在客户端、双微、视频彼此脱节,相互都不知道对方在做什么。"

事实上,要真正实现"内部融合",不仅需要建立相应的统筹协调的工作机制,还需要培养出能够适应融合新闻生产的全媒体记者,这两点目前在M报都尚待实现。

(四)从业者的全媒体转型

全员转型新媒体,是媒体融合进入纵深阶段的一个核心要求。报社管理层倡导编辑、记者在传统报纸新闻采编之外,积极介入新媒体内容生产,希望培养出越来越多"能拍、会剪,能说、会写"的全媒体记者。传统的文字记者被要求在完成采访和文字稿的同时,尽量自己拍视频和图片,以节约报社人力成本。摄影记者和视频记者也被要求能够做策划、写文字,具备新闻意识和独立生产能力。此外,记者、美编都被鼓励出镜,拍摄Vlog、主持视频节目等。比如,融媒体中心有一位设计师同时客串主持一档沉浸式的视频直播节目,而另一位美编则转型运营报社的"头条号"。

在转型的思维之下,一个人往往要身兼采访、写作、拍片、剪辑、策划等多种角色,功能高度复合。然而,角色交叉、转型和多任务操作也面临极大的挑战。新媒体编辑 A 跟笔者讲述过一次由于任务堆积无法应对而"原地爆炸"的经历:

"上周末轮到我值班,加上临时有几个任务,一下子有五六个人在网上追着我要文案,感觉承受不了。后来只好求助另一位同事帮忙分担一些,这样她的周末也被毁了。"

笔者在田野调查的过程中,随时都能感受到记者对于"转型"的急迫和压力。客户端编辑 Y 是一年前才从夜班编辑的岗位上调到融媒体中心,她称不得不逼迫自己学习如何使用专业相机、如何拍摄视频以及进行后期制作等。目前她还在准备出镜,担纲一档视频节目主播。虽然报社也会不定期地组织视频拍摄制作方面的培训,但她感觉主要还是要靠自学钻研,不断积累经验:

"如果能到大学里专门研修视频方面的课程就好了,可惜工作太忙了,抽不出时间来专门系统学习。"

多数传统记者并不具备融媒体生产思维和能力,即使在制作视频报道时,依然是文字稿件的思维,视频质量问题突出。而专门的视频记者数量较少,并且多数人之前并没有新闻采访与报道的经验,所以无法理解新闻意图,也难以和文字记者形成较为默契的合作。后期从事视频剪辑的人员,大部分也没有新闻采访经验和视频拍摄经验,在某种程度上阻碍了他们对于新闻视频的理解。

以笔者追踪观察的一次视频拍摄为例。这次是计划拍一个记者探馆视频,由一个视频记者、一个文字记者合作完成。但文字记者并没有事先写好拍摄脚本,而是到了现场临时发挥,甚至上网搜其他媒体报道来编台词。视频记者则只管拍摄,难以为文字记者提供思路,所以开始时一团混乱。而且由于文字记者并不太习惯面对镜头,老是念不顺这些临时编写的台词,拍摄进展缓慢,耗费了一上午的时间才拍完。

笔者从融媒体中心、条线记者以及报社管理层等各个方面,都不止一次听到这样的感叹:

"我们的文字记者和视频记者经常是脱节的、割离的,没有形成有效的互补,里面有沟通的问题,也有准备不足的问题。说起媒体融合,其实还是各自为政。"

从目前的状况来看,M 报的大多数记者并非真正的"多平台内容生产者"(cross-platform storytellers)。传统媒体时代的惯习依然在新闻生产中发挥着主导作用,出现了布尔迪厄所说的"滞后效应"(hysteresis),即惯习没有跟上场域变化的节奏,导致传统新闻生产与网络新闻生产之间的冲突与紧张,在新闻场域内形成所谓的"变革语境"与"职业语境"的碰撞。对传统新闻工作者来说,与新媒体的交互意味着需要学习更多的技能、承担更多的工作任务和适应完全不同的工作流程。

总的来说,M报可以说是从报纸生产一步踏入社交媒体时代的多平台内容生产,如此"陡峭"的转型,形成了对传统生产理念、生产机制、人员素质、传播后果等的多重影响和冲击,从根本上改变了报社传统的工作机制,带来了单一的报纸传播中不曾遇到的许多问题和挑战。从定位上,虽然管理层进行了"新媒体优先"的顶层设计,但在实践中依然是"报纸优先"的思维主导;相应地,在考核机制上,也没有真正实现"新媒体优先",没有依托新媒体考评所需要的技术、数据等客观标准,难以真正调动记者转型新媒体的积极性,反而使得新媒体成为记者"混工分"的方式;从内部生产机制上,并没有建立起一个真正的融合编辑室,部门、人员之间各自为政,内部条块分割严重;在人员配置上,适应融合新闻生产的"全媒体记者""多平台内容生产者"还非常少,这也导致"内部融合"难以真正实现。因此,在相当一段时间内,M报这样的省级党媒,会依然面临混合型组织架构下的"融合之困"。

第三节　融合新闻生产中的编辑室控制

一、媒介社会学路径下的编辑室控制研究及反思

社会控制(social control)是社会学研究中的一个经典概念。对工作场所"控制"问题的关注可以追溯到20世纪30年代芝加哥学派对于工业化背景下的工作(work)以及与工作相关的职业(occupation)和专业(profession)的研究。这一时期芝加哥学派的学者们认为,由于劳动分工的存在,从事相关工作的职业是相互联系的,它们共同构成了一个关于工作的生态系统。这个系统的最基本要素是职业工作,而职业主义的本质就在于对工作的合法性控制和专业知识的制度化过程。权力等级是现代工作的一个核心特征,员工对机构的服从是其重要体现,机构具有控制雇员的合法性。

媒介作为一种组织机构,必然也关涉到社会控制的问题,一般可分为外部控制与内部控制。从学术史上看,批判研究,尤其是传播政治经济学,以及布尔迪厄的场域理论等,主要关注对新闻业产生影响的外部因素,即政治、经济力量对新闻业的操纵。而对编辑室内部控制的研究,以媒介社会学路径为代表,将关注焦点从宏观的政治经济结构转向中观、微观的媒介组织和新闻实践层面,凸显出机构权威、奖惩制度、专业主义等编辑

室内部控制因素对从业者新闻生产的影响。

媒体社会学路径下对编辑室内部控制问题的一项经典研究来自沃伦·布里德(Warren Breed)发表于1955年的《编辑室的社会控制：一项功能主义研究》(Social Control in the Newsroom: A Functional Analysis)。布里德选择了中等规模的报纸新闻室中共计120位新闻人进行访谈，研究的核心问题是：编辑室政策(news policy)为何能够得以维系，又在哪些情况下会被撇开(bypass policy)。政策就是媒体所显示的连续一贯的倾向，通常并没有明确地公之于众，但是被编辑室成员普遍地感知和遵从。他总结出了几项现代职业中比较普泛的控制因素，比如机构权威、强制权力、对上级遵从的义务、向上流动的渴望，在新闻业内部控制中同样发挥着作用。同时，布里德更强调编辑室控制是以从业者潜移默化地接受机构价值观的方式来隐性地实施，从而形成一种新闻专业的社区控制力量，权力行使过程使得新闻生产中具有专业规范特性的社会控制得以实现。当然，在一些特定条件下，新闻室政策也可能被撇开，这和新闻从业者的职业地位、新闻类型、报道文体等相关。但总体而言，从业者作为媒体雇员倾向于遵从新闻室政策，越轨和偏离行为相对较少。[1]

1970年代新闻生产社会学"第一波浪潮"的学者们通过对新闻生产过程的观察，也认为从业者会比较一致地遵循新闻"常规"(routines)，按照大众文化的生产方式进行分工、合作和流水线式生产，高效率地完成工作。这事实上延续了布里德的研究结论，共同导向罗伯特·默顿(Robert K. Merton)所说的"观念遵从"(attitudinal conformity)[2]，即从业者在实践操作中务实地改造自己的价值观，以适应新闻机构的需求。社会控制在新闻从业者职业意识的形成与演变中扮演重要角色。另一方面，常规也让从业者总体上安于现状，习惯跟随机构设定的轨迹来完成工作，对新闻的控制过程变得更加非个人化和合理化。在功能主义范式下，从组织层面解析编辑室的控制问题，对从业者一致性与遵从的强调，形成了媒介社会学领域的一个研究传统。

互联网时代催生了编辑室控制研究的两个背景性变化：一是整个行业的变化。布里德的研究背景是一个理想化的新闻职业环境，1950年代是美国纸媒的黄金时期，媒体经营状况良好，新闻业享有较高的职业声誉，能够稳定地提供大量就业，很少出现媒体裁员

---

[1] Warren Breed (1955). Social Control in the Newsroom: A Functional Analysis. *Social Forces*, vol.33, pp.326–335.
[2] Robert K. Merton. Social Conformity, Deviation, and Opportunity Structures: A Comment on the Contributions of Dubin and Cloward. *American Sociological Review*, vol. 24, no. 2, 1959. pp.178–179.

的状况。这个行业本身就可以作为一种奖赏性权力（reward power）[1]，对从业者形成控制。然而，数字时代新闻业的经营状况、职业认同、行业声誉都遭遇到前所未有的危机和挑战，从业者再也无法像以往那样，藉由专业主义取得一种标准且安全的角色认同，"新闻工作最终成为一种工作而已"[2]，那么编辑室控制机制是否也发生了一定的变化？二是数字技术全方位嵌入和改造新闻生产，导致组织结构更加扁平化，帮助从业者增加生产力和自主性，允许从业者协调工作和生活需求，等等，导向了一个"赋权"的主题，即探究数字技术使用是否帮助从业者获得了更多的自主性。

近年来一些经验研究都共同关注到了互联网时代编辑室控制机制的转变。梅林·舍伍德（Merryn Sherwood）等认为，随着编辑室的融合化和小型化，记者工作场所急剧地在改变，带来工作自主性的降低，以及工作过程中受到更多的控制。[3]妮可·科恩（Nicole S. Cohen）强调要将注意力更多地集中到数字新闻编辑室工作者的劳动体验，以及形塑他们工作的结构环境。[4]凯瑟琳·海斯（Kathryn Hayes）在劳动过程理论（labor process theory）的框架下，考察在网络编辑室中，数字技术和社交媒体的广泛应用，如何改变了记者工作方式与工作流程，使得记者工作时间变得更长，工作中更缺乏自主性，需要承担大量的"非物质工作"（immaterial work）或者"无偿情感劳动"（unpaid affective labor）来满足媒体机构的期待。记者工作和私人时间、空间的混淆，成为一种新的数字剥削方式，有利于资本获得更多劳动力、削减成本以及利润最大化。[5]

这些研究不约而同地体现出了一种对新技术和劳动之间关系的兴趣，尝试在"结构/能动""驯从/抗争"的互构同源关系中重新思考编辑室控制问题，从一定程度上弥补和修正了布里德、塔克曼等开创的媒介社会学传统中对劳动过程的忽视，避免将编辑室与新闻从业者的关系框限入一般机构对个体从业者的"控制"，从而激发了对于媒体机构及其内部互动更为丰富的想象。

笔者承继这样一种研究脉络与思维，以"编辑室控制"作为理论起点，探究融合新闻生产中的编辑室内部控制因素及其对从业者的影响。基于互联网技术已经颠覆性地改变了传播格局，也改变了新闻生产流程和从业者工作方式，因此在传统的社会因素与组

---

[1] Donald Warren (1968). Power, Visibility and Conformity in Formal Organizations. *American Sociological Review*, Vol. 33, no. 6, p. 953.
[2] 张文强：《新闻工作者与媒体组织的互动》，台北：秀威资讯出版社，2009年，第14—15、61页。
[3] Merryn Sherwood, Penny O'Donnell. Once a Journalist, Always a Journalist? Industry Restructure, Job Loss and Professional Identity. *Journalism Studies*, vol. 19, no. 7, 2018. pp. 1032–1035.
[4] Nicole S. Cohen. At Work in the Digital Newsroom. *Digital Journalism*, vol. 7, no. 5, 2019. p. 571.
[5] Kathryn Hayes. The Networked Newsroom: Navigating New Boundaries of Work. *Journalism Practice*, 2021. p. 5.

织因素之外,引入技术因素这个维度,强调新媒体技术对于编辑部场域所带来的影响和变化,形成个体与组织互动的新方式。不仅观察静态的结构性因素对于行动者的控制,也关注行动者如何在动态的生产实践中回应场域压力所做出的协商策略。从视角上,强调宏观与微观相结合,尤其重视个体与组织之间的微观互动场景,以此探究从业者的个体能动性特征在各种控制力量博弈下呈现出来的行动情状和现实意蕴。

笔者在田野观察中注意到,适应融合媒体生产机制,M报工作人员主要以任务为导向,实行弹性工作制和轮班制,时间安排比较自由。因此,有别于传统报社喧闹、忙碌的工作场景,M报编辑室经常是空荡荡的,从业者之间的沟通大多借助社交媒体进行。微信成为M报组织日常新闻生产的重要方式。一是微信聊天。从业者普遍使用微信来进行工作上的沟通,取代以往的面对面交流,以及电话、电子邮件、QQ等方式。二是微信朋友圈。对新闻从业者而言,朋友圈早已超越了生活点滴分享的本意,成为传播新闻产品的重要平台,因而"发朋友圈"也成为新闻生产的一个必要组成部分。三是微信群。无论是相对固定的部门工作群,还是基于各种任务而临时搭建的微信群,都在组织日常新闻生产中发挥着重要作用。

基于此,微信作为一种占据主导地位的社交媒体,同时也成为编辑室控制机制的重要组成部分。笔者选取了M报融媒体中心的审稿工作群A群作为主要的线上田野,进行了长时间的参与观察。A群成员约12—14人(因岗位变动人数会有波动),主要由融媒体中心管理层、视觉总监、各新媒体平台主管以及少数业务骨干组成,融媒体中心主要的选题讨论、生产安排、稿件审理等,都在A群进行。A群活跃度非常高,基本上从早上六点多一直到晚上十点多,都会持续地有信息发送,如果碰到重大、突发事件或其他特殊情况,半夜、凌晨都会信息不断。同时,结合从业者微信聊天、微信朋友圈等资料来源,以及线下实地参与观察、从业者访谈所获取的田野资料,共同构成了本节的主要研究资料。

总的来说,笔者致力于在媒介社会学经典的阐释路径下,引入互动论的视角,在数字编辑室这样一个线上沟通成为主流方式的互动场域中,观察新闻从业者日常互动的微观情境与控制机制,对以往主要基于功能主义范式、从组织层面研究编辑室控制的传统,形成了一定的补充和革新。进而,从新技术主导下的人际互动层面,反思互联网时代"技术赋权"与"平等幻象"之间的复杂张力。

二、互联网时代传统控制因素及其嬗变

在布里德的研究中,编辑部的内部控制力量主要来自于两个方面:一是机构权威以

及从业者作为雇员的服从义务;二是机构所实施的奖赏和惩罚措施对雇员形成的约束,也即沃伦(Donald Warren)所说的强制性权力和奖赏性权力[1]。这两个方面共同推动媒体从业者自动地修正自己的价值观,以适应机构的需求。而"黄金时代"新闻业较高的职业声望、职业认同、工作收入等,则进一步强化了媒体机构对于从业者的控制能力。郑瑞城亦认为,媒介与其他机构一样,常以强制、酬赏、规范三者控制成员。[2]这里所说的规范即接近于布里德的"编辑室政策"。

从M报的状况来看,上述因素依然在较为稳定地发挥作用。M报总体上仍维持传统报纸的科层制组织架构,编辑室文化遵循自上而下、等级分明的金字塔型格局,服从领导权威。同时,由于领导层大多是资深媒体工作者,具备丰富的传媒从业经验、较强的新闻操作能力和政策把握能力,对于年轻从业者来说自然形成了一种"专家权力"(expert power)[3],强化了领导层的权威性。

奖赏性权力和强制性权力在M报的日常生产中相互交织、共同作用。奖赏性权力主要体现在:领导批示、获新闻奖、评好稿、其他各种书面或口头表扬、物质奖励、作为办公室权威受到尊敬等;而强制性权力主要体现在对于差错进行书面通报、口头批评以及扣钱等惩罚措施。无论如何,来自领导层以及建制体系的正向反馈都在编辑室控制中起到了核心作用。此外,来自新闻行业的激励性评价,比如获得中国新闻奖以及地方新闻奖、某个作品产生影响收获同行赞誉等,对于从业者来说依然是一种重要的酬赏。

传统媒体时代延续下来的一些"传播仪式"(communication routine),也成为编辑部内部控制的组成部分。休梅克将传播仪式定义为模式化、常规化和反复进行的媒介工作形式[4],笔者理解,这里所说的传播仪式,其实更接近塔克曼的"新闻常规"(news routines)概念[5],贯穿于新闻信息采集、生产、传播的整个过程,包括截稿期限、倒金字塔写作模式、新闻条线以及新闻写作中的种种规则、禁忌等。同时,传播仪式或新闻常规还包括每日中央厨房采前会议的评报,定期以内部研讨会的方式"复盘"大型报道、总结经验教训,以及各种类型的业务培训活动等。在媒介融合的语境下,这些嵌入日常新闻生产的传播仪式,对从业者形成了一种结合组织权威和专业权威的控制方式。

---

1 Donald Warren(1968). Power, Visibility and Conformity in Formal Organizations. *American Sociological Review*, Vol. 33, no. 6, p. 953.
2 臧国仁:《新闻媒体与消息来源——媒介框架与真实建构之论述》,台北:三民书局1999年,第119页。
3 Donald Warren(1968). Power, Visibility and Conformity in Formal Organizations. *American Sociological Review*, Vol. 33, no. 6, p. 953.
4 Pamela J. Shoemaker, Stephen D. Reese. *Mediating the message*. White Plains. NY: Longman. 1996. p. 105.
5 Gaye Tuchman(1973). Making News by Doing Work: Routinizing the Unexpected. *American Journal of Sociology*, vol. 79, no. 1, p. 110.

当然,笔者也深切感受到,随着传统新闻业的衰落,从业者面临着职业认同与专业权威性的危机,尤其是新媒体平台的从业者。如果说传统记者受到"成名的想象"激励而具有较高的职业认同和追求的话,报社新媒体平台的从业者更多从事产品后期加工的工作,职业满意度和自主性相对更低,在媒介组织内部更加没有地位和存在感。

相比媒介融合之前,M报的人员流动性大大增加了,融媒体中心尤为明显。"双微"编辑C有一次聊到,他大学毕业于一家985高校的新闻学专业,同届一百多位同学,目前所知只有包括他在内的两个人还在从事新闻行业。L是一位有着十几年从业经历的媒体人,四年前调入M报融媒体中心负责微信与微博,同时兼做各种文案策划。在他看来,新媒体工作在某种程度上是一种自我消耗,大量的时间、精力都用在整合网络资源和做各种各样的信息拼接,而非生产原创内容。几年下来,原先的新闻敏感性和新闻热情正在逐渐丧失,自己都没有信心是否还能继续回到一线做新闻。

总的来说,M报相对完整地保留了传统媒体时代的编辑室文化和内部控制机制,但由于互联网冲击下新闻行业的整体性变革,新闻工作吸引力下降,职业认同、专业权威作为新闻室的控制力量趋于弱化,从而编辑室在通过引导从业者"价值观内化"而达至"观念遵从"的实际效果相应地被削弱。

三、数字新闻生产中的新型控制:以微信为例

作为一种占据主导地位的社交媒体,微信不仅深度嵌入数字化新闻生产,成为组织日常生产的重要方式,同时也成为互联网时代"空荡荡的编辑室"中控制机制的重要组成部分。微信工作群范围固定、人员明确,业缘关系为工作群中的表达与互动奠定了真实基调,是一种现实人际关系的迁移和面对面互动的网络镜像。在编辑部中的现实地位决定了聊天者在群里的"位置"(position)和"资本"(capital),小部分群聊成员在交流中具备较高的支配能力,主导着微信群里的互动走向。此外,微信群也具有相当程度的表演、监视、关系维护、印象管理等功能,两者结合,形成了微信工作群特有的关系结构和互动方式。因此,工作群作为虚拟编辑部,并非仅仅是工作场所的线上延伸,而是叠加了人际互动中的其他功能。

(一)新闻从业者的微信互动特征

1."秒回"文化

时间性(temporality)是新闻生产研究的核心问题之一。时间既是新闻生产所能仰赖

的资源,又对生产中的机构和个体施加着严厉的约束,成为形塑新闻面貌的一股主要力量。笔者在长时间的田野观察中,非常真切地感受到了"秒回"文化的形成及其对编辑室互动的影响。工作群里如果领导发了指令,或者其他人发了某个信息,与该工作任务有关的人员一般都会立即回复。如果没有秒回,员工就需要稍后解释自己刚才在哪儿、在干什么。所以,工作群里也会出现大量地点、位置移动信息,比如"我在开车""在高速上""刚下轻轨""我在车库码稿子""今天孩子生病上医院了"之类的话,以示自己并非故意不回信息,而是正被其他事情占据,或者处于网络无讯号等状况,无法立即回复信息。

在新媒体技术和社交网络支撑下,人与人之间比以前有更多的方式保持联系,并且更容易随时随地回复收到的信息。因此对信息的快速回应,就越来越成为社交媒体时代的一种礼仪,甚至是义务。非面对面沟通导致我们无法得知对方的真实状况,所以只能用自己的语境来想象对方的语境,即不由自主地假设所有人都是24小时在线、随时随地可沟通(24/7 digital availability)。[1]这样一来,时间管理、地点管理和任务管理就以一种更具弹性的方式交织在一起,从业者在一个看似非常自由的时空中,却无处不受限。移动中工作,工作中移动,多任务穿插,频繁切换,以满足机构对于工作者快速响应的期待。同时,工作时间与非工作时间界线的模糊,导致工作时间事实上在拉长。在任务导向之外,领导的作息时间很大程度上也决定了融合新闻生产团队的作息时间。融媒体中心管理层X有时候会半开玩笑半督促地在群里发信息:

"一到夜晚这个群就沉寂得可怕!"

"我一说话,大家都睡了?"

"某某一到晚上(也不是很晚)就失联。"

"反正是周末,大家别睡这么早,来想想海报文案吧,都来贡献一下脑力。"

这时候员工就不得不立马出来"冒泡"回应一下。如果说,在个人交往和互动中,对于"快速回复"的期待带来了一种社交上的压力,那么在工作场合,"快速回复"已经成为一种实实在在的规则,强化了机构对从业者的控制。尽管并没有诉诸明文,但所有从业者都能深切感受到,并且受制于这样一种规则。Tian认为,迅速、积极的回复主要与权力维护而非工作效率相联,用以强化上司的权威性[2],不过传媒行业"即时、快速"的特性,无疑在很大程度上助推了这种规则,形成一种随时在线、随时待命的紧张感。

---

[1] Bryan Lufkin. The Crippling Expectation of 24/7 Digital Availability. Retrieved from: https://www.bbc.com/worklife/article/20220207-the-crippling-expectation-of-247-digital-availability, February 8, 2022.
[2] Tian, Xiaoli(2021). An Interactional Space of Permanent Observability: WeChat and Reinforcing the Power Hierarchy in Chinese Workplaces. *Sociological Forum*, vol. 36, no. 1, p. 59.

2."保持队形"策略

如果在面对面互动场景中,每个人都说一模一样的话是非常奇怪的,会使得情境定义被破坏而导致"表演崩溃",互动无法继续下去。但是网络互动却发育出了一种神奇的"保持队形"策略,即在某个主题之下,参与互动者可以不断复制前一位发言人的话粘贴上去,形成一种相当一致的"队形"。这事实上是从业者被迫卷入工作场合中的一些互动场景时做出的一种规范化、例行化行为,或者说是一种印象管理策略。这一互动的要点在于"出场"(at presence),而非互动的具体内容。而其目标则是表示出一种团队行为的一致性、对于编辑室规则的遵从以及对管理层的尊敬和服从姿态。

最常见的情境是领导发送了某个工作指令,A 群里所有的成员都会列队回复"收到",一般无需针对指令内容进行评述或表示态度。但是,如果有人没有回复"收到",领导也可以清清楚楚看到,偶尔一次会被原谅,如果经常这样,领导就可能解读为一种公然抗拒的行为,这无疑会对该员工的职业地位和前途造成影响。另一种比较常见的情况是祝贺信息,比如关于编辑部的好消息,或者某位编辑室成员获得奖励等,一般由领导层或相关知情者发送出来,群成员会比较自觉、一致地排队发送"666""赞""厉害了"等表情符号,来配合该消息营造出来的语境,形成一种编辑室自我激励、自我认同的正向情感,并表示出自己作为编辑室成员的自豪感和归属感。编辑部大量日常事务中,也存在"保持队形"的需要。比如,有新人进群的时候,一般是由领导做简单的介绍,然后 A 群里的其他成员会列队发送"欢迎某某某"的文字,并加上"欢迎"表情包。这样的做法快速回应了领导发送的信息,对尚不熟悉的新同事表示出善意的姿态。

在"保持队形"式的微信群互动中,重要的不是说了什么,而是出场表演。网络聊天的"可观察性"(observability)、可记录性(recordability)、可追溯性(traceability)功能[1],使得谁出场、谁不出场都能看得明明白白、无法遮掩,因此群员基本上都会默契地出场配合,以避免因为微小的不遵从行为而产生持续、严重的后果。

3.互动的公开化

在研究编辑室的社会控制时,布里德观察到,"痛骂和蓝铅笔修改批示是编辑室社会控制系统的一部分,潜在地影响升迁、聘用和评价"。[2]"痛骂和蓝铅笔修改批示"是典型的传统媒体编辑室把关机制的一种外显形态,在移动化新闻生产中绝大部分转移到了线

---

[1] Tian, Xiaoli (2021). An Interactional Space of Permanent Observability: WeChat and Reinforcing the Power Hierarchy in Chinese Workplaces. *Sociological Forum*, vol. 36, no. 1, p. 60.

[2] Warren Breed (1955). Social Control in the Newsroom: A Functional Analysis. *Social Forces*, vol.33, pp. 328-329.

上,尤其是微信工作群当中。纸上的"蓝铅笔批示",变成了微信截图上的圈圈点点,虽然有些不方便,但高效快捷很多,适应了"移动中工作"的需要。管理层时常会在微信群里发表批评意见,有时候话说得非常严厉,包括连用三个问号、叹号等,来表达震怒的情绪。这和传统媒体时代大多数会放到私下场合中的"痛骂",形成了一定的差异。因为微信群中的任何互动行为,事实上都是所有群成员可感知、可围观的,不管他们与这一互动是否相关。所以,两个人之间的互动也成为潜在的多人互动。也就是说,批评变得公开可见了,而且被记录在互联网上,随时可以调阅。

比如,由于"双微"是轮班编辑,值白班的编辑可能因为没注意到早晚班编辑发稿情况,将之前微信公众号已经推送过的稿件又发稿出来,遭到了管理层X的严厉批评:

"这篇稿子不是发过了吗?前面的微信都没看?简直就像办报人不看自己的报纸一样!"

事实上,这样的批评意见不仅针对该值班编辑,同时也传达给了A群的全体成员,提示大家换班的时候注意交接,并展示了一种传统媒体时代延续下来的专业要求——作为媒体人,应该时刻高度关注本媒体产品,不管是不是自己当班,也不管自己有没有亲身参与这个产品的生产!

有学者通过对微信"点赞"行为的研究,揭示出微信的设计如何改变了传播结构,使得微信上的互动并非隐秘空间中的互动,而是一个有很多潜在受众的公共场合下的互动。[1]这样的互动所产生的后果,比面对面互动更加严重,也更加难以预期。基于此,管理层在通过互联网上的"痛骂和蓝铅笔批示"来宣示领导权威和控制性的同时,也会通过在群里公开表扬的方式,来增强表扬的激励效果,鼓舞士气。融媒体中心管理层会时不时地在A群里发送这样的信息:

"这个视频拍得不错,某某最近进步很快!"

"今天的稿子选得好,编得也很好。"

"这段时间某某真是很给力,差错明显减少,速度也慢慢快起来了。"

在一次大型报道顺利完成后,管理层还会在群里进行"集体表扬":

"这次报道我们全体小伙伴团结协作,忘我奋战,直播、视频、微信、海报、活动等全面开花,客户端也恪尽职守,可谓产品丰富、内容扎实,夺得开门红,特向大家致以深深的谢意!"

---

[1] Zhu, Hongjun (2021). Weishan Miao. Should I Click the "Like" Button for My Colleague? Domesticating Social Media Affordance in the Workplace. *Journal of Broadcasting & Electronic Media*, vol. 65, no. 5, p.750.

甘斯认为,编辑部的士气来自于从业者对工作的控制力和上司对待其工作的方式。[1]无论批评还是表扬,公开都具有一定的放大效应,在灌输编辑室政策、让从业者潜移默化接受编辑室规范方面,产生了更强大、更直接的效应,强化了编辑室的控制机制。

4."驯化"朋友圈传播

社交媒体时代,微信在传播新闻产品方面的作用越来越受到重视,因此通过微信传播产品也成为新闻从业者工作内容的重要部分。记者的朋友圈不再是私人社交媒体平台,而成为报社新媒体平台的延伸,从而受到报社的监管与约束。M报管理层在中央厨房会议上不止一次提及,大多数记者的朋友圈中都有一两千个联系人,而且不乏各行各业有影响力的人物,如果在朋友圈发布一些重要的新闻产品的话,会带来比较好的传播效果。为了激励从业者通过朋友圈宣传推广产品,报社管理层会公开表扬那些在朋友圈积极发布自己新闻产品的记者,同时对那些不进行朋友圈推广的记者提出批评:

"自己的朋友圈都不推送自己的产品,是不自信,还是没有兴趣?对一些重要的产品,大家都要转起来,把气氛烘托起来!如果自己都不发,还能指望谁来关注你呢?"

同时,报社管理层也会高度关注报业集团领导以及更高层的朋友圈。如果上级领导在朋友圈转发了报社的某个产品,会被视为对报社的一种认可,管理层会立即兴奋地将此信息告知一些中层领导,以及在相关工作群里转发信息。相反,如果上级领导转发的是同城其他媒体的报道,则会被报社管理层视为对本报工作的忽视或否定。

报社的权力层级结构也在一定程度上影响了朋友圈互动行为。一般来说,员工会有选择地给自己部门领导所发的朋友圈点赞或评论,以示自己的关注,但谨慎地避免给更高层的领导在朋友圈点赞或评论,因为这样的互动事实上是对潜在的、不确定的观众公开的。"越级"互动无论是在传统权力结构中,还是在网络环境下,都会成为工作场合的一种禁忌。而对于别人给自己朋友圈的评论,无论是来自上层领导、平级同事还是其他社会关系,从业者一般都会回复,以表示礼貌,并潜在地希望激发更多的后续关注与互动。

笔者认为,"秒回"文化、"保持队形"、互动的公开性以及"驯化"朋友圈传播,这四点都不同程度地强化了沃伦所说的"可见性"(visibility)这个与权力实施密切相关的特征,削弱了从业者对自己工作的控制感和自主性,强化了编辑室控制机制,从而也驯化出了媒体从业者工作场所微信使用的礼仪和规范,体现为:迅速、即时回复工作群信息;在自己的朋友圈转发重要新闻产品,而且"有评论必回复",以示礼貌以及对更多关注和互动

---

[1] 赫伯特·甘斯:《什么在决定新闻:对CBS晚间新闻、NBC夜间新闻、新闻周刊及时代周刊的研究》,石琳、李红涛译,北京:北京大学出版社,2009年,第130页。

的期待;有选择地点赞、评论领导和同事的朋友圈;等等。如果将微信使用视为一种数字化规训的话,这种规训的来源是工作中参与式文化所带来的强迫性,即便从业者即便不是发自内心地赞同,但也不得不委身其中。

(二)微信互动中的协商空间

另一方面,微信互动方式有利于从业者积极调动各种资源,再情境化某些特定的在线互动符号,发展出了一套适应微信互动特点的博弈与协商机制,来委婉地表明立场、缓和情绪、调节气氛、化解摩擦,在一定程度上助推了编辑室平等、协商的氛围。

1. 维系跨层级的对话空间

如同传统编辑部,微信工作群虽然总体上由管理层主导,但经常会围绕选题组织各种讨论,大家各抒己见抛出自己的想法。有时这样的讨论会持续较长时间,当方案始终僵持不下的时候,领导会主动提出用群里投票的方式来决定。如果管理层和员工对选题有不同意见,某些情况下管理层会坦然承认自己的想法没有员工好,有时候则会以聊家常、开玩笑、讲段子等方式,委婉地表明自己的看法,并表示"仅供参考",而非生硬地提出否决意见。比如,"双微"平台主管L提出想做一条关于"本地多少学子保送清华北大"的新闻,并在网上抓取了相关数据,融媒体中心管理层T表态:

"我个人认为这里有个导向问题。竞赛保送生跟高考状元一样,不宜大张旗鼓宣传,背后都是无数'垫背'家长的血和泪啊!大家私下讨论可以,公开宣扬还是不太好。供参考。"

随即,其他一些同事也加入到是否应该送孩子参加奥数培训、对培训机构的吐槽,以及对当前教育制度、教育理念的探讨等等,甚至发起一波表情包斗图。由于大多数人都倾向于T的观点,最后L自己说:

"好的,那这条新闻就不做了吧!"

对M报这样的转型中的传统报纸而言,尽管科层制下的领导权威主导网络互动,但在工作群中维系一定程度的"微民主",则体现出专业意识对机构控制的一种反制。藉由微信群互动天然具有的多媒介化、去中心化特质,以及频繁切换话题、快速交替节奏等会话规律,在一定程度上弱化了面对面互动中的等级差异对自由交流的抑制,创造出更为友好、平等的跨等级对话空间。

2.积极调用符号资源参与互动

微信表情伴随着网络而生,成为网络聊天中必不可少的一种表达方式。在网络互动中,由于缺失了人的肢体动作、表情、语调等形成的符号资源,容易陷入语境缺失、解码成本过高、互动低效等困境,因此网络互动不仅需要语言符号的参与,也需要非语言符号的参与。非语言符号为互动双方提供了直接的视觉传达,提高了传播效率。同时,非语言符号所具备的趣味性、丰富性和情感性,可以有效缓解纯文字交流的枯燥、乏味,活跃了平淡的沟通语境,使人际交流更为轻松愉快,在某些尴尬的场景下,表情符号可以起到有效的润滑剂作用。

笔者观察到,在A群中,表情符号的使用频率非常之高。除了最常使用的作为文字替代的功能性表情符号外,表情符号的使用主要在于强化或弱化聊天中的情感色彩,以及进行难以诉诸文字的意义传达。文字交流尽管表意清楚,但如果要恰如其分地表达某种感情色彩的话,往往需要字斟句酌。而"文字+表情符号"的方式,则可以较为方便高效地实现信息传达与强化、弱化感情色彩的复合功能。比如,群员(大多数情况下是领导层)在传达了一个编辑部的好消息之后,加上一个"开心""微笑"的表情符号,表露出自己对该消息的积极态度。下属在催促领导某项工作的时候——在A群中比较常见的是催问领导审稿进度——一般会在文字询问后跟一个"调皮""偷笑"等表情符号,没有具体的含义,但缓解了直接"催促"领导的生硬或不恭。当管理层对稿件提出批评甚至毙稿时,有时也会在审理意见后,加上一些"尬笑""咧嘴"等表情符号,相比于直接的否决性文字,感情色彩更加委婉,有助于形成一种协商的口吻。借助于表情符号,可以将批评的激烈程度控制在一定尺度内,让冲突情绪有一个缓和的台阶,同时拉近了上下级员工之间的心理距离。员工往往也会回一个表示"惭愧""理解""接受""悔改""尴尬"等含义的表情包,比起纯文字的"忏悔"和道歉,更能得体而快速地回应领导的批评。这类表情符号的使用,对互动双方来说都能够有效地避免尴尬、弱化冲突性情绪。

此外,员工在向管理层解释、暗示某件事情的时候,有时也习惯在文字内容后加上特定的表情符号。比如,一张海报经过反复修改,但领导还是认为海报上的人像不够精美,美编会确认一下工作任务:

"还需要抠图并且加上美颜效果吗?"

并附上一个"惊恐"的表情符号,间接表达了对反复修改图片的不满,并暗示领导继续修图是一个很大的工作量,尤其当时已经很晚了。

工作群是以线下工作关系为基础建构起来的网络互动环境,因此总体上能够确保成员具有共享的情境定义,使得互动双方都能够相对准确地理解对方的含义。当然,由于表情符号的多义性,偶尔互动双方也会存在对表情符号解读不一致的情况,则容易带来语境崩溃(context collapse)的效果,影响互动的顺利进行。

3.适时沉默与延时回复

尽管如前所述,"秒回"已经成为编辑室惯例,但笔者注意到,在微信群互动中,依然存在着一些打破"秒回"文化的策略,主要就是适时沉默与延时回复。由于融媒体中心从管理层到普通员工都实行轮班制,因此从业者会按照"是否自己当班",来确定在微信群中是否需要参与讨论以及"秒回"信息。对不当班的员工,如果领导没有特意"艾特"(@)自己的话,一般来说可以对群里的信息置之不理,保持沉默,以此来适度区分工作与私人生活的界限。

同时,笔者注意到,从业者的社交媒体使用普遍较不活跃,除了转发本媒体产品外,很少分享生活动态和其他信息。在转发产品的时候,经常不加任何评论性"推广语"就直接转发。这事实上透露出一种去情感化和去意义化的公开敷衍态度,即表达"我只是奉命出场,但不会有更多的情感投入和互动参与"。笔者曾经跟多名从业者聊过这个话题,他们主要提及了两个方面的原因:一是信息疲劳,每天工作都是跟各种网络信息打交道,私人时间就完全不愿意再上网刷信息和分享信息;二是担心发布一些私人信息被领导看见后会产生误解,或者过度解读。

此外,如果员工外出参加培训等活动,也会趁机将自己暂时从微信互动中解脱出来。新媒体平台主管L曾外出培训三个月,在征得管理层同意的情况下,他将每天浏览及回复信息的时间,全部安排在晚上,即白天培训结束之后。L在与笔者的一次聊天中提及,这样的安排让他一下子感觉轻松了许多,每天各种工作群里成百上千条的聊天信息,已经成为一种高强度的信息"干扰",让人产生持续的疲劳感和厌倦情绪。另外,从业者也会利用弹性工作制和轮班制使得"具身在场"相对不那么重要的特点,获取一定的自主安排工作的自由度。比如,他们会甄别信息的重要程度以及与自己的相关性,在一定的弹性空间内决定是"秒回",还是假装没看到,先安排自己手头的事情,延迟一定的时间后再回复信息。总之,微信的人际互动提供了一种便利,可以按照不同需要和目标,选择"同时性互动"或"异时性互动"。[1]

媒介社会学向来重视考察"组织内控制"(intra-organizational control)对新闻生产的

---

[1] 邵力:《微信互动的结构化时间分析———一个时间社会学视角》,《哈尔滨工业大学学报(社会科学版)》2021年第7期,第73页。

影响,在组织理论视角下,将新闻从业者视为"机构中的个体",强调从业者的生产实践大体呈现出对机构"驯从"的表征。近年来国内学者的一些经验研究也总体上支持这一结论,认为互联网对新闻从业者的主要功能是获取信息,"赋权"意义尚不凸显[1],微信等社交媒体使用甚至进一步强化了工作场所的等级制度和权力关系[2]。

本书通过对M报的民族志考察,尤其是对新闻从业者微信使用的长期参与观察,钩沉媒介社会学对于编辑室内部控制的经典研究,认为不同于布里德时代的"理想新闻业",互联网环境下尽管传统的组织权力结构依然存在,但伴随着机构权威和新闻行业"奖赏性权力"的弱化,以及弹性工作制下从业者"面对面互动"的大幅减少,编辑室控制更多是在网络互动中实施,并在互动中不断协商和改变,组织结构与个体能动性之间的张力因而更为凸显。一方面,新技术条件下编辑室互动的可见性、可记录性与可追溯性等特点,使得工作群作为虚拟编辑部,强化了基于互联网特性的新型控制,并驯化了媒体从业者工作场所微信使用的礼仪和规范。另一方面,从业者也发展出一套适应微信互动特点的博弈与协商方式,在管理层和从业者之间形成某种默契的互动,以促进更顺畅的共享工作环境,并适度地区分公私界线。

基于此,我们既不能过分乐观地在"互联网赋权"框架下,认为新媒体技术为从业者带来了更强的自主性,也不能过于悲观、片面地看待工作场所的社交媒体使用带来的社会后果。透视编辑室互动的微观情境可以看到,数字空间并非机械复制以及强化了工作中的等级制度和关系结构,同时也在一定程度上提供了挑战既有结构的独特方式。现实权力结构固然是影响工作场所网络互动最主要的因素,但在实际的互动情境中,还有更多元、复杂的因素嵌入,共同形塑从业者的工作环境和生产常规。

第四节 总结:新媒介场域下惯习的延续与变迁

从Web1.0时代到如今的Web3.0时代,传媒业界围绕组织机构、传播渠道、媒介终端的融合,而不断推进融合新闻生产实践。这种基于资源共享的新闻采集与制作是未来媒体行业的发展方向。中国媒体融合起步略晚于国际传媒业界,但发展的速度很快,其背后的动因,除了互联网技术的飞速发展,更重要的是国家政策主导下各级媒体集团的强

---

[1] 张志安、张京京、林功成:《新媒体环境下中国新闻从业者调查》,《当代传播》2014年第3期,第8页。
[2] Tian, Xiaoli (2021). An Interactional Space of Permanent Observability: WeChat and Reinforcing the Power Hierarchy in Chinese Workplaces. *Sociological Forum*, vol. 36, no. 1, p. 51.

力推进。国家意志和技术发展的双重驱动,可以说是媒体融合的"中国特色"。一方面,中央对媒体融合高度重视,形成了一种"自上而下"的推动力,明确党媒不仅要承担以往的信息传播与宣传职能,更要转型成为深度参与社会治理的中介力量;另一方面,互联网技术的迅猛发展,使得传统的媒介生产与传播方式发生裂变,形成一种来自受众、市场的"自下而上"的倒逼。在这两种力量的驱动下,各级党媒集团强力推进,构建起适应新媒体环境的多平台、多媒体、融合化新闻生产与传统体系。

媒体融合带来了媒介场域的巨变。专业媒体、政务媒体、平台媒体、自媒体等行动者共存于新新闻生态中,大量"新入场者"导致竞争加剧,并进一步加深了专业媒体的危机。作为媒介场域中相对比较老的"行动者",省级党报 M 报在互联网时代开启了全面的融合转型,构建起"一次性采集、多媒体呈现、多渠道发布"的融合新闻生产架构与多平台内容传播渠道,极大地拓展了传统纸媒的生产形态、空间与影响范围,传播效率大大提高,媒体竞争力明显提升。

与此同时,M 报也面临着在新媒介场域中的调整和适应问题。从 M 报融合媒体转型的发展历程来看,可以说是从报纸生产一步踏入社交媒体时代的多平台内容生产,如此"陡峭"的转型,形成了对传统生产理念、生产机制、人员素质、传播后果等的多重影响和冲击,从根本上改变了报社传统的工作机制,带来了单一的报纸传播中不曾遇到的许多问题和挑战。

一方面,传统媒体时代形成的生产惯习,在 M 报中依然有强大的影响力。报社的管理层、核心成员、骨干记者大多数都是资深报人,具有根深蒂固的纸媒思维传统。一些部门主任甚至抵制搞新媒体,担心在人手有限的情况下,搞新媒体会影响传统报纸版面任务完成。相应地,在考核机制上,也没有真正实现"新媒体优先",没有依托新媒体考评所需要的技术、数据等客观标准,难以真正调动记者转型新媒体的积极性,反而使得新媒体成为记者"混工分"的方式;从内部生产机制上,并没有建立起一个真正的融合编辑室,各个条线部门、条线部门与融媒体中心之间,没有完全融合打通,还是各自为政,内部条块分割严重;在人员配置上,适应融合新闻生产的"全媒体记者""多平台内容生产者"还非常少,这也导致"内部融合"难以真正实现。因此,在相当一段时间内,M 报这样的省级党媒,事实上处于"半融合"状态,即报纸作为重心和主体,并没有实质性的变化,只是硬性叠加了一个融媒体中心及多个新媒体平台,结果是并没有真正实现新媒体优先,还是报纸优先。

另一方面,新媒介场域下的新惯习也逐渐形成,包括:建设融媒体中心为代表的报社新媒体部门，顺应"媒体平台化"趋势，通过自建平台以及入驻第三方平台，初步形成了"一张报纸、多个平台"的格局，在此基础上，开始反思不同的平台定位与产品适配问题，关注各平台差异化、特色、算法、分发机制等，进行精准的用户画像，推送相适配的产品，并越来越重视与受众的互动；在内容生产逻辑上，以开专题和综合稿的方式推进对热点话题的快速反应和信息集纳，在追求情感化叙事策略下的话语方式转换的同时，也谨慎地防止严肃话题过度娱乐化；在"视频化、音频化"产品转向的生产策略下，重构生产流程与把关机制，形成"抢快"与"慢半拍"相互交织、谨慎中求快、精准把握时间节奏的时间惯习；部分传统的文字记者已经开始主动适应移动化内容生产，运用数字化内容采编系统，随时随地通过手机或电脑上传采写的稿件、拍摄的图片以及视频等，即时、高效、多媒体化地传递信息。

新闻生产场域与惯习的改变，使得融合新闻生产中的控制机制也在发生变化。在新闻史上，伴随着从"个体新闻业"到"组织新闻业"的转型，媒介运作深深地嵌入基本的社会体制之中，与政治、经济、家庭、教育、宗教等发生关联，并受制于诸种社会控制因素。以往批判研究、场域理论以及媒介社会学路径下对编辑室控制机制的研究，都共同指向了对新闻业的悲观和不信任，认为新闻业受制于政治、经济力量以及新闻生产常规的左右，自主性是非常低的。在多重结构规制下，新闻从业者的生产实践大体呈现出"驯从"的表征。互联网时代催生了编辑室控制问题研究的两个背景性变化：一是整体行业的变化，数字时代新闻业的经营状况、职业认同、行业声誉都遭遇到前所未有的危机和挑战，新闻业作为一个行业的吸引力在下降；二是数字技术全方位嵌入和改造新闻生产，导致组织结构更加扁平化，帮助从业者增加生产力和自主性，允许从业者协调工作和生活需求，等等，导向了一个"赋权"的主题。

对M报来说，传统的组织控制因素依然存在，包括领导批示、获新闻奖、评好稿、内部升迁等"奖赏性权力"，以及对于差错进行书面通报、口头批评以及扣钱等"强制性权力"，在编辑室控制中起到了核心作用。但随着整个新闻行业声誉、吸引力的下滑，新闻工作总体上吸引力下降，职业认同、专业权威性作为新闻室的控制力量趋于弱化。与此同时，随着数字化技术下弹性工作制和轮班制成为媒体主流的工作形态，微信作为一种占据主导地位的社交媒体，也成为M报组织日常新闻生产的重要方式，同时也成为编辑室内部控制机制的重要组成部分。工作场合的微信使用正在形成一套新的编辑室控制系统，强化了沃伦所说的"可见性"(visibility)这个与权力实施密切相关的特征，使得时间管理、地点管理和任务管理以一种更具弹性的方式交织在一起，削弱了从业者对自己工作的控制感和自主性,强化了编辑室控制机制,从而也驯化出了媒体从业者工作场所微信使用的礼仪和规范,体现为:迅速、即时回复工作群信息;在自己的朋友圈转发重要新闻产品,而且"有评论必回复",以示礼貌以及对更多关注和互动的期待;有选择地点赞、评论领导和同事的朋友圈;等等。

另一方面,从业者也发展出了一套适应微信互动特点的博弈与协商机制,包括"保持队形"策略、适时沉默、延迟回复、微信朋友圈分组等,让自己在不直接对抗编辑室规则的前提下,成为戈夫曼(Erving Goffman)所说的"愤世嫉俗"的表演者。同时,微信互动方式有利于从业者积极调动各种资源,再情境化某些特定的在线互动符号,在管理层和从业者之间形成了某种默契的互动,在一定程度上助推了编辑室平等、协商的氛围。

在新媒介场域下,可以看到传统媒体时代生产惯习的延续,与适应融合新闻生产而形成的新惯习相互交织、碰撞。如何在一种良性的发展框架下,推进新旧媒体的双向融合,建构多主体、多媒介、多平台并存,打造内容产品融合的全媒体传播体系,更好地实现媒体的公共职能,是全球媒体行业面临的更为复杂的融合挑战。

第四章

策展：复杂媒介生态中的内容生产方式创新

互联网时代,以"内容管理"为指向、倡导多方参与和多元内容流竞争的"策展"(curation)模式,开始受到越来越多的关注。2010年左右,"策展"作为一种话语和实践开始进入新闻业,拓展了传统新闻生产的边界,推动以媒体为中心的狭义的"新闻生产"向广义的、社会化的"内容策展"转型,形塑了"去中介化"传播语境下的新闻生产惯习。随着数字化技术的进一步发展和社交媒体的强势崛起,策展主体、策展内容、策展方式也更为多元化。2020年开始席卷全球的新冠疫情中,海内外多家媒体以策展的方式,整合网络空间中关于疫情的大量信息,制作多媒体"新闻包",实现多角度、多信源和多重文本的有机结合,形成一种引人瞩目的报道景观。在本章中,笔者重点区分了社群媒体的内容策展与专业媒体的内容策展两种模式,采用内容分析法和个案研究法,针对上述两种策展类型,分别选取了两个典型案例展开,一个是美国"策展记者"阿伯拉姆森个人推特(@Abramson),另一个是中国的一家省级党报M报微信公众号"综合稿",分别代表了社群媒体内容策展与专业媒体内容策展中的两种典型模式。通过对不同文化语境下两个典型个案的分析,尝试批判性地阐释"策展"作为一种新兴的新闻生产理念与实践,对全球新闻业产生的影响,以及需要反思的问题。

第一节 "策展"及其进入新闻业的观念脉络

一、策展溯源

"策展"(curation)一词可以追溯到其拉丁词源"cura"——造物主,用黏土造人,被上帝赋予照料人类、为世界创造秩序的使命,并成为好奇心和创造力的象征。拉丁语"curare"意为"照顾"(take care)。"策展人"(curator)的称谓最早出现于罗马帝国时期,指负责掌管秩序和财政的官员。到14世纪,则指负责掌管人类灵魂的神职人员。随着历史的发展,curator开始转而用来称呼艺术领域那些负责对艺术品进行搜集、整理、储存、评估的专家[1]，进而形成了现代社会对"策展"的一种工具性定义，即围绕一个核心主题对艺术品进行评估、选择和呈现。[2]在20世纪博物馆业和艺术展览业大发展、竞争加剧的背景下，策展人的作用更加凸显，不仅仅是艺术品的托管人，而且需要通过其整理、诠释、呈现，为艺术品增加文化价值，从而吸引大量观众[3]。保罗·奥尼尔（Paul O'Neill）称这一现象为博物馆业的"策展转向"，传统的垄断性知识权力结构被动摇，策展不再被视为保存艺术品的中性行为，而是具有高度创造性、竞争性的话语实践。策展人的专业权威成为一种文化权力（cultural power），决定着哪些作品可以进入以及如何进入受众的视野，但受众需求也前所未有地被纳入到策展考量中，两者之间形成强烈的互动与张力。

进入互联网时代，尤其是随着社交媒体的崛起，新闻业也发生了类似的知识民主化浪潮。传统新闻业的核心价值在于对"新近发生事实"的捕捉、验证、选择，并以特定的话语方式对事实进行组合，呈现在报纸版面或广播、电视节目中。通过这种方式，新闻业有效解决了信息的无限性和媒体版面有限性之间的矛盾，控制信息生产流通，进而影响公众舆论。然而，随着大量用户生产内容（user generated content，UGC）在社交媒体上涌现，呈现出一种"自由流动的液态"[4]，媒体不再能够垄断时事传播和信息生产，职业权威受到挑战。同时，信息超载和鱼龙混杂也催生了越来越强烈的对于信息进行验证、选择和呈现的需求。市场研究专家罗希特·巴尔加瓦（Rohit Bhargava）提出在信息爆炸的时代，一项新的工作就是在信息汪洋中帮助人们"打捞"意义，即"内容策展人"（content curator）[5]。

史蒂芬·罗森鲍姆（Steven Rosenbaum）区分了策展和另一个互联网时代的热词"聚合"（aggregation），认为聚合仅仅是汇集信息，而策展强调有意图地采集和呈现信息，并且通过重新筛选、编辑来为信息增值。他将最早的新闻策展人追溯到出版"德拉吉报告"的马特·德拉吉（Matt Drudge），以及《赫芬顿邮报》创始人艾莉安娜·赫芬顿（Arianna Huffington）及其编辑团队，他们从网络上广泛搜集、选择优质内容刊登，铸造了新媒体发展早期的神话。[6]2011年《尼曼报告》（*Nieman Reports*）强调，当前急需对信息进行"搜寻、分类和

---

1 Howarth, A. (2015). Exploring a Curatorial Turn in Journalism. *Media/Culture Journal*, vol. 18, no. 4.
2 Snyder, I. (2015). Discourses of "Curation" in Digital Times. In *Discourse and Digital Practices* (pp. 209-225). Routledge.
3 O'Neill, P. (2013). *The Curatorial Turn: From Practice to Discourse*. Bristol: Intellect.
4 Viner, K. (2013). The Rise of the Reader: Journalism in the Age of the Open Web. *The Guardian*, 9.
5 Rohit Bhargava. Manifesto For the Content Curator: The Next Big Social Media Job of The Future? Retrieved from: https://rohitbhargava.com/manifesto-for-the-content-curator-the-next-big-social-media-job-of-the-future/, September 30, 2009.
6 Steve Rosenbaum. Can "Curation" Save Media? Retrieved from: https://www.businessinsider.com/can-curation-save-media-2009-4, Apr 3, 2009.

背景化",数字时代的记者要向"策展人"转型。[1]也就是说,不仅要呈现信息,同时还要提供"关于信息的信息",从"看门狗"(watchdog)变成"导引犬"(guidedog)。[2]2013年左右,全球一些有代表性的专业新闻机构开始采纳策展实践,并与当时正在快速发展的智能移动应用相结合,从而新闻业也出现了"策展转向",比如雅虎推出"新闻摘要"(Yahoo News Digest, DNJ)、《纽约时报》推出"时报'现在'"(NYT Now)客户端等。Twitter、Facebook等社交媒体平台的崛起,则为普通公民提供了极大的便利,可以在社交媒体上围绕某些话题,自发进行信息的采集、筛选、管理、发布以及实时更新。专家、行业精英与政府官员等,也开始常规性地利用社交媒体平台发布观点和信息。一种新型的内容策展商业模式发端,以Storyful等为代表,运用信息技术手段来广泛采集、验证信息,提供给新闻机构使用。与此同时,学术界也开始关注策展现象。在2010年,国际新闻学界的四本权威期刊Journalism, Journalism Studies, Journalism Practice和Digital Journalism出现了将新闻与策展相关联的文章。[3]

然而,时至今日,业界和学界其实并未对媒体语境下"策展"形成统一的称谓和界定,"新闻策展"(news curation)、"媒体策展"(media curation)、"社交媒体策展"(social media curation)、"内容策展"(content curation)、"公民策展"(citizen curation)等都在交叠使用。同时,对于"策展"的内涵和范围也看法不一,其中有代表性的几种看法如下:

一是从职业视角定义策展及策展人角色。早期倾向于将策展和新闻职业工作区分开来,强调后者"内容创造"(content creation)的职能,称策展人为"信息工人"(information workers)或"信息检验员"(gatechecker),意指其身份业余以及没有生产原创内容,只是对现有的内容进行搜集和组织。[4]但这种明确划界的定义很快被质疑,有学者提出,策展并非只是校勘信息,而是以一种创造性的方式重组信息,包括编辑信息、丰富信息、补充背景知识、组合来自不同信息源的内容等[5],事实上与传统的编辑工作职能多有近似、重叠之处。随之,一些学者倾向于将策展定位为传统编辑功能的改良和拓展,以适应社会化时代的传播格局[6],如布鲁诺(Nicola Bruno)所定义的"记者-策展人"(reporter-curators)角

---

[1] Rosenbaum S., Curation, community and the future of news. Retrieved from : https://niemanreports.org/articles/curation-community-and-the-future-of-news/, 8 June 2011.
[2] Badoel, J., Deuze M., (2001), Network Journalism: Converging Competencies of Old and New Media Professionals. *Australian Journalism Review*, vol. 23, pp. 91–103.
[3] Howarth, A. (2015). Exploring a Curatorial Turn in Journalism. *Media/Culture Journal*, vol. 18, no. 4.
[4] McQuail, D. (2013). *Journalism and Society*. Los Angeles : Sage, p. 182.
[5] Bakker, P. (2014). Mr. Gates Returns: Curation, Community Management and Other New Roles for Journalists. *Journalism Studies*, vol. 15, no. 5, pp. 596–606.
[6] 金加宝:《策展人:编辑转型的角色期待》,《中国新闻出版广电报》2016年9月14日,第004版。

色[1]。相对于传统编辑仅仅对现有内容进行加工，策展体现出更强的创造性，要根据现有内容创造出更大的故事。[2]除了当"调查员""评论员"，策展人还需要整合资源、挖掘真相、寻找对策。[3]Liu(Sophia B. Liu)总结了七种策展行为"搜集、组织、保存、过滤、建构故事、呈现、提供讨论"，并将内容策展者定位为七种角色的合并：档案管理员、图书管理员、文物保护者、编辑、故事讲述者、爱出风头者、讲解员。[4]

二是从新闻生产方式变革和创新的视角，将策展看作互联网时代的一种参与式新闻实践，甚至是"公民新闻第二波"[5]。2013年，路透社发布研究报告《新闻室策展者和独立的故事讲述者：内容策展作为一种新形式的新闻》(*Newsroom Curators & Independent Storytellers: Content Curation as a New Form of Journalism*)，将内容策展定义为"一种新形式的新闻"，可以由传统编辑室来操作，也可以由大量"独立的故事讲述者"也即普通网民来操作。[6]邓建国归纳"curation新闻"的两大特点："专业筛选"和"视觉化呈现"，并且这样的过程不是在编辑部内部封闭式完成，而是以链接外部信源的方式，使新闻生产更加开放和透明。[7]陆晔等提出"协作式新闻布展"概念，认为这是一种溢出传统新闻业边界之外的参与式新闻实践模式，"节点主体在新闻生成各环节的即时互动……多个文本连同众多评论不断叠加甚至相互质疑、冲突，构成新闻内容的多个面向，也体现出这一新闻生成的复杂路径"，被认为是布展的典型特征。[8]从这种意义上，也可以说策展新闻是一种新的、建基于社交媒体的内容形态。

三是将策展视为传统新闻业"把关"功能的一种改良或替代。策展被认为是一个和

---

[1] Nicola Bruno. Tweet First, Verify Later? How Real-time Information is Changing the Coverage of Worldwide Crisis events. Retrieved from: https://reutersinstitute.politics.ox.ac.uk/our-research/tweet-first-verify-later-how-real-time-information-changing-coverage-worldwide-crisis, 2011.

[2] Pache, C. (2011). Content Curators: The DJs of the web. *Journal of Digital Research & Publishing*, pp. 19-24.

[3] 蔡雯、邝西曦：《对话式传播与新闻工作者角色之变——由"僵尸肉"新闻真假之争谈起》，《新闻记者》2015年第9期，第51-56页。

[4] Liu, Sophia B. (2010). Crisis Curation: The Rise of Curated Crisis Content. Proceedings of the 7th International ISCRAM Conference-Seattle, USA.

[5] Bruns A. (2015) Working the Story: News Curation in Social Media as a Second Wave of Citizen Journalism. In Atton, C (Ed.) *The Routledge companion to alternative and community media*. Routledge, United Kingdom, pp. 379-388.

[6] Federico Guerrini. Newsroom Curators and Independent Storytellers: Content Curation as a New Form of Journalism. Retrieved from: https://reutersinstitute.politics.ox.ac.uk/our-research/newsroom-curators-and-independent-storytellers-content-curation-new-form-journalism, 2013.

[7] 邓建国：《筛选与呈现：信息疲劳背景下的移动内容传播新趋——势以雅虎新闻摘要与NYT Now为例的分析》，《新闻记者》2015年第6期，第16-24页。

[8] 陆晔、周睿鸣：《新闻创新中的"协作式新闻布展"——媒介融合的视角》，《新闻记者》2018年第9期，第8-19页。

把关有密切联系的概念,"传统上,在艺术领域,策展人的功能就是把关人"[1]。策展人和把关人都需要对选择和呈现哪些信息做出决定,在此过程中获得公众信任,形成自己的文化权威。进入互联网时代以来,随着更多的主体参与到信息生产和传播过程,以媒体为中心、以信息控制为核心的"把关"模式受到越来越多的质疑和挑战。一些学者尝试对经典的"把关人"理论进行修正,其核心要点是将受众吸纳到把关过程中,由单一机构媒体把关转变为多元主体把关,于是"策展"成为一个比较理想的替代性概念,一种数字媒体环境下"把关模式的修订"(revised form of gatekeeping)、"实时把关"(real-time gatekeeping)[2],进而成为数字媒体实践的核心组成部分。仇筠茜将专业新闻媒体策略定位的变化划分为"新闻把关""新闻看门""新闻策展"三个阶段,认为策展是更加适应"微媒体"时代的一种新闻生产策略。[3]

笔者综合以上三种视角,侧重于梳理"策展"作为一种话语和实践进入新闻业的观念脉络与创新价值,并结合相关的案例分析和新闻室田野调查,力图为数字化新闻生产的理论重构提供一个参照性的框架。

二、把关与策展:两个对照性的概念

互联网时代,一些基于传统传播格局的经典概念框架受到冲击,被认为内涵狭窄、理论张力不足,难以诠释和指导社交媒体时代的传播实践。"把关人"理论(gatekeeping theory)就是其中较具代表性的一种。在一个"液态化"媒体环境下[4],信息已成汪洋大海,随着更多的主体参与到信息生产和传播过程,以"信息控制"为指向、建基于媒体专业权威和公共职能的"把关"模式受到极大的挑战,被认为实际功能趋于弱化乃至根本不可能实现。而以"内容管理"为指向、倡导多方参与和多元内容流竞争的"策展"(curation)模式,被视为在某种程度上可以成为"把关"模式的替代性理论框架,开始受到越来越多的关注。

---

[1] Villi, M., Moisander, J., Joy, A. (2012). Social Curation in Consumer Communities: Consumers as Curators of Online Media Content, in *NA - Advances in Consumer Research*, vol. 40, eds. Zeynep Gürhan-Canli, Cele Otnes, and Rui (Juliet) Zhu, Duluth, MN: Association for Consumer Research, pp. 490-495.
[2] Clark, J., Aufderheide P. (2009). *Public Media 2.0: Dynamic, Engaged Publics*, Washington DC: Center for Social Media. Retrieved at Feb 6, from https://cmsimpact.org/resource/public-media-2-0-dynamic-engaged-publics/.
[3] 仇筠茜:《新闻策展:"微媒体"环境下突发新闻报道及伦理分析——以美国马拉松爆炸案报道为例》,《国际新闻界》2013年第9期,第123-130页。
[4] Castells, M. (1996). *The Rise of the Network Society: Economy, Society and Culture* (vol. I). Malden, MA: Blackwell Publishers.

(一)"门"与"流":传播环境转变下"把关"机制的弱化

传统媒体版面的有限性,决定了新闻生产的一个重要职能就是信息选择,只能把那些媒体认为最重要的内容刊登出来,这催生了传统媒体时代新闻业一个重要的隐喻"门"(gates)。这一隐喻最早来自于社会心理学家勒温(Kurt Lewin)的一项研究,他对家庭主妇决定购买食物及向家庭成员推荐食物的过程展开分析,认为信息沿着包含着"门"的某些渠道传播,传播能否顺利进行总以"把关人"(gatekeeper)的意见作为依据[1]。休梅克(Pamela J. Shoemaker)将"门"定义为"(信息)'进'或'出'的决策点"[2],也就是哪些信息可以由此通过而到达受众。媒体及其从业者作为"把关人",对信息流动起到了决定性的作用,同时也承担内容质量控制和意义制造的功能[3]。基于此,理解"门"的功能,就等同于理解促使把关人做出决定的因素,个人、组织、社会体制都在把关链条中起到了各自独特的作用[4]。

洪(Barzilai-Nahon)认为,在网络化媒介环境下,影响信息流动的权力因素变得复杂而动态,总体上呈现出一种从大众媒体向受众转移的倾向。[5]布伦斯(Axel Bruns)较早揭示了这样一种趋势演变及其对职业化新闻生产的影响,提出传统媒体的职能要从"把关"(gatekeeping)转向"看门"(gatewatching),即工作重心更多地转移到对各种渠道来的信息材料进行观察、选择、聚合,公开(publicizing)而非生产(producing)新闻。在信息输入、输出、反馈这三个环节上,受众都能够方便地参与进来,形成一种"合作性看门过程"(collaborative gatewatching processes)。[6]向所有用户开放新闻来源,被认为是"看门"的主要特征。而相较于传统时代,"门"的意义也发生了改变,从"媒体向受众"的单向通道,变为同时对媒体和受众敞开。

然而这一概念转换并不能有效地解释新闻生产的根本性转变。"看门"这个词本身就存在意义上的含糊性。既然数字时代信息如洪流奔涌,那么"门"的存在何以可能?从根本上,互联网就拒绝"门"的概念[7],或者如威廉斯(BA Williams)和卡尔皮尼(MXD Carpini)

---

[1] Lewin, K. (1951). *Field Theory in Social Science: Selected Theoretical Papers*. New York: Harper, p. 186.
[2] Shoemaker, p. (1991). *Gatekeeping*. Newburry Park, CA: Sage Publications, p. 2.
[3] Singer, J. B. (1997). Still Guarding the Gate? Convergence: *The International Journal of Research into New Media Technologies*, vol. 3, no. 1, pp. 72.
[4] 黄旦:《"把关人"研究及其演变》,《国际新闻界》1996年第4期,第27-31页。
[5] Barzilai-Nahon, K. (2008). Toward a Theory of Network Gatekeeping: A Framework for Exploring Information Control. *Journal of The American Society for Information Science and Technology*, vol. 59, no. 9, pp. 1493-1512.
[6] Bruns, A. (2003). Gatewatching, Not Gatekeeping: Clooaborative Online News. Media International Australia Incorporating Culture and Policy: Quarterly Journal of Media Research and Resources, 107, pp. 31-44.
[7] Singer, J. (2006). Stepping back from the Gate: Online Newspaper Editors and the Co-production of Content in Campaign 2004. *Journalism and Mass Communication Quarterly*, vol. 83, no. 2, pp. 265-280.

所说,以往由记者守护的"门"已坍塌[1]。于是,一些学者开始重拾媒介研究领域的另一个重要隐喻"流"(flow),将其作为互联网信息组织最重要的比喻和最主流的手段。历史上对这一话语使用的著名案例,可以追溯到拉扎斯菲尔德(Paul Lazarsfeld)等在上世纪四五十年代关于选举的经典研究,提出"两级传播流"模式(two-step flow model)[2]。与把关人理论凸显媒体信息控制功能相对,"两级传播流"模式强调社会成员的人际接触所产生的影响,对大众媒体操控形成一种抗衡。而互联网时代对"流"的使用,主要有两方面的意涵:一是形容海量信息自由、不受控制、无休无止地奔涌,每个人都置身于交错复杂的"信息流"(information flows)之中,没有哪一种力量能够压倒性地决定哪些信息最终到达受众;二是喻指液态的、不断变动的信息传播方式。在以"流"为总体特征的信息环境下,"把关"机制趋于弱化甚至无从进行。当我们再度拷问把关人理论的核心问题"谁通过何种机制,选择了何种信息,这些信息在传递给公众之前如何被框架化"[3],似乎很难像以往一样得出确定的答案。概言之,在网络语境下,传统把关理论出现了范式模糊和结构性缺失的危机[4]。

(二)"策展流"框架下的策展模式解析

在从"门"到"流"的总体传播环境转变之下,索森(Einar Thorsen)和威尔士(Chris Wells)提出"策展流"框架(curated flows framework),即五种主要力量汇集为"策展流":媒体(media curation);社交网络(social curation);个体受众(personal curation);策略性策展者(strategic curation),包括政客、政府、企业以及其他利益团体等;机器算法(algorithmic curation)。原始信息同时在五种"策展流"中穿行,被选择、过滤、改造和补充,最终到达受众。[5]传统精英把关者不得不在这样一个高度混杂的媒介系统(hybrid media system)中,与其他策展者展开竞争。每一类策展者都有各自不同的策展逻辑。任何一个信息的传播,都可能是几种"策展流"交互作用的结果,从而形成"混合型策展流"(mixed flows)。围绕"策展流框架"及其与把关模式的区别,学界、业界对于策展主体、策展目标、策展方式

---

1 Williams, BA., Carpini MXD. (2004), Monica and Bill All the Time Everywhere: The Collapse of Gatekeeping and Agenda Setting in the New Media Environment. *American Behavioral Scientist*, vol. 47, pp. 1208-1230.
2 保罗·拉扎斯菲尔德、伯纳德·贝雷尔森、黑兹尔·高德特:《人民的选择:选民如何在总统选战中做决定》(第三版),唐茜译,北京:中国人民大学出版社,2012年,第128页。
3 Wallace, J. (2018). Modelling Contemporary Gatekeeping: The Rise of Individuals, Algorithms and Platforms in Digital News Dissemination. *Digital Journalism*, vol. 6, no. 3, pp. 274-293.
4 罗昕:《结构性缺失:网络时代把关理论的重新考察》,《新闻与传播研究》2011年第3期,第68-76、112-113页。
5 Thorson, K., Wells, C. (2015). How Gatekeeping Still Matters: Understanding Media Effects in an Era of Curated Flows. *Gatekeeping in Transition*. Eds. Tim P. Vos and Francois Heinderyckx. Abingdon: Routledge, p. 25-44.

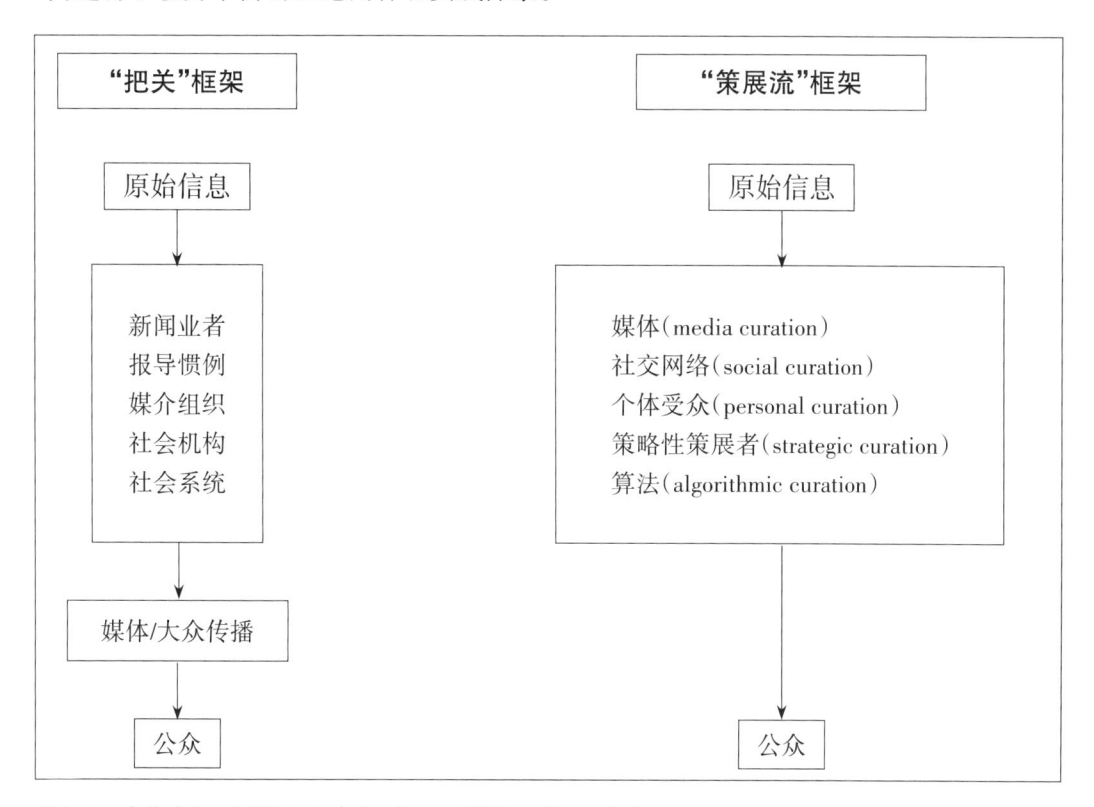

等，进行了较为丰富的理论阐释和实践探索。

```
"把关"框架                          "策展流"框架

  原始信息                            原始信息
     │                                  │
     ▼                                  ▼
┌──────────┐                    ┌──────────────────────────┐
│ 新闻业者  │                    │ 媒体(media curation)      │
│ 报导惯例  │                    │ 社交网络(social curation) │
│ 媒介组织  │                    │ 个体受众(personal curation)│
│ 社会机构  │                    │ 策略性策展者(strategic curation)│
│ 社会系统  │                    │ 算法(algorithmic curation)│
└──────────┘                    └──────────────────────────┘
     │                                  │
     ▼                                  │
┌──────────┐                            │
│媒体/大众传播│                          │
└──────────┘                            │
     │                                  │
     ▼                                  ▼
    公众                                公众
```

图 1-1　休梅克"把关"框架与索森、威尔士"策展流"框架比较

1.策展主体：多元化、去中介化、高度竞争性

在传统把关模式中，把关权力主要掌握在媒体及其从业者手中，因此把关概念隐含了一种精英的、自上而下的、单向度的、权力主导的视角，其核心是"否定"功能，即将哪些信息挡在门外。而策展的核心是从信息洪流中选择、凸显那些最有价值的内容，以适应信息超载和注意力经济时代。同时，相比于传统完全由新闻媒体自己挑选、编辑、审核和发布新闻的"把关"，策展更强调吸纳其他机构以及普通公民一起参与信息的筛选、组织和管理，从而成为一种多元主体的协作性新闻生产。

针对受众能动性的日益上升，辛格（Jane B. Singer）提出"二级把关"（secondary gate-keeping）的概念，即受众通过社交媒体，积极参与选择和传播信息，成为"二级把关人"[1]。艾尔弗雷德·赫米达（Alfred Hermida）等研究了美国公共广播公司（NPR）记者安迪·卡尔文（Andy Carvin）在推特上对"阿拉伯之春"（Arab Spring）的报道。由于当时局势限制，任何西方记者都难以进行实地采访，因此卡尔文大量采用了当地人发布在社交媒体上的信

---

[1] Singer, J. (2014). User-Generated Visibility: Secondary Gatekeeping in a Shared Media Space. *New Media and Society*, vol. 16, no. 1, pp. 55–73.

息,对其进行筛选、验证、重新组合后刊发。这样的报道方式被赫米达等称之为数字媒体环境下"把关模式的修订"(revised form of gatekeeping)及"实时把关"(real-time gatekeeping),在把关人和受众之间形成了一种更为直接的、对话式的关系。[1]卡尔文的"阿拉伯之春"报道被公认为早期新闻策展的典型案例,专业媒体的"机构权威"和明星记者的"个人权威"共同决定了新闻策展的影响力。

随着社交媒体的迅猛发展,"是否人人都可以是策展者"的问题也开始浮现。借鉴美国华裔历史学者陈国维(Tchen J. K. W)的说法,策展并非一种职业,而是一个与讲述故事有关的、任何人都方便参与进来的社会文化过程。[2]彼得森(Sarah Pedersen)和伯内特(Simon Burnett)提出"公民策展"(citizen curation),强调策展人的"非职业化"(non-professionals),即普通公民打破新闻场域的界限(boundary work within the journalistic field),进行信息生产和传播。他们总结出"公民策展"的三大特点:一是大量不具备新闻专业背景的普通公民作为策展主体,二是策展人对自己的主观性毫不掩饰甚至引以为豪;三是不仅发布信息,更要号召直接的社会行动。[3]这与斯图亚特·艾伦(Stuart Allan)总结的公民新闻的特征有密切关联,即发布"未加工的、即时的、独立的、主观的信息",并且鼓励受众参与和事件相关的请愿、抗议等活动。[4]这些特点使得公民策展成为一种与传统新闻生产存在一定异质性的有争议的行为。

2. 策展目标:对信息的积极选择和塑造

在互联网时代,信息的垄断性生产已被打破,"版面限制"也已不复存在,受众可以通过各种方式参与到内容生产、选择和传播的各个环节,这些新的参与者挑战了传统的由媒体来框限个人信息消费的模式,从原来的被动接受媒体内容,转变为可以积极地、有意识地参与营造自身媒介环境的能动性角色。戴维斯(Jenny L. Davis)将策展分为生产性策展(productive curation)和消费性策展(consumptive curation),认为学界以往关注的焦点在于前者而非后者,事实上网络时代受众对于接受哪些信息以及如何分配自己的注意力具有更强的能动性,生产者已无法控制受众的消费方式。也就是说,通过决定与谁建立联系、删除或屏蔽谁、贴什么标签、内容看多久、如何看等日常行为,受众积极地主导了自

---

[1] A. Hermida, S. C. Lewis, R. Zamith. (2014). Sourcing the Arab Spring: A Case Study of Andy Carvin's Sources on Twitter During the Tunisian and Egyptian Revolutions. *Journal of Computer-Mediated Communication*, vol. 19, no. 3, pp. 479–499.
[2] Tchen, J. K. W. (2013). Who Is Curating What, Why? Towards a More Critical Communing Praxis. *Museum and Curatorial Studies Review*, vol. 1.
[3] Sarah P. & Simon B., "Citizen Curation" in Online Discussions of Donald Trump's Presidency. *Digital Journalism*, vol. 6, no. 5, 2018, pp. 545–562.
[4] Allan S.(2013). *Citizen Witnessing: Revisioning Journalism in Times of Crisis*, Cambridge: Polity Press.

身信息消费环境的构建,定制自己的新闻食谱(news diet)。[1]梅尔滕(Lisa Merten)利用2017年路透研究院对全球36个国家数字新闻的调查数据,分析了受众在社交媒体上的个人新闻策展(personal news curation)实践特性:偶然性、社交性和非独家性,并且关注到由于信息超载形成的负面感觉,不少受众主动减少了自己关注的媒体机构数量。通过个人策展,受众成为自己的新闻编辑或把关人,在一定程度上抗衡了媒体记者、网络意见领袖、机器算法等对个人信息消费的左右[2],建构以个人为核心的信息消费环境。概言之,策展是信息丰裕时代多元主体共同参与的、对信息进行积极选择和塑造的工作。

3.策展方式:强调内容整理,制作"新闻包"

进入网络时代,"信息超载"问题变得越来越严重,并且与信息的肤浅化、碎片化、低质量等相伴相生。如何让汹涌奔腾的信息汪洋变得可控制、易处理、对决策咨询有用,成为现代知识生产的一个主流问题。针对信息超载及其衍生的信息脱序、低易读性和阅读成本高昂等现象,何飞鹏提出"curation=content+3C"的公式,认为策展是网络世界里新的全民运动,也就是"将讯息赋予关系(context),提出看法(comment),并说出结论(conclusion)的过程"[3],即通过组织化的信息整理,提升网络新闻的价值含量。台湾地区盛行的"懒人包",就是一种典型的策展实践,指网络用户将社会热点事件整理成简要的说明,以利于一般人快速理解事件的来龙去脉,进而参与和关注后续事件[4]。仇筠茜通过分析2013年波士顿马拉松爆炸案的微媒体报道,总结出策展主要通过历时叙述、提供语境解读、细节深描这三种策略,围绕主题将大量信息聚合成新闻"故事包",并形成实时更新的报道流。[5]2014年,雅虎推出"雅虎新闻摘要"(Yahoo News Digest,YDJ),从多方信源精选出一定数量的有价值的新闻,制作成"新闻包",每天早晚各推送一次。每个新闻包除了对某一事件的信息筛选和精粹之外,还广泛链接全球知名媒体对该事件的报道,形成对新闻事件的全面、深度、阐释性和多媒体化的呈现,被认为是机构媒体率先采纳策展实践的典型产品。

2017年,中央人民广播电台与央广传媒发展总公司推出"下文"新闻客户端,采用了

---

[1] Davis, J. L. (2017). Curation: A Theoretical Treatment. *Information, Communication & Society*, vol. 20, no. 7, pp. 770-783.
[2] Merten, L. (2020). Block, Hide or Follow: Personal News Curation Practices on Social Media. *Digital Journalism*. Retrieved at Feb 17, from: https://www.tandfonline.com/doi/full/10.1080/21670811.2020.1829978.
[3] 何飞鹏:《策展人策展什么》,《数位时代》2012年第12期。
[4] 王喆:《台湾社会热点事件中"懒人包"的信息策展实践》,《东南传播》2016年第3期,第11-13页。
[5] 仇筠茜:《新闻策展:"微媒体"环境下突发新闻报道及伦理分析——以美国马拉松爆炸案报道为例》,《国际新闻界》2013年第9期,第123-130页。

"人工+算法"的策展模式,根据用户兴趣推送各类社会时事热点新闻,并辅之以多信源的超链接模式,形成对事件的语境化、立体式、全方位信息整合。同时,用户也可以方便地收藏自己感兴趣的新闻,进行内容整理,建立类似"知乎"收藏夹的个人内容库。也就是说,用户在消费新闻信息的同时,也积极地参与了"新闻包"的生产。在2020年席卷全球的新冠疫情中,专业新闻机构和普通公民合作,利用社交媒体进行信息的采集、筛选、管理、发布,越来越成为内容生产的常态。比如,央视网在疫情初期推出的《武汉十四日》,用14个关键词,整合了网络空间中有关新冠疫情的大量信息,以微视频、文字解说、海报图片相结合的方式,形成简洁易读的新闻包,及时满足受众的信息需求。此外,多家媒体也都制作了"疫情速报""疫情地图""实时辟谣"等产品,融合H5、视频、文字、图片等多媒体方式,让读者可以快速了解疫情的最新进展以及各方意见。

第二节 全球视野下的内容策展实践

从策展理念开始进入新闻业,并逐渐嵌入数字化新闻生产链条,全球新闻业都出现了一些内容策展的探索与尝试。同时,随着社交媒体的崛起,策展主体、策展内容、策展方式也更为多元化。本章从策展主体出发,将内容策展划分为社群媒体与专业媒体两种类型,社群媒体的内容策展是一种非中心化的内容生产,用户既是内容消费者,也是内容生产者,而专业媒体的内容策展从目前来看主要还是一种中心化的内容生产,依然从专业媒体作为新闻生产者的主体地位出发,强调职业记者和媒体机构在策展中的引领作用,同时亦强调大量引入外部信源,并部分开放新闻生产过程,以"超链接"等技术手段让受众直达原始信源,在一定程度上改变了传统的新闻生产流程与惯习。

一、社群媒体的内容策展

社群媒体也称社群化媒体,指针对社群生产内容和由社群产生内容的媒体组织。它的内容既面向社群,又来自社群。社群媒体通过内容吸引并筛选用户,形成高黏度、边界相对固定的社群,并通过一套社群规则,源源不断地产出内容。所以,社群媒体的内容是来自于整个社群的贡献,呈现出非中心化的内容生产形态。社群媒体和专业媒体最显著的不同,就是让用户享有更多的选择权利和编辑能力,自行集结成某种阅听社群。[1]应该说,社群媒体并非互联网时代才诞生的概念。在西方,社群媒体在不同语境下具有"激进""非传统""草根""参与""公民""独立"等多种含义,强调受众的参与性,是构建公共领域和推动公民对话的重要平台。互联网技术尤其是社交媒体的发展,在某种程度上振兴了曾经一度陷入困境的社群媒体,并进一步拓展了传统的发展模式,凸显出"分享、众包、连接"三大特色优势。[2]

对于互联网时代的社群媒体来说,内容策展是最重要也是最常用的一种生产方式。社群媒体内容策展,强调用户在社群范围内的圈层化社交与互动,着眼于用户之间相同的兴趣与观念。在社群中,用户既是内容消费者,也是内容生产者,在已有信息的基础上对该事件做出主观价值判断,从个性化需求出发不断对新闻事件进行新的社会化内容策展。乔伊斯·塞辛格(Joyce Seitzinger)将社会化策展定义为"个人为了学习、协作、身份表达或社区参与等社会目的而发现、选择、收集和共享数字内容"。[3]在社群媒体中,用户对大量网络信息资源进行有序的、结构化的、符合个人喜好的收集、组织和整合,并吸引其他相同兴趣的用户参与进来,实现网络用户参和共享带来的信息增值。当下在碎片化的、无序的海量信息网络空间中,社群媒体内容策展无疑是一种创新性的内容生产方式。

在社群媒体中,用户既可以长期聚焦于某一话题,也可以不聚焦于特定话题,而是跟随个人偏好发布内容,对相关内容进行收藏、管理和分享。本章将前者称为"话题聚焦型"内容策展,后者称为"非话题聚焦型"内容策展。无论哪一种类型的策展,都是基于社群的主要兴趣类型,同时通过策展,进一步提升社群的内容生产能力和凝聚力。"协作性"是社群媒体内容策展最为突出的特点。

(一)"话题聚焦型"内容策展

"话题聚焦型"内容策展能够长时间关注某一话题,持续性地进行内容聚合、重组与生产,不强调一手资料获取和第一时间发布,重在探索事件背后的复杂关联,形成具有一定深度和广度的知识积淀,这与专业媒体必须根据热点经常性切换话题的生产惯习有所不同,而且有可能会形成与主流媒体不同的"替代性视角"。社交媒体的迅猛发展为"话

---

[1] 周乾宪:《公益组织对社群媒体的利用及传播策略——基于对13家全国公益基金会新浪微博主页的内容分析》,《新闻爱好者》2012年第9期,第85-87页。
[2] 史安斌、谢张天:《美国社群媒体的复兴与"公共新闻"的重塑》,《青年记者》2017年第28期,第79-81页。
[3] Seitzinger, J. (2014, April). Curate Me! Exploring Online Identity through Social Curation in Networked Learning. In *9th International Conference on Networked Learning* (pp. 7-9).

题聚焦型"内容策展提供了一个生产、分享与交换的平台。一些社交媒体运营商在传统的以社交为目的的平台功能上增加了能够搜索、整合和分享内容等具有策展性质的功能，例如一键分享、建立个人收藏夹、创建话题讨论等等，在互动、分享中实现内容的增值与拓展。同时，国外开发的一些专门的内容策展工具如Storify、Scoop.it等，也重视和支持一键链接以及分享到这些社交媒体上，实现用户的跨平台互动和内容资源的增值。

近年来，一些"非专业"的个人也积极利用社交媒体平台构建网络话语空间，以各种创造性的方式重组海量信息，并营造出基于情感的拟态环境，使参与者得以强化自身固有的态度和信念，在很短的时间内迅速累积影响力，组建了以其为意见领袖的信息社群。2016年美国大选所形成的极化的舆论氛围，使得聚焦于特朗普政治的内容策展异军突起。比如，美国乔治亚南方大学副教授贾里德·耶茨·塞克斯顿（Jared Yates Sexton），在2016年偶然参加了一次特朗普竞选集会，并通过Twitter进行了直播，他的粉丝量竟从原来的1000人左右一下子暴涨到8万。之后他便在Twitter上持续地关注、评论特朗普政治，截至2023年2月拥有26万粉丝。[1] 西华盛顿大学古生物实验室助理阿德里安·科布（Adrienne Cobb）把几乎所有的业余时间都用于特朗普政治的信息搜集与聚合，并在Reddit网站开辟"持续追踪"（keep track）论坛小组，每周发布整理编辑后的信息概要，吸引了约13万用户。[2]

对于特朗普政治的社群传播中，还有一个比较突出的个案是塞斯·阿伯拉姆森（Seth Abramson）的个人推特。阿伯拉姆森任教于美国新罕布什尔大学传播艺术与科学系。学校网页上对他的介绍是"英语助理教授、前律师、诗人、专栏作家"，主要的著作集中于诗歌和创意写作。阿伯拉姆森从2015年5月开设个人推特账户（@SethAbramson）以来，到2020年6月，总共发推文约7万条，持续、系统地集成关于特朗普政治的各种信息碎片，吸引了80.8万关注者，在社交媒体上具有一定的影响力。2018年11月，阿伯拉姆森出版图书《"通俄门"证据：特朗普是如何背叛美国的》（*Proof of Collusion: How Trump Betrayed America*），系统性地集成了各种关于"通俄门"的证据碎片，试图呈现"当代最复杂的政治犯罪调查图景"。该书包含1650条尾注，指引读者去阅读上百篇世界范围内的媒体调查报道。[3] 2020年9月他又推出该领域的第二本著作《腐败证据：特朗普时代的行贿、弹劾与疫情》（*Proof of Corruption: Bribery, Impeachment and Pandemic in the Age of Trump*）。没有

---

[1] Jared Yates Sexton（@JYSexton）/ Twitter.
[2] Vice News, Mueller's Investigation Has Created An Underworld Of Online Sleuths, https://www.youtube.com/watch?v=MViO5RowDxk.
[3] Abramson S(2018). Proof of Collusion: How Trump Betrayed America. New York: Simon & Schuster.

新闻专业背景的"业余者"身份、鲜明的"反特朗普"的主观态度、持续五年以上对特朗普政治各种信息碎片的系统集成,以及对事件背景关联锲而不舍的深挖,都使他的个人推特具备较为典型的"话题聚焦型"社交媒体策展特征。社交媒体策展往往与互联网时代新型意见领袖密切相关,由意见领袖来引领策展的内容、方向、情感等,形成一种主观导向的圈层化传播。相对于传统媒体时代的意见领袖,这些新型意见领袖更加突出话题导向,即通过某一个公众感兴趣的热点话题,大量集成相关信息,并在鲜明的主观导向下,对信息进行筛选、归纳、提炼、排序等操作,往往短时间内就从一个默默无闻的普通人,变成网络大V。关于阿伯拉姆森的策展实践,详见本章第三节的分析。

在国内社交媒体平台上,策展也逐渐发展起来。微博标签是一种简易且参与性强的内容策展路径,能够圈层化、结构化地聚合和展演内容,实现交互式传播。比如"林生斌事件",就衍生出了"杭州保姆纵火案林生斌""林生斌再婚""盘点林生斌事件时间线"等众多话题。以"盘点林生斌事件时间线"话题为例,微博平台首先盘点"杭州保姆纵火案始末",并且@出当事人的微博;专业媒体如@华商网在此话题中制作发布了"林生斌事件时间线",将舆论焦点放置于林生斌创办的"潼臻一生"公益基金去向,该话题成为热搜,引发网友热议;法律专业人士如@吴向东律师就该事件发布七条微博,从法律角度进行解析,其中一条整合了上述官方和专业主流媒体的内容,引发网友热议。在事件展演过程中,用户会有意识地对现有内容进行选择和组织,通过话题引起关注、了解与讨论,从而赋予更多新的意义,实现信息内容的增值和不断推进。

在社交媒体平台上,内容策展的整个过程是围绕着特定话题展开的,可以看到,微博平台、专业媒体、意见领袖和普通用户之间,通过创造和添加标签参与到相关话题中,以链接人、事件和相关评论的形式,促进内容的整合和传播,实现跨圈层互动,形成有价值的社群媒体内容策展传播。不过也要看到,与前述美国社交媒体平台上围绕"特朗普政治"进行的内容策展类似,一些意见领袖和网络用户在对事件进行信息整合和跟帖评论时,言论往往具有非常强的主观性和倾向性。

(二)"非话题聚焦型"内容策展

"非话题聚焦型"内容策展在社群媒体中应该说是更为普遍,即没有特定的主题内容,而是泛泛地分享一些流行的、感兴趣的内容,话题较为分散,随时都在变动,其策展性主要体现在用户主动参与内容建构以及社群传播上。较早的具有一定策展意识的社群媒体是成立于2004年的在线照片分享网站Flickr。Flickr最初的核心理念是打造一个以图片为核心的社交网站,用户可以基于自己的兴趣在网站上分享各种类型的照片,并且能够通过隐私设置,掌控自己的社交活动。比如,用户可以将照片标记为私密,并标记一些受信任的访客,还可以为照片设置公开范围。Flickr还为用户提供了在线发布、分享、收藏、布局、展示等功能,通过增加内容评论和照片收藏功能,为网站添加了社交维度。尤其值得一提的是Flickr的群组功能,当用户通过电子邮件注册时,会自动默认使用群组设置,促使用户加入群组来讨论他们共同感兴趣的照片。Flickr群组可以是对所有人公开的,也可以是半公开的(仅限邀请进入),或完全私人的。每个群组都是与群成员交流的讨论平台。群组发起人自动成为群组成员照片池的主持人和论坛管理者。据统计,有一半以上的Flickr专业用户至少加入了一个群组。由于用户数量的快速增加,Flickr形成了庞大的"照片流"(photostream),或者说是一个不断更新的图像数据库。由于Flickr用户在上传照片时会添加标签、进行标记和分类等操作,照片的可搜索性非常强,用户可以输入人名、地点、主题等关键词来搜索特定内容。曾有用户如此描述Flickr营造的社区感,以及对后来Flickr部分放弃社群媒体的定位试图走向更大众化的公开社交平台感到遗憾:

"Twitter出现之前,图片分享网站Flickr是我唯一需要的社交网络。我在上面做各种各样的事情:做设计、发海报、画草图、上传照片、制作相册、做实验,甚至偶尔更新一些尴尬的状态。后来Facebook出现了,并有望成为最强大的社交网络。但在一段时间后我却对两个事实感到失望:一是人们加入Fackbook的原因在于它很酷,而不是因为想成为这个社区的一部分;二是Yahoo收购了Flickr,但并没有意识到这样一个事实,即Flickr是一个可以进行社区间互动的网络。"[1]

拼趣(Pinterest)也是一个泛图片分享社交网站,于2010年正式上线后便迅速崛起。该平台采用"瀑布流"的形式展现图片内容,用户只需不断下滑而无需翻页,就能不断阅读和发现新的照片。同时,用户能够在网站就感兴趣的领域、事件、爱好等分类管理和分享图片,也可以按领域和主题分类去收藏和评论感兴趣的内容,形成专属个人专栏,是一种具有创造性、社交性的内容整合平台。但是,拼趣还只是停留在图片策展这个单一领域。

国内网站中与拼趣比较类似的是"花瓣网"(www.huaban.com)。它也是以"瀑布流"的形式展现图片内容,用户能够按照自己的兴趣点对图片进行组织、收藏和分享。其中一张图片即为一个"采集",用户采用"画板"的方式组织信息,画板是"花瓣"的谐音,是某

---

[1] 何塞·范·迪克:《连接:社交媒体批评史》,晏青、陈光凤译,北京:中国人民大学出版社,2021年,第101页。

种主题的集合,用户在花瓣网拥有多个自定义画板,用以收藏并分类展示采集成果。[1]尽管花瓣网的主要呈现方式是图片,但网站鼓励用户对网络上的多种形式内容进行收藏与分享,对用户内容策展的主题和信息来源限制很小,留下了丰富的创作空间。

另外,以珍珠树(Pearltrees)、Diigo为代表的网络标注书签服务工具,也体现出了较强的策展意识。珍珠树是火狐公司(FireFox)推出的一个网络书签收藏服务,将用户喜欢的网页进行收集、整理、重新组织并可视化呈现出来,用书签节点汇聚形成一个"信息树",提高用户的视觉体验和使用体验,是一种高效率的信息组织和呈现方式。珍珠树的社交性和策展属性体现在:用户能够在每个收藏书签下发现共同收藏和评论的其他用户,通过兴趣相同的用户去挖掘同主题的更多信息,丰富个人内容策展专题。同时,用户也可以在书签和链接中添加自己的图片和注释,参与到社交媒体信息协作生产之中。

Diigo是一款资源搜索与管理工具,能够对网络信息进行在线标注、分类和保存,其特征主要有以下两点:一是在线标注功能。用户可以在喜欢和收藏的网页中对文字内容添加重点高亮标识,也支持添加个人评论和注释等功能,可以将用户的个性化内容永久保存。二是收藏功能。用户可以在该网站中保存喜欢或标注过的网页,同时可以看到别人在网页中做的标记。在Diigo平台中,用户可以方便地收集、分享信息,并可以建立和加入相关工作组、学习组,和具有相同兴趣的用户讨论话题,共同完成知识库的建立、讨论和更新,形成一个知识分享的平台。

二、专业媒体的内容策展

专业媒体起初对于策展模式存在诸多怀疑和争议,认为所谓策展根本不能被称为新闻,至多是"信息工作"(information work)[2];甚至只是一群观念相近的人聚合起来,反复强化符合自己主观判断的声音,强烈的主观性有悖于"客观、中立、平衡"的新闻专业主义理念,容易导致"回声室"(echo chambers)或"信息茧房"(information cocoons)效应,助长极端主义观念盛行,带来群体极化的后果。[3]有时,专业媒体从业者还会对所谓"策展记者"不去现场采访、免费使用其辛苦完成的原创报道的做法表示愤慨和不屑。但近年来,全球

---

1 吕琳露:《内容策展平台及其特征研究——以"花瓣网"为例》,《现代情报》2017年第3期,第62–68页。
2 McQuail D., *Journalism and Society*, Los Angeles: Sage, 2013, p. 182.
3 Barbera, Pablo, John T. Jost, Jonathan Nagler, Joshua A. Tucker, Bonneau R., Tweeting from Left to Right: Is Online Political Communication More than an Echo Chamber? *Psychological Science*, vol. 26, no. 10, pp. 1521–1542; Borah, Porismita, Kjerstin Thorson, Hyunseo Hwang, Causes and Consequences of Selective Exposure among Political Blog Readers: The Role of Hostile Media Perception in Motivated Media Use and Expressive Participation, *Journal of Information Technology & Politics*, vol. 12, no. 2, pp. 186–199.

范围内许多专业媒体已经开始逐渐接受了策展的观念,并在实践层面进行了诸多尝试,在一定程度上将策展嵌入传统的新闻工作流。

(一)"故事包"模式

一些媒体以新闻应用APP或者网站栏目、专题等方式,推出了专门的策展平台,尝试整合本媒体生产的内容,以及互联网上有价值的相关信息,制作成简洁明了的"故事包"推送给公众。

1.雅虎新闻摘要(Yahoo News Digest)

早期比较典型的策展平台是雅虎公司2014年推出的APP"雅虎新闻摘要"(Yahoo News Digest,简称YND)。YND并非传统意义上的新闻客户端,而是重大新闻权威性摘要,强调利用智能算法筛选和专业工作者对新闻内容进行把关和打包,帮助用户在海量信息中提炼出有价值的新闻内容,以视觉化、结构化的列表形式呈现给受众。YND一天只推送两次新闻内容,上午和傍晚各一次,主页还会显示下一次"故事包"的推送时间,使用户养成专属于YND的阅读习惯。每次推送大概8-10条新闻摘要,不同主题类型的新闻用不同的颜色标记出来。其主页只会出现该条新闻内容的图片、主题、标题和摘要,设计简洁,用户感兴趣点击主页后才能阅读其余正文内容。YND在强调专业新闻工作者的信息筛选和把关能力之外,也尊重用户的个性化需求和阅读喜好。

YND中的每条新闻内容都是一个结构化、视觉化呈现的"故事包"。产品最具有特色的是它的内容聚合形式,包含了主体信息、背景信息、新闻图片以及维基百科、社交媒体评论、相关视频、其他媒体的相关报道超链接等,且文章对于引用的信息来源都标注得很清晰,在文章末尾提供了主流媒体对该新闻相关报道的链接、维基百科对于新闻中所出现的某些概念的解读,以及社交媒体上的一些用户评论,有助于用户进一步了解更详尽的新闻内容。

2. 台湾"关键评论网"(the News Lens)

"关键评论网"的模式与YND有点儿类似,但"故事包"的属性更为突出。其下设的"关键懒人包"栏目,以专题的形式筛选和整合相关内容。在"关键懒人包"栏目首页,页面设计简洁,只呈现新闻图片、日期和新闻标题。每篇文章以"标题+导语+图文"的信息组合方式呈现给受众,每张图文都包括了新闻图片、小标题和内容,文字简洁、排版清晰、图片有代表性,将观点性内容和事实性内容同时呈现给读者,简单易读,满足受众在短时间内对某一话题快速了解的需求。同时,在每篇文章的末尾处,有"延伸阅读"板块可供读者阅读其他相关文章,以及可以通过Facebook、Twitter等社交媒体进行转发和分享。

3.《纽约时报》"现在"新闻客户端(NYT Now)

为了培养新媒体时代潜在、稳定的数字版订阅用户,进一步探索传统媒体内容生产与新媒体形式之间更好的结合,《纽约时报》于2014年发布了"现在"新闻客户端(NYT Now)。与其他内容策展平台不同,NYT Now客户端中的新闻为付费内容,内容主要依托《纽约时报》的新闻内容,由专业新闻工作者对内容进行筛选、整合,并以可视化多媒体形式呈现出来,提升用户的阅读体验。可以说NYT Now是一款汇聚了传统媒体优质内容生产和实时性、交互性、可视化新媒体新闻报道的内容策展产品。NYT Now界面设计简洁,由要闻(news)、精选(our picks)和存档文章(saved)三个版块组成。植根于《纽约时报》的高质量内容和庞大的读者群体,NYT Now的策展内容多为自产自销,为读者提供精心整合的新闻专题"故事包"。同时,NYT Now将新闻事件的实时信息和后续内容更新在每个"故事包"后面,满足用户追踪和全面了解新闻事件的需求,使得受众不用跳转各个平台去了解某个特定新闻。

(二)专业媒体引领的线上线下协作模式

近年来国内一些媒体也开始了带有策展性质的新闻实践,比如2016年启动的澎湃"城市漫步"项目,是由专业媒体机构开设、各领域专业人士和普通公众共同参与的信息生产和传播活动,也是一种典型的协作性内容策展。"城市漫步"文字内容主要来自多元化的公众,再经由澎湃编辑进行二次加工,以图文、音视频等多媒体形式呈现给受众。"苏州河体验图志"专题借鉴了美国社会学家威廉·怀特(William H. White)对小型城市空间的研究,将"公共空间"看作是"人与人使用的地方",为这些场所注入了情感,让其变得更人性化。借鉴其研究思路,"苏州河体验图志"专题由编辑部发起,考察如下一些问题:苏州河两岸的街区中是谁在生活?有哪些现有设施?对不同人群的友好度如何?历史与现在与未来的关系?等等。问题的解答则经由专业媒体、作家、研究者、对话题感兴趣的普通市民、拍摄人员(志愿者)等项目组成员共同完成,内容生产主体更加多元化。"城市漫步"项目这种由新闻媒体平台主导、由各领域专业人士及普通公众共同协作参与、线上线下相互融合的协作式策展模式,是一种区别于传统内容生产的新尝试,能够实现信息增值以及传播效应的扩大化。

(三)"综合稿"模式

对内容进行编辑是专业媒体的一项传统职能,也是体现媒体"把关权"的重要生产流程。《时代》杂志创始人亨利·鲁斯(Henry Luce)尤其强调编辑的重要地位,认为编辑可以通过排版、组合、专栏、改写来凸显某一新闻或新闻某方面的意义,以增强新闻的可读性。[1]进入互联网时代以来,内容生产重新出现编辑权力上升的趋势。基于数字平台和聚合逻辑的专业主义编辑理念,新媒体强调编辑技能体系的革新,重视素材的拼接、改写、整合等"再创作",以提升新闻在线上新闻流中的能见度。在从"内容为王"到"连接为王"的转变中,内容的"可聚合性"成为最重要的竞争力。[2]

尽管当下国内还没有专门的媒体策展工具,但是在信息过载的网络社会中,专业媒体对与某个主题相关的信息内容进行搜集、筛选、组织和整理,对既有报道进行结构化处理,以多媒体形式呈现的"综合稿"模式,已经成为一种趋势,这其中就离不开编辑的信息获取能力和对于稿件的整体把握能力。"综合稿"可以说是策展思维在我国当前的新闻生产实践中的典型表现之一。

笔者对"综合稿"的定义是:聚焦某一个话题,快速抓取其他媒体和互联网上关于此话题的报道以及相关信息,按照一定的逻辑整合成一篇完整的文章,内容通常包括事件基本信息回溯、多家媒体报道、网友评论、事件的未来走向与趋势分析等,试图将该话题目前已公开发布的信息高度凝练地呈现出来。一般会在文头或文尾标注:"本文综合自***"或者"来源:***",也有少数综合稿会以"参考资料"的方式标注信息来源,以及在文中设置超链接,用户可以直接点击阅读原文。同时,从表现形式上,"综合稿"也比一般原创稿件更为丰富,通常包括文字、视频、音频以及长图、动图、截图、色块、颜文字、表情包、超链接等多种元素,排版方式更为灵活多样,充分调动用户的多种感官,持续优化用户阅读体验,让内容更具辨识度、易读性和吸引力。

总的来说,综合稿与原创稿之间的差别在于其不具备原创性,主要是根据现有的信息整合而成。相比之下,综合稿更接近于转载稿,或者说是传统转载稿在互联网时代的改良升级,因为两者生产的关键都在于转载外部媒体信息。不过,转载稿只是"复制粘贴"其他媒体内容、除标题外一般不对稿件本身进行改动,而综合稿生产要更为复杂一些,具有如下典型特征:

第一,信息来源的多样性,转载一般是针对单篇文章,而综合稿则用到两个以上的信

---

[1] 李乐:《〈时代〉创始人亨利·鲁斯的新闻编辑思想》,《新闻界》2008年第5期,第42-43、49页。
[2] 常江:《聚合新闻:新闻聚合服务对新闻编辑行业的影响》,《编辑之友》2018年第2期,第80-86页。

源,除了专业媒体的报道和评论之外,还包括政务新媒体上发布的信息,微博微信信息,其他各类互联网平台上的视频、评论等,信息来源丰富,呈现多方观点,灵活运用多媒体素材和可视化手段,实现较丰富开放的迭代式新闻生产。

第二,综合稿存在着较多"二次加工"的成分,主要针对某个热点事件,依据时间、背景信息、因果关系等逻辑,快速搜集和组织来自不同渠道的信息内容。强调从自身的编辑思路出发,集纳多方信息,有时还加上自己的原创性采访报道,进行信息的重新整合和多媒体化包装。

第三,综合稿在发布时通常会做技术处理,尽量淡化信息来源,比如会模糊地写"记者获悉"等,避免在正文中直接出现其他媒体的名字,只是出于版权保护的考量,在文末写上"根据**媒体信息综合"的字样,或者在文章末尾以"参考文献"的方式,直接列出文中引用到的媒体报道的标题和链接。仅有少数媒体,比如界面文化的"思想界"栏目,其综合稿会在文章中以超链接的方式,让读者方便地点击链接浏览原文,提高了信息来源的真实性和可追溯性,能够让受众回到原始语境中了解更多信息,以及对事实进行鉴别和思考。此外,根据原创内容在文章中的占比,也会出现"部分综合"的提法,在文末同时标注信息来源媒体以及本媒体或者记者署名。当然,如果综合稿正文中已经非常清晰而突出地显示了来源媒体,文末也可能会笼统写一个"综合",而不再逐一列举来源媒体名称。

"综合稿"根据编辑思路来复盘重大、热点新闻事件,引用不同媒体报道,同时亦展示出意见领袖和普通受众的评论看法,实现多元社会主体的联动,强化了舆论引导功能。近年来,从人民日报等中央级媒体到各地方党媒,以及澎湃、新京报、红星新闻等市场化媒体,"综合稿"都成为其新媒体平台上日益重要的一种报道类别,在新闻生产中占据着越来越大的比重。

在澎湃新闻中,经常可以看到其对新闻报道进行专题内容策划、结构化组织呈现的"综合稿+专题"形式的报道。如"孙海洋寻亲"事件的相关报道中,澎湃新闻通过发布消息、评论、特稿、图片新闻、视频、动图等形式的内容,对该拐卖事件缘由、家庭团聚进程、后续进展等进行综合报道。在这些报道中,开放地引用和链接来自其他媒体的相关报道和观点,同时,也呈现来自非专业新闻生产者的多方观点,系列"综合稿"让受众能够对该事件有一个更加全面且理性的认知与思考。"思想界"是上海报业集团旗下"界面文化"公众号的固定栏目,话题领域广泛涉及到社会文化生活的方方面面,每期选择上一周内公众热议的1-2个文化或思想话题,聚焦呈现相关背景信息、事实发展脉络、种种争议和各方观点。其中选取的各方争议和观点不局限于传统媒体,还涉及学者文章和网友评论等,强调对于信息和评论的内容进行创造性整合,将事件及其背后的社会因素呈现在受众面前,不仅展示事实发展脉络,还要进行语境解读,兼具一定的思想深度和可读性。

第三节 社交媒体策展:基于对一个美国"策展记者"个人推特的考察

随着社交媒体的快速发展,普通公民在社交媒体上围绕某些话题自发进行信息的采集、筛选、管理、发布的社交媒体策展行为,成为一个令人关注的现象。本文选取美国"策展记者"(curatorial journalist)塞斯·阿伯拉姆森的个人推特(@Abramson)作为典型个案,其主要内容聚焦于对特朗普政治的评论,没有新闻专业背景的"业余者"身份、鲜明的"反特朗普"主观态度、持续五年以上对特朗普政治各种信息碎片的系统集成,以及对事件背景关联锲而不舍的深挖,都使他的个人推特具备较为典型的"话题聚焦型"社交媒体策展特征。

阿伯拉姆森的策展实践在美国主流媒体界引起了激烈的争议。支持者如《华盛顿邮报》记者阿维·塞尔克(Avi Selk)[1]、《纽约时报》记者维吉尼亚·赫弗南(Virginia Heffernan)[2]等认为,阿伯拉姆森将一团乱麻似的特朗普"通俄门"报道重新组构,整合出较为清晰的主线,并每天在推特上持续地更新和展示,这样基于真实信息的分析和重构是极其重要的。《纽约观察家报》称赞阿伯拉姆森最早将特朗普2013年的俄罗斯之旅与"通俄门"关联起来,比主流媒体领先一筹。[3]然而,《新共和》《大西洋月刊》等媒体则认为阿伯拉姆森是个阴谋论者,并对其"鱼龙混杂"的信源表示质疑,因为其中既有业界知名的调查记者,也有社交媒体上千奇百怪的帖子。[4]因此,阿伯拉姆森提供了一个在当下美国复杂、极化的意识形态光谱中剖析社交媒体策展及其与主流媒体互动的典型样本。

---

[1] Selk A., "People can't stop reading a professor's theory of a Trump-Russia conspiracy — true or not", *The Washington Post*, December 6, 2017.
[2] Heffernan V., The Rise of the Twitter Thread, *Politico*, September - October 2017.
[3] Albanese M., Seth Abramson Is Combating Trump and the Media on Twitter, *New York Observer*, 21 June 2018.
[4] Dickey C., The New Paranoia, *The New Republic*, 8 June 2017. Coppins M., How the Left Lost Its Mind, *The Atlantic*, 2 July 2017.

一、研究对象选择与研究设计

(一)研究对象选择

以"社交媒体策展"(social media curation)、"新闻策展"(news curation)、"内容策展"(content curation)、"公民策展"(citizen curation)、"策展人"(curator)、"内容聚合者"(content aggregator)等为关键词对推特用户进行搜索,可以看到策展人和策展内容非常多元。按照策展者对话题的聚焦度,可以分为"非话题聚焦型"(topic-unfocused)和"话题聚焦性"(topic-focused),前者没有确定的主题,策展内容非常广泛。笔者的研究兴趣主要在后者,即策展者能够长时间关注某一话题,持续性地进行内容聚合、重组与生产,探索事件背后的复杂关联,形成具有一定深度和广度的知识积淀,这与专业媒体必须根据热点经常性切换话题的生产惯习有所不同。

另一个研究背景则是2016年美国大选以来,西方媒体界围绕着特朗普就任以来的政治现象,形成了日趋极化的激烈争议。布莱巴特新闻网(BBN)、Circa等年轻化、移动化的"另类右翼媒体"迅速崛起,改变了以往福克斯独挑右翼大梁的格局,在某些问题上甚至也超过了传统自由派主流媒体的影响力。[1]"左翼""右翼"之争已经超越了美国原来的媒介版图,扩张到社交媒体平台,在美国大选、移民政策、种族问题等方面争夺舆论主导权,这为社交媒体策展营造了高度聚焦的话题空间。一些"非专业"的个人及社群在社交媒体平台上,以各种创造性的方式重组海量信息,并营造出基于情感的拟态环境,使参与者得以强化自身固有的态度和信念,在很短时间内迅速累积影响力,成为网络意见领袖。这一现象引发了学界对社交媒体策展的研究兴趣与日俱增。

本章选取美国"策展记者"塞斯·阿伯拉姆森的个人推特(@Abramson)作为典型个案,其主要内容聚焦于对特朗普就任以来的政治现象的评论,从2015年5月开设这个推特账户以来,到2020年6月,总共发推文约7.7万条,持续、系统地集成关于特朗普的各种信息碎片,吸引了80.8万关注者,在社交媒体上具有一定的影响力。

(二)研究设计

信源研究是传统新闻生产研究的核心问题之一。媒体使用何种信源,直接关系到呈现给受众什么样的新闻事实以及对事实的意义建构。传统主流媒体素来强调平衡、客观、多信源、交叉核实等基本原则,以及给予冲突各方较为平等的话语权,反对"观念先

---

[1] Lazzaro, S. (2017). A Journalist's Viral Anguish About Donald Trump Jr.'s Emails Is Now a Hilarious Meme. https://observer.com/2017/07/donald-trump-junior-russia-emails-tweet-jared-yates-sexton/

行",基于自己的主观判断有选择性、偏向性地使用信源。然而,媒介社会学研究则倾向于认为,媒体会基于生产常规而偏向于使用"精英信源"以及记者较为熟悉的"常规信源",从而使得媒体事实上在不断地强化已经占据主导地位的观点,总体上倾向于保守,维护精英立场,维持社会现状。[1]所谓新闻专业主义不过是以个人"客观叙事"的方式来传播机构的偏见。无论秉持何种立场,"信源使用"始终是分析媒体是否具有倾向性的一个核心指标。

作为新闻业的"局外人",阿伯拉姆森经常指责主流媒体聚焦于错误的细节或者后知后觉,没有能够提供更好的信息产品。因此,他试图通过"策展"信息,更加完整、真实、系统地对特朗普就任以来的政治现象进行分析。基于对这样一种知识生产方式的兴趣,笔者主要关注点在于阿伯拉姆森的信息来源,即并非他本人原创而是"转推"(retweet,@RT)他人的内容。

为此,笔者查询了阿伯拉姆森从2015年5月1日至2019年12月30日所有直接"转推"的推文数据,并进行了数据抓取和分析。主要步骤如下:第一步,自动化采集转推数据,构建原始的转推和信源总体。通过Twitter开发者网站提供的Search Tweets API,采用C#和Python语言开发了一套Twitter数据采集系统,根据特定的查询条件,自动从Twitter站点抓取推文,并同步转存到Excel,进行深度离线分析。Search Tweets API是由Twitter公司提供的RESTful标准接口,用来查询特定的推文和用户信息。主要采用了以下Twitter操作符,进行信息过滤:1)from:操作符,标识推文来自于阿伯拉姆森推特;2)is:retweet操作符,判断推文是阿伯拉姆森自己发推还是转推他人;3)fromDate和toDate操作符,分别标识查询推文的起始日期和结束日期。按照这种方式,总共采集到转推推文12602条,去除掉阿伯拉姆森转推自己的推文3037条,获取到转推其他信源的推文9565条,作为本文分析的原始数据。然后,对原始推文作者进行统计和分类,总共得到1946个信源总体。第二步,按照转推次数进行区间分组。根据观察结果,转推10次是重要的分界线。所以以转推10次为界,分为两个样本群。转推10次以上的,共90个信源,占比4.62%,但转推推文数量占比高达66.01%。这表明大多数转推集中在转推10次以上的少数信源,信源呈现出明显的集中度。第三步,对转推10次以上的信源进行了全样本分析,最终选择90个信源、6314条推文进行人工分析,分析内容包括信源构成、信源政治倾向、信源评判标准和信源信任度等级,并与传统媒体的信源使用进行对比。

---

[1] 赫伯特·甘斯:《什么在决定新闻:对CBS晚间新闻、NBC夜间新闻、新闻周刊及时代周刊的研究》,石琳、李红涛译,北京:北京大学出版社,2009年,第4-9、144-183页.

表4-1 信源及转推分布

转推次数区间	信源数量	信源占比	转推推文数量	转推推文占比
1—10	1856	95.38%	3251	33.99%
10—100	80	4.11%	1797	18.79%
100—500	8	0.41%	1891	19.77%
500—1000	0	0.00%	0	0.00%
1000以上	2	0.10%	2626	27.45%
	1946		9565	

二、"策展"推特信源使用分析

(一)信源构成

笔者对选取的90个"转推"十次以上的信源进行了类别分析。信源类别参考Lotan（2011）[1]与Hermida等（2014）的分类[2]，主要包括9类：(1)传统主流媒体；(2)原生数字媒体；(3)媒体从业者；(4)政客、官员和学者；(5)社会活动家(含社交媒体大V)；(6)非媒体机构；(7)普通个人推特；(8)特朗普；(9)其他。发现包含传统主流媒体、原生数字媒体以及媒体从业者的"媒体类信源"，共被阿布拉姆森转推了5382条，占比82.51%，形成了信源结构中占绝对优势的类别。另外，政客、官员、学者、社会活动家等互联网时代活跃而有影响力的个人，也成为阿伯拉姆森推特重要的信息来源。相对来说，普通个人推特被"转推"数量较少，并且信源极为分散，其中有1243个信源仅被转发了1次。特朗普本人的推特被转发了228次，占比3.05%。

---

[1] G. Lotan, E. Graeff, M. Ananny, et al. (2011). The revolutions were tweeted: Information flows during the 2011 Tunisian and Egyptian revolutions. *International Journal of Communication*, no.5, pp. 1375–1405.
[2] A. Hermida, S. C. Lewis, R. Zamith. (2014). Sourcing the Arab Spring: A Case Study of Andy Carvin's Sources on Twitter During the Tunisian and Egyptian Revolutions. *Journal of Computer-Mediated Communication*, vol. 19, no. 3, pp. 479–499.

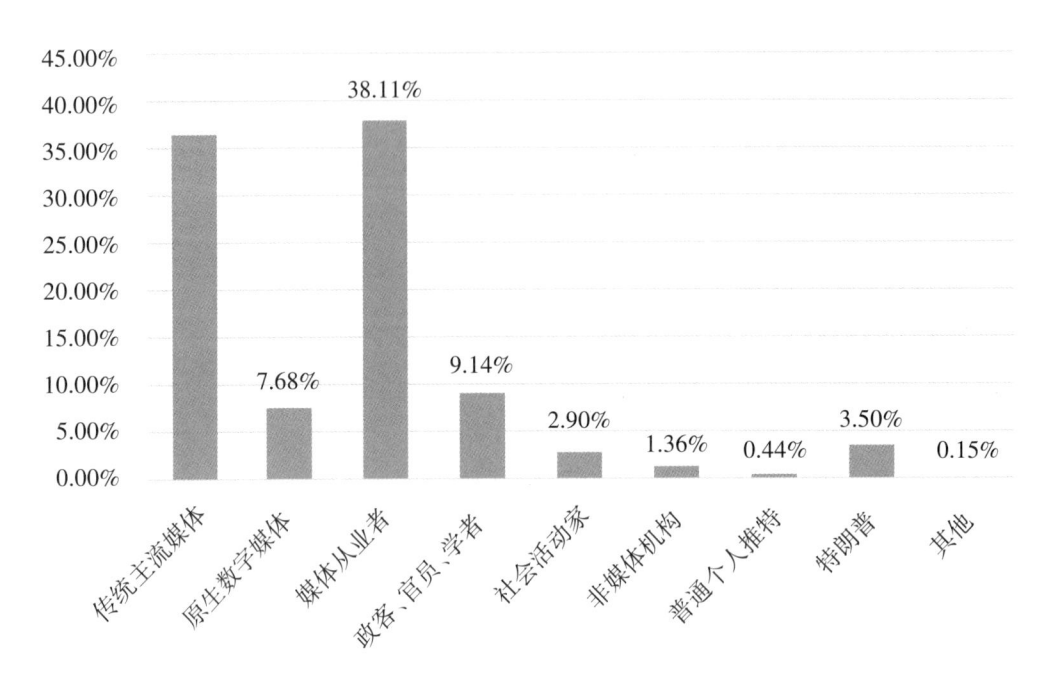

图 4-2 "转推"信源类别构成

(二)信源政治倾向

对于媒体信源的政治倾向,主要参考第三方机构 AllSides[1]对美国媒介的倾向性所做的评定,分为左翼(left)、中偏左(lean left)、中间(center)、中偏右(lean right)、右翼(right)这五个类型,归并为偏左翼、中间、偏右翼和无关四类。个人信源的政治倾向,则主要依据信源的自我表述、所发推特内容、所属政治派别或媒体机构等信息加以综合判断,分为对特朗普总体上持批评态度、中间态度、赞成态度以及无关四类。排除掉 3 个"无关"信源,其余 87 个信源合并划分为:偏左翼/批评、中间/不明确、偏右翼/支持三类。可以看到,信源大部分集中在偏左翼媒体和对特朗普持批评态度的个人,偏右翼媒体及支持者数量较少。

---

1 AllSides(https://www.allsides.com/media-bias/media-bias-ratings)是美国一家专门进行媒体倾向性评判的独立机构,其评判方式综合了受众调查、多方分析、编辑评论、第三方数据以及海量的读者反馈评分,形成对于媒体倾向性的评价等级。同时,评价等级会根据情况的变化而不断变动和更新。AllSides的评判等级具有一定的公信力,在媒体报道和学术研究中经常被引用。

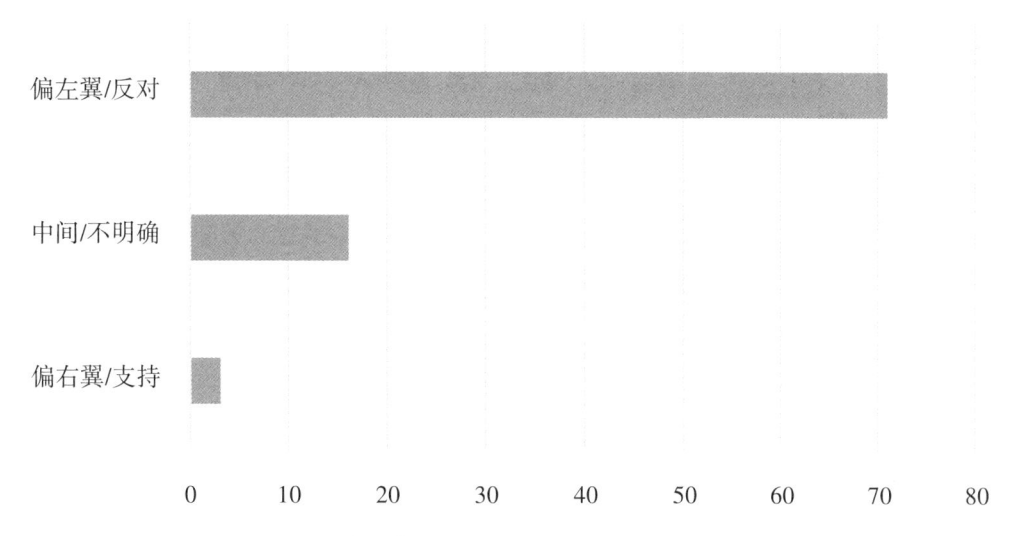

图 4-3 "转推"信源政治倾向与对特朗普政治的态度分布

(三)对偏右翼和支持特朗普的信源使用

阿伯拉姆森转推偏右翼和支持特朗普的信源总体数量较少,除特朗普本人的推特外,主要包括福克斯公司(Fox)及其旗下节目、记者、专栏作家、分析师等的推特,共计44次,其中38次与特朗普就任以来的政治评论相关。福克斯是公认的右翼媒体和特朗普坚定的支持者,具有明显的保守主义色彩。当然,阿伯拉姆森转发来自福克斯的这些信息,其目的也主要是对其进行批驳。比如,FOX & friends、Fox news引用右翼律师艾伦·德什(Alan Dersh)的话,抨击政府未经审判就给特朗普前竞选团队主席保罗·马纳福特(Paul Manafort)定罪的做法纯属构陷,被阿伯拉姆森斥为"一派胡言"。[1]Fox News记者阿里·弗莱舍(Ari Fleischer)称奥巴马曾要求普京帮助其竞选连任,阿伯拉姆森遂引用《纽约时报》记者查理·萨维奇(Charlie Savage)的话予以驳斥,称奥巴马的原话只是说要将与俄罗斯关于导弹防卫的谈判推迟到竞选以后。[2]

值得注意的是,转推来自右翼信源的对特朗普不利的信息,通常会引起阿伯拉姆森粉丝群体更多、更热烈的评论。2019年10月9日,阿伯拉姆森转推了Fox News公布的一项民意调查,称占比超过一半的民众支持弹劾特朗普,立即引来一大波评论和转发,其中不乏"连福克斯都认为特朗普要被弹劾,那么这件事发生的可能性应该很大"的"乐观"推

---

[1] 引自阿伯拉姆森的个人推特@SethAbramson, Retrieved from: https://x.com/SethAbramson/status/1008036748054728704, June 16, 2018.
[2] 引自阿伯拉姆森的个人推特@SethAbramson, Retrieved from: https://x.com/SethAbramson/status/1176192247533932544, September 23, 2019.

断,甚至号召大家上街庆祝。[1]另外,来自共和党阵营的对特朗普的负面信息也会引起特别关注。比如,2019年12月,共和党参议员麦考利斯特(John S. McCollister)表态希望特朗普被弹劾,此条消息立即被阿伯拉姆森转发,用于揭穿特朗普所说共和党"一致"支持他的谎言。也就是说,"右翼/共和党+不利于特朗普"的信源在阿伯拉姆森推特信源评判标准中,尤其具有不可替代的重要价值。

表4-2 转推来自福克斯的信源情况

信源名称	转推次数	信源对特朗普政治的态度
Fox News	5	支持
FOX & friends	2	支持
FOX Sports West	1	无关
FOXCollege Football	3	无关
Big Ten Network	2	无关
Fox公司旗下记者、编辑、专栏作者、分析师等	31	支持

三、"社交媒体策展"信源使用的核心特征解析

阿伯拉姆森个人推特是社交媒体场域中"话题聚焦型"策展的典型个案。即通过持续性地深挖某个热点话题,在特定领域建立起意见领袖的权威性。而其信源使用,则是学界研究"社交媒体策展"现象的一个重要视角,以及剖析内容生产者是否具有倾向性的一个核心指标。在阿伯拉姆森这类"社交媒体策展"实践中,信源使用呈现出与传统主流媒体较为不同的鲜明特性。

(一)"平衡性"不再成为信源使用规则

从上述对阿伯拉姆森"转推"信源的分析可见,在转推数量以及转推意图上,都呈现出明显的不平衡性。偏左翼的媒体机构和媒体从业者成为最主体的信息来源。比如在媒体中被转推最多的《国会山报》(*The Hill*),是美国华盛顿特区出版的一份无党派的关注政治时事的报纸,媒体中被转推排名第二位的是美国政治新闻网站Politico,AllSides对这

---

[1] 引自阿伯拉姆森的个人推特@SethAbramson, Retrieved from: https://twitter.com/thehill/status/1182066995879190528, October 10, 2019.

两个媒体的政治倾向评价分别为"中间(center)"和"中偏左(lean left)"。另外,6位被引用最多的媒体从业者,分别来自 MSNBC、CNN 和 Politico,而这三家媒体也位列信源引用的前20位,客观上增加了偏左翼媒体在阿伯拉姆森推特信源构成中的比重。偏右翼媒体机构及个人被转推次数非常少,而转推它们的目的,也主要是用于批驳其言论。不过,在美国媒体政治光谱中较为极端反特朗普的媒体,被转推次数也比较少。比如走红的深夜新闻脱口秀节目《每日秀》(the Daily Show with Trevor Noah),从2016年大选伊始就开始对特朗普及其支持者进行长篇累牍、不遗余力的抨击,仅被转推了9次。这样的信源使用,在某种程度上同时呈现出对传统新闻生产惯习的承继和反叛,即最受策展者青睐的信源,依然是具有较高专业声誉的严肃媒体及其从业者,但在政治光谱上,"观点是否一致"亦成为信源使用的重要因素,两者共同作用,使得阿伯拉姆森的策展实践更倾向于构建一个基于事实的"反特朗普"政治社区,而非一般性的谩骂和情绪宣泄。

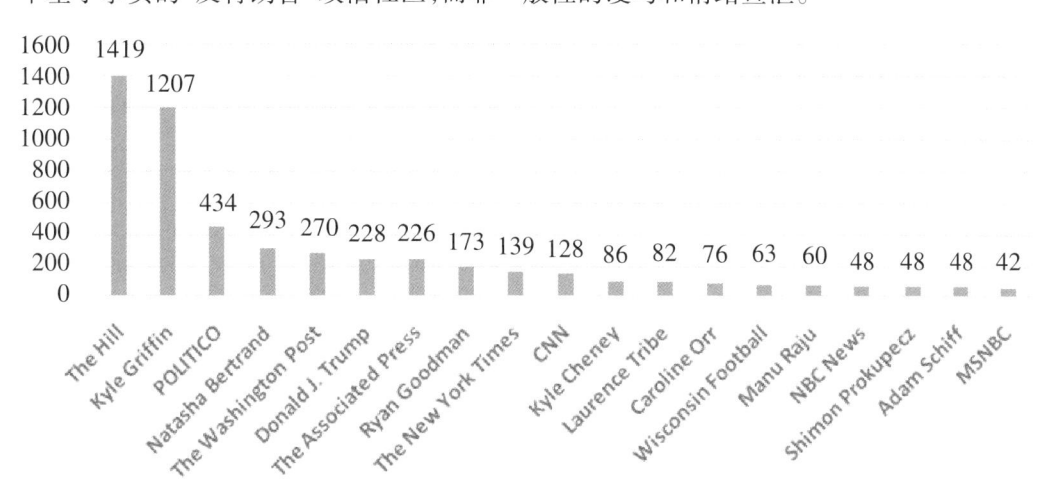

图 4-4 "转推"排名前20位的信源

(二)构建特定话题领域的信源网络和话语权威

阿伯拉姆森自称为"策展记者",他认为传统媒体各自为政的零碎、分散的报道方式,不适用于像特朗普"通俄门"等超级复杂的事件,受众难以通过单篇或专题性报道来获得对这一事件的完整认知。而通过策展,则可以在无数分散的报道中寻找关联、填补盲点,建立事件发展的完整时间线,从而获得整体而多元的"事件理论"(theory of the case)。[1] 媒

---

[1] S. Abramson, Trump-Russia is too Complex to Report. We Need a New Kind of Journalism. The Guardian,22 Nov. 2018. https://www.theguardian.com/commentisfree/2018/nov/22/trump-russia-too-complex-to-report-we-must-turn-curatorial-journalism

体调查记者、白宫记者、俄罗斯问题专家、政客、法律学者、FBI特工等,构成了阿伯拉姆森信源体系中最核心的"知情者"圈子,被高频率转推。比如,MSNBC资深制作人凯尔·格里芬(Kyle Griffin)、Politico国家安全事务领域的调查记者娜塔莎·伯特兰(Natasha Bertrand)、长期关注俄罗斯媒体信息的乌克兰裔记者茱莉亚·戴维斯(Julia Davis)、坚持对特朗普信息进行事实核查的CNN记者丹尼尔·戴尔(Daniel Dale)、CNN专做俄罗斯问题的调查记者马歇尔·科恩(Marshall Cohen),以及前FBI特工、律师阿莎·兰加帕(Asha Rangappa),法律学者瑞恩·古德曼(Ryan Goodman)、劳伦斯·特拉伯(Laurence Tribe)等,都被阿伯拉姆森转推次数较多。

同时,阿伯拉姆森认为,对"通俄门"的调查,起点不应局限在2016年大选前后,而可以追溯到30年前,地点也不仅限于美国和俄罗斯,还可以拓展到其他许多国家,因此锲而不舍地对英国、爱尔兰、以色列、希腊、西班牙、匈牙利、澳大利亚等多国的媒体信源进行追踪和深挖。比如,他主张从以色列报道中去扒梳以色列商业情报专家乔尔·扎梅尔(Joel Zamel)同前美国国防情报局局长迈克尔·弗林(Michael Flynn)、特朗普竞选外交政策顾问乔治·帕帕佐普洛斯(George Papadopoulos)、剑桥分析公司以及俄罗斯寡头之间的关联。此外,在穆勒调查中先后获罪的特朗普竞选主席保罗·马纳福特(Paul Manafort)及其副手里克·盖茨(Rick Gates)、迈克尔·弗林、乔治·帕帕佐普洛斯等人,目前新闻报道中也没有分别对他们和特朗普之间的关系做穷根究底的挖掘和呈现。而这些信息对"通俄门"调查是至关重要的。阿伯拉姆森经常批评主流媒体"后知后觉"以及对特朗普批判的"半遮半掩"和"不彻底性"。总的来看,阿伯拉姆森的7.7万条推特围绕特朗普就任以来的政治现象所形成的信息量,应该说是任何一个单一媒体都无法比拟的,呈现出长时段与跨国性的特征,尤其是对"知情者"信息的长期追踪,使得他在这样一个特定话题领域,具备了挑战职业新闻生产者知识权威的话语空间。

(三)信源互动的开放、透明

以往记者和信源的互动往往被隐藏在新闻生产的"黑盒子"之中,受众无从感知。媒体机构和从业者作为"把关人",对信息进行采集、甄别、筛选,并作为"客观事实"呈现给受众,形成一种"新闻的知识霸权"(knowledge hegemony of journalism)。在此过程中媒体不是必然地需要披露信息的原始来源。[1]同时,以"超链接"等方式链接外部媒体信源,对

---

[1] Walsh, P. (2003). That Withered Paradigm: The Web, the Expert, and the Information Hegemony, in H. Jenkins and D. Thorburn, eds., *Democracy and New Media*. Cambridge, MA: MIT Press, p. 369.

于传统媒体来说等于是为竞争对手媒体做推广、增加流量,因此传统媒体一般不愿意这么做。而现在的受众对新闻的生产或者说"建构"过程比以往有更清晰的认知,并渴望参与进来,成为一手信息的提供者以及观点评论者。"公民策展"则提供了一个让受众可以深度卷入的知识生产场域,强调信息采集与生产过程的透明,向受众开放新闻源,让受众可以按照自己需求直达原始信源。并且,基于推特的文本特点,所有的信息叠加、转推与互动都会原原本本地呈现出来,为受众提供了信息何以生成的知识路径走向,从而形成对事件完整理解的语境。布伦斯认为,超链接推动了新闻业职能从"把关"(gatekeeping)转向"看门"(gatewatching),在此过程中,新闻从业者的权威性部分让渡给了受众。[1]社交媒体平台上的策展实践则进一步打破了媒体对新闻生产的垄断,像阿伯拉姆森这样没有媒体工作经验和专业资质的普通公民,围绕某个话题自发地进行策展,并吸引其他有兴趣的公众参与进来,形成一种信息采集的社区行为,有利于拓展该信息的知识图谱,追求知识容量的最大化和随时更新。同时,策展者在信息中插入自己对此问题的解释,形成一种引导性的价值判断。

第四节　专业媒体策展:基于对M报"综合稿"生产的考察

在我国,"策展"作为一种创新性的参与式新闻实践模式,正越来越多地引起业界和学界的兴趣,对于探究未来新闻可能的知识形态和生产范式,提供了一个有价值的视角。

笔者在对省级党报M报进行为期一年的田野调查的过程中,关注到了该报新媒体平台上的"综合稿"生产,认为这是策展理念在中国语境下的一种特殊实践,并重点对M报微信公众号进行了持续的观察。M报微信公众号每天推送三次,内容主要可分为原创、转载和综合三类,原创稿件一般文末会署记者名字或者"M报""M报全媒体"字样,转载稿和综合稿也会在文末清楚标注出来源,因此可以方便地对三类稿件进行辨析和原始数据采集。笔者选取了2021年8月1日至12月31日间M报的微信公众号文章进行统计和内容分析,同时结合新闻民族志考察获得的田野资料,对"综合稿"生产进行深入的考量和探究。

之所以选择微信公众号,是基于以下三点考量:首先因为微信的广覆盖率,公众号成

---

[1] Bruns, A. (2005). *Gatewatching: Collaborative Online New Production*. New York: Peter Lang.

为报社最为重要的新媒体平台之一,每天早、中、晚各推送一次,形成较为规律性的内容生产;其次,据笔者观察和初步统计,M报微信公众号的综合稿占比不低,在报社新媒体内容生产中占据着越来越重要的地位,具有一定的代表性和研究价值;第三,公众号文章的阅读量以及部分评论会显示出来,可以较为真实、直观地反映出受众反馈。

笔者在田野调查中观察到,从报社管理层的角度,多次强调稿件"综合"的重要性,即要求新媒体平台快速整合热点信息进行二次加工。尤其每当有突发事件、热点新闻来临,报社领导往往会通过编辑会议或微信群传达"尽快综合稿件"的指令。在报社管理层的观念中,传统"复制粘贴"式的转载是一种很低级的信息生产方式,没有技术含量,也没有信息增值,同时过高的转载比例会直观暴露出媒体原创能力的不足。因此,介于原创和转载之间的"综合稿"开始备受青睐。

在统计中,笔者基于选择"有效内容"的原则,去除了一些程序性稿件、与经营相关的活动稿以及软文广告、招聘信息等,比如每天早上微信公众号都会刊发的"新闻早报"(以智能语音的方式呈现当日报纸的主要内容)、"每日热推"(每天一张照片,由报社视觉影像部提供)、每周刊发一次的"区县一把手""探秘""观察"等固定栏目,以使作为研究样本的稿件更能代表报社主流的内容生产。最后,总共获得889篇稿件,其中原创稿486篇(54.7%),转载稿263篇(29.6%),综合稿140篇(15.7%)。

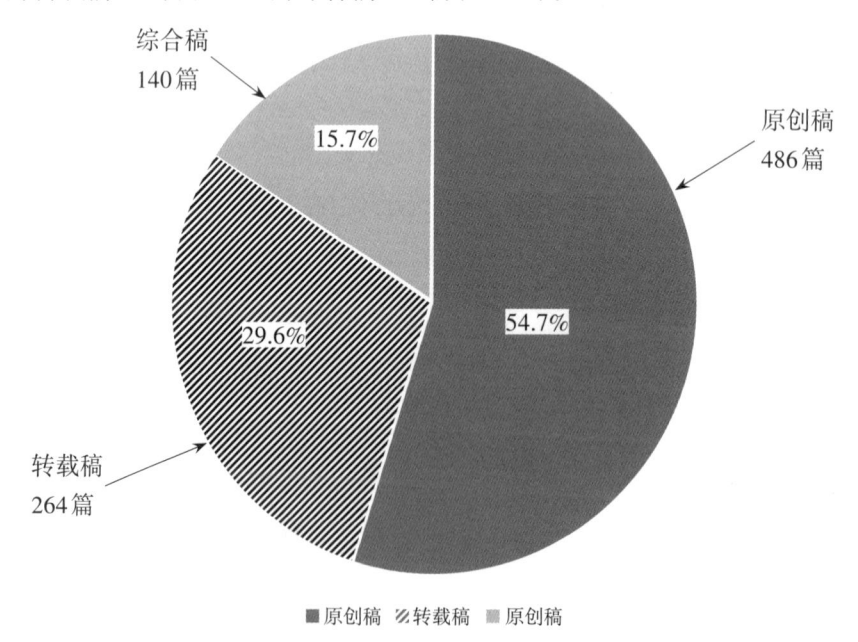

图4-5 作为研究资料的M报微信公众号共计889篇文章比例分布

笔者对M报微信公众号文章的议题类型进行了统计,主要包括9类:政经要闻、社会热点、新冠疫情、政策法规、人情故事、节日纪念日、文体旅游、服务信息以及其他。由于笔者取样的这个时间段还处于我国新冠疫情的间歇性暴发期,关于疫情的稿件占据了相当比例,因此把新冠疫情作为一个类别单列出来统计。可以看到,从题材分布上,原创稿、转载稿和综合稿之间存在一定的差异性。原创稿主打时政硬新闻,政经要闻占据了将近一半的比例,其中反映当地领导班子活动、中心工作的又占了绝大部分比例,这是由省级党报的定位及其宣传功能决定的。转载稿中,关于新冠疫情的稿件占比高达60.9%。由于疫情信息的重要性和特殊性,稿件大多是转载卫健委、疾控中心以及中央级媒体的权威信息,而笔者采样的2021年8月至12月这个时间段内,我国国内有几次疫情高发期,M报所在地也经历了两波疫情集中暴发,因此可以理解为何疫情信息占据了转载稿中较高的比例。综合稿的各种题材类型相对均衡一些,同时偏向于整合社会热点(31.4%),其次是新冠疫情信息(22.1%),政经要闻占比仅为12.1%,与服务信息相近。在题材特点上,从原创稿到转载稿再到综合稿,可以看到内容由"硬"到"软"的这样一种比例变化和转变趋向。综合稿的引入,对传统的转载稿形成了一种改良或革新,有助于新媒体平台在党媒传统的内容生产模式之外,获得一定的独立发挥的空间,形成更加适应互联网传播的生产方式。接下来,笔者将专门针对M报的综合稿进行内容分析。

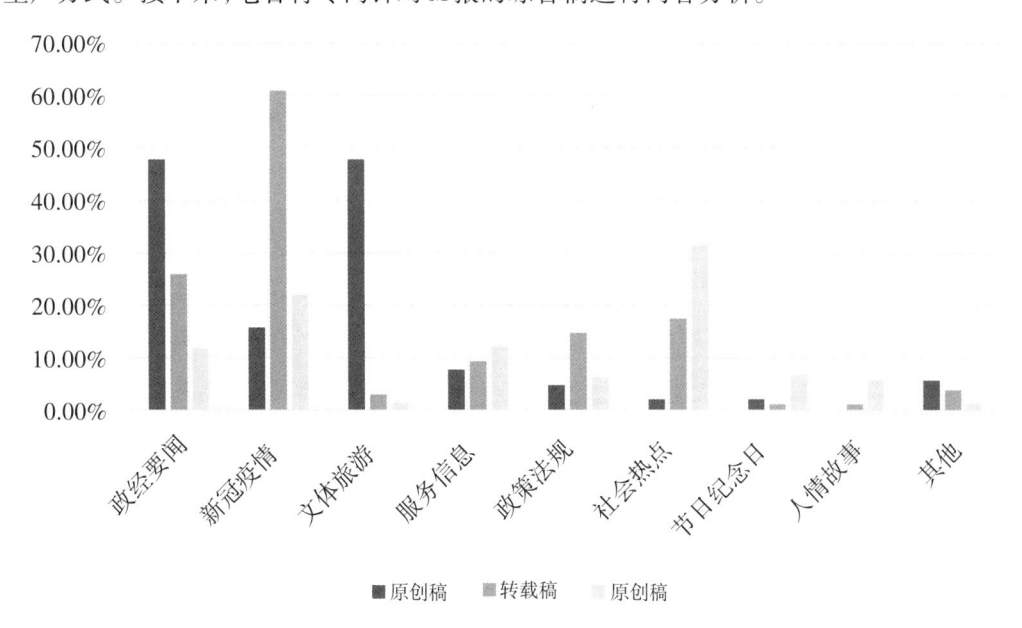

图4-6 M报微信公众号三类稿件题材类型及占比

一、"综合稿"的议题特点

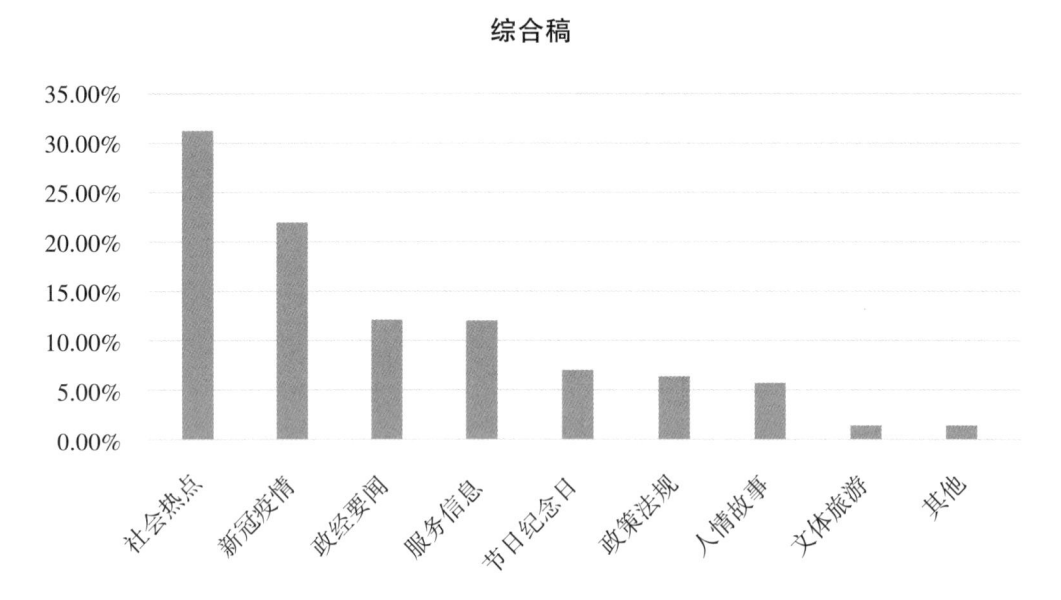

综合稿

图4-7 "综合稿"题材类型分布

如图4-7所示，M报综合稿中反映社会热点问题的稿件占比最高。对稿件文本进行进一步分析可以看到，无论哪一种议题类型，"社会热点性"都是综合稿最主要的诉求，主要包含以下几类：

(一)长期持续性热点新闻

比如新冠疫情，国内尤其是本地疫情暴发期关注率更高，成为笔者采样期间综合稿的重要话题领域。M报微信长期关注国家和地方卫健委以相关卫生防疫部门公布的信息，重点关注流调信息、感染者行动轨迹、各地应对措施等关键信息，尤其注重对部委局办的政务新媒体以及各区县融媒体信息的整合，突出信息的时效性、权威性和全面性，既满足受众需求，同时也比较契合省级党媒的定位。另外，"反腐"题材也是综合稿的重要类型，除了中纪委、地方各级纪检监察机关及其下属的政务新媒体发布的信息外，还会采集包括中国党政领导干部资料库等权威渠道信息，形成更加完整、全面的报道。其中如果有涉及本地官员违纪被查的信息，阅读量一般都较高，甚至比全国范围内的"大老虎"落马新闻阅读量更高。

(二)常规性热点

常规性热点包括节假日、高考、异常天气状况或者一些政策法规的推出等。比如，每年9月开学季,媒体都会推出与开学相关报道内容。但如何打破常规推陈出新是个难题。综合稿在这方面有一定的"借外脑"优势,可以广泛集纳网络上流传的一些诙谐、轻松、有趣、有人情味的视频、图片、网络聊天、朋友圈截图等,再结合本地"双减"政策相关规定的介绍,比起常规报道具有更强的接近性和可读性。另外,天气状况也是公众长期关注的常规热点,尤其是突然的升温、降温、雨雪、冰雹等异常天气状况。2021年初冬,M报所在的省多地降雪,对于南方省份来说,属于会引发民众"集体兴奋"的事件。M报微信整合了众多区县融媒体拍摄、制作的雪景照片和视频,同时加入了近期气象预报、部分地区交通管制、雪天出行注意事项、用电取暖注意安全系列海报等服务性信息,兼具欣赏性和实用性,迅速获得了上万的阅读量。

(三)突发性热点事件

突发性热点事件容易引发全国关注,但第一时间亲临一线采访通常很难,综合稿在应对这类新闻的时候,充分发挥其整合信息的特色。2021年6月13日,湖北十堰市发生燃气爆炸事故,M报融媒体中心迅速整合了央媒、湖北当地媒体以及澎湃新闻等市场化媒体的报道,推出公众号综合稿。2022年2月1日,农历大年初一,中国男足在卡塔尔世界杯亚洲区预选赛中,1比3负于越南,举国哗然。该消息立即冲上微博热搜,各媒体以及网络铺天盖地都是关于男足失败的信息和评论。在这种情况下,M报选择了"黑色幽默"路线,整合众多网友的"神评论",推出微信综合稿,短时间内获得2.4万阅读量,同时也吸引了上百条评论。在互联网传播环境下,网民对事件的反应和评论,本身就可以成为很好的新闻素材,整合进事件报道之中,形成一种迭代传播。

(四)人情故事

人情故事(human interest story)发端于西方新闻史上的廉价报刊时期,主要指那些关注人们日常突发的灾难、戏剧性事件的闲话小报道,到20世纪初逐渐成为一种常用的新闻写作策略和文体。在我国的新闻传播语境下,人情故事常常被表述为"暖新闻",指蕴含情感因素、强调以情动人、弘扬社会正能量的新闻。"好人好事"是人情故事中的重要类别。2021年11月,一位65岁的老人跳入冰冷的河中救起一名年轻男子,M报微信综合了几家本地媒体的文字报道与视频,将救人事迹与本地城市精神结合起来,通过对普通人舍身救人的感人事迹的报道和宣传,弘扬了城市大爱精神,传播了正能量。另外一则新闻是两位老人看见一辆小车底盘着火了,情急之下冲上车流拥挤的马路大声呼救,并示意该小车司机有危急情况。这时一辆路过的公交车司机果断停车,拿出自己车上的灭火器,迅速帮小车灭了火,一场事故化险为夷。M报综合了此事件的一些现场视频,以及现场图片制作的动图,与简短的"诗歌体"文字相互穿插,并截屏了一些网友的点赞评论,呈现出一个非常暖心的救人故事。除此之外,日常生活中一些温馨感人的生活情境,也在新媒体传播中被凸显和放大。2021年国庆长假第一天,M报刊发了一条"孙子悄悄回家,奶奶的反应太真实"的综合稿,使用了视频、截图、动图以及文字特效,将孙子和奶奶互动的温馨画面烘托得淋漓尽致,同时也插入了一些网友的感叹和评论,包括网友怀念自己爷爷奶奶的文字,形成亲密的情感互动。

二、"综合稿"的内容构成

(一)还原新闻事件,补充新闻背景

在网络热点事件频出的时代,"综合稿"的一大功能就是追溯事件发生的时间线,让初次接触该事件的用户也能迅速看明白整个事件的来龙去脉,而不需要再去搜索网络上其他的相关报道,来拼凑出完整的事件图景。"简单而迅速地切入故事",对吸引互联网时代的受众来说是非常重要的。

比如,2021年11月,江西一位驾驶豪车的女司机醉驾,不配合吹气检测,还在现场大叫"叫**(音)过来",一时引发热议,全网追问"谁是**",俨然又一个类似于"我爸是李刚"的故事。M报微信综合了江西当地警方、中央级媒体、中纪委网站以及其他一些地方媒体的报道,对此事件进行了述评。其首要内容就是回溯了该事件发生的完整经过,包括醉驾女司机如何顽抗检测的过程,以及现场交警的处置等,让之前没有关注过该事件的人也能迅速进入文章的语境。2021年10月,北京发生一起游客非法闯入野生动物园白虎展区的事件。M报微信综合了北京野生动物园以及北京当地媒体发布的信息,描述了事件过程、当事人表现以及动物园工作人员现场处置情况等等,一篇简短的"文+图+视频"的综合稿,就将这一事件完整、清晰地呈现出来。

2021年11月,有"东方神童"之称的魏永康因病去世。魏永康已淡出公众视线很多年,可能现在很多公众都不知道魏永康是谁。M报微信综合稿在"魏永康去世"这一新闻由头之后,用比较长的篇幅回顾了魏永康"4岁学完初中课程,8岁进入县重点中学读书,13岁高分考入湘潭大学物理系,17岁被中科院高能物理研究所破格录取硕博连读,20岁因缺乏生活自理能力被中科院劝退,后来结婚生子,逐渐回归普通人生活"这样的跌宕起

伏的离奇人生,唤起读者对教育理念问题的探讨与共鸣,并将众多网友观点、评论在文尾呈现,形成一篇背景完整、述评结合、内容丰富、契合当前热点社会心理的综合稿。

(二)多方观点呈现,形成公共讨论氛围

"多方观点呈现"向来是专业媒体的一种基本规范和诉求,即媒体不能成为某一方利益的代言人,而是作为公共平台,客观呈现多元社会群体的观点,形成理性的公共讨论氛围,最终推进社会改良和民主政治。相对于强调第一时间、一手信息的原创报道来说,致力于二次传播的综合稿,更加看重对已经呈现出来的多方观点的集纳,尤其是普通网民对事件的反响、争议和评论。

比如,某企业因在办公室打出"加班真好"的标语而引发网络关注。M报微信收集了该企业官方微博及评论信息、企业所在劳动监察部门意见、专业媒体评论、网友评论等多方观点,并延伸了相关法律规定以及"天眼查"上该企业的过往劳资纠纷等背景信息,形成对"加班文化"的深入探讨。这类问题属于关注度高、贴近性强、容易引发社会广泛共鸣的热点问题,综合稿的价值就在于尽量整合多方观点呈现出来,进一步推动对于该问题的深度挖掘和理性探讨。

2021年9月,河北平山县政法委书记用"滚"字回复群众短信的事情在网上引发关注。围绕着此事件,形成了一定的争议,要点在于这位政法委书记是否是因为误认为收到了诈骗短信,而愤怒地回复"滚"。M报综合稿截屏展示了群众发给政法委的短信原文,并列出了政法委书记自己的辩解、央媒以及众多网友对该事件的评论等,虽然稿件本身对此事件并没有表态,但多方观点的呈现本身就会形成一种交锋,让受众在基于事实的基础上做出自己的评判。

2021年10月,因网友举报,曾因吸毒被抓的艺人宋冬野的一场演唱会被主办方取消。宋东野随后在微博发长文,抛出"吸毒者也是受害者"的观点,称自己的演出因多人举报被取消,众多工作人员辛勤努力化为泡影,认为自己已经为多年前的吸毒行为受到了应有的惩罚,并且吸毒者也是"受害者",希望社会能让自己有重新开始演艺事业的机会。对此,相当多的网友表示难以理解宋冬野的"委屈",中国警方在线针锋相对地发微博回应,激愤地称"一些艺人缺乏自律自重,为吸毒而花出去的钱都变成了毒资买了子弹,打在了缉毒警的身上"。中国警察网官微亦发文,指出"在毒品这条罪恶的利益链上,吸毒者也是一环""不能让牺牲缉毒警察的鲜血白流"。央视新闻、人民日报等主流媒体也纷纷就此事发表评论。M报微信截屏呈现了上述多方观点,并且加上自己的原创微评,制作了对于宋冬野事件的综合评论。可以看到,该微信稿评论区也相当活跃,与正文内的观点相互激荡,形成一种公共讨论的氛围。

(三)揭示事件最新的进展和走向

难以获得一手资讯以及"慢半拍",在传统新闻生产中是一种明显的劣势。但新媒体平台上的综合稿依靠对于信息更加全面的集成,部分扭转了这样的劣势。因为"慢半拍"恰恰意味着可以将某些还在发展变化的事件的最新进展情况纳入进来,充实事件报道内容,呈现出相对完整的事件走向。2021年11月,中国地质调查局昆明自然资源综合调查中心4名队员从云南普洱市镇沅县进入哀牢山腹地野外作业后失联。整个搜救过程持续了9天,全国公众高度关注这4名队员搜救情况,媒体也不间断地报道。M报连续推出了几篇综合稿,在整合事件发生经过、各种背景资料的基础上,补充网友关注评论、网上不断披露出来的视频和照片,以及最新的进展情况等,形成不断更新、不断叠加细节、密切追踪事态走向的传播形态。2021年9月,四川泸县突发6.0级地震,川渝多地震感强烈。由于地震发生在凌晨四点多,M报作为外地媒体没办法第一时间发布地震信息,但也通宵工作,在早上7点的微信中推送了关于泸县地震的综合稿。由于此时地震已经发生了两个多小时,因此像地震波及区域、地震之后当地群众的紧急疏散避险、当地政府的应急救援措施、余震情况,以及各地网友在社交媒体上发布的震感体验和晒出的照片等,都可以集纳进来,形成关于泸县地震的更为全面的报道,尤其是将最新的发展变化情况反映出来了。

(四)补充本地化内容

M报疫情新闻的综合稿充分体现了"本地化"诉求,在关注全国范围内疫情暴发状况和新增风险区的基础上,同时整合当地疾控中心、卫健委等发布的本地防疫情况、疫情管控措施、健康提示等,形成较全面、丰富的信息量,同时又有本地关怀和实用性,大大提升了这类稿件的阅读量。2021年11月,上海、杭州、徐州三地相继发现本土新冠无症状感染者。M报综合了央媒、地方性媒体以及疾控中心的信息,制作了两个长图,一方面清晰呈现三地病例之间的关联以及病毒溯源,另一方面揭示这三地暴发病例对本地可能造成的影响,提示必要的报备和健康管理措施。再比如,2021年"冬至"的节气稿兼顾了普遍性与本地化,不仅介绍了冬至作为一个传统节日,在气象和文化上的内涵,而且以本地人冬至吃羊肉的习惯切入,将海报、图片、文字、创意地图等形式相结合,呈现出当地一些较受欢迎的羊肉食用方式和美食地图,改善了节气稿这种常规性稿件的观感,同时也提升了其实用价值。

三、"综合稿"的呈现特色

相对于原创和转载稿件,综合稿的排版方式更加灵活,对内容进行可视化的结构和处理,将文字、图片、视频、音频、颜文字、动图、表情包等多种媒体元素组合搭配使用。对于网友的微博、微信、网站留言等,经常就是直接截图,既简洁直观,又显得原汁原味,没有经过刻意的改写和加工。综合稿最常使用的排版方式是"诗歌体",即文字类似于诗歌一样,每句都非常简短,一句就是一行,居中排列,这样的排版方式使得文字非常醒目和易读,有时甚至可以通过文字的组合排版形成有趣的图形图像。同时,文字与图片、视频等多媒体元素相互穿插,进一步增强文章的韵律感、可读性和感染力。人民日报微信中就大量使用了这样的排版方式,尤其是综合稿,这样的排版使文章从呈现上就别具一格,自带网感,更具亲和力。

2021年10月,一则"鲁迅孙子不会写作文"的消息火上热搜。M报微信综合稿以在网上流传甚广的一张截图作为开端,截图内容是鲁迅孙子周令飞在"鲁迅逝世85周年纪念日"活动上接受媒体采访的镜头,图上还有网友发的弹幕文字,图下是周令飞采访时所说的一段话,其中就包括了那句引起广泛关注的"我最不会写的就是作文"。综合稿整体结构明快、节奏感强,每一小标题下都只有简短的文字,和周令飞采访截图交错出现,偶尔穿插鲁迅照片以及采访视频等,最后以一句话小结和引发网友代入感的一个问句收尾:

"没想到

当名人的后代

也有着不为人知的压力

你还记得当年读过的鲁迅课文吗?

哪篇让你印象最深呢?"

关于"医保药品谈判灵魂砍价"的一篇综合稿,将持续一个半小时的治疗罕见病脊髓性肌萎缩症的药物谈判过程,浓缩提炼为8轮报价的关键环节展示,以简短的"诗歌体"文字配以国家医保局谈判代表截屏动图,将谈判过程的艰辛和谈判代表的机智,以及努力为民众争取最低药品价格的决心展现得淋漓尽致。在漫长的谈判中,企业代表八次离席商谈,最终每瓶药的成交价比最初的报价少了2万多元,综合稿也以微博截图的方式,呈现出了网友对这次谈判结果的欢呼雀跃和对谈判代表的敬佩感激之情。

"一图速览""一图读懂"这类长图,是综合稿比较偏爱的呈现形式。由于综合稿经常需要整合多方信息,尤其是有一些比较"硬"、比较"复杂"的政治经济类信息,如果用纯文字的形式,会显得很冗长枯燥,单一的图片或视频也难以将意思表达清楚,于是将信息要点进行梳理、简化、结构化,制作成滚动长图、动态长图,会更有利于读者对核心信息的快速读取和领会。另外,涉及到一些热点社会现象的解析,长图也是比较有用的方式。比如在一篇关于戳穿互联网最新骗局的综合稿中,就用到了"一图读懂'杀猪盘'的真相"这样的长图,拎出网络"杀猪盘"骗局的几个主要步骤,让受众一眼就能看明白,同时也整合了常见的诈骗手法以及一些上当受骗的真实案例,包括具体损失金额,另外还有警方提示的防范互联网诈骗手段,形成比较清晰、易读的文本布局。

四、"综合稿"的信息来源

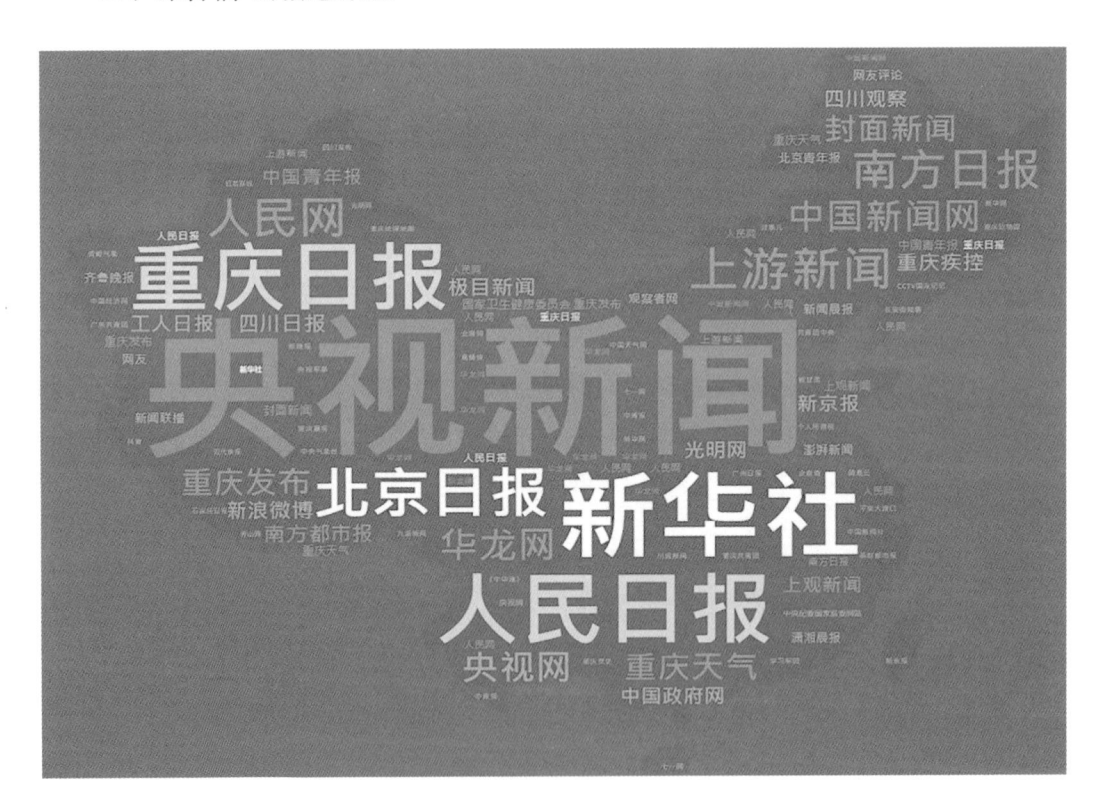

图4-8 "综合稿"信息来源词云图

笔者对2021年8月1日至12月31日间M报微信公众号140篇综合稿的信息来源进行了分析。信息来源共计207个,类型可分为中央媒体、省级党媒、其余地方党媒、政务新媒体、市场化媒体、社交媒体、专业机构以及其他。市场化媒体主要指那些虽然隶属于国有媒体集团、但近年来走市场化道路的新兴媒体。专业机构包括高校、医院、银行、图书馆、纪念馆以及其他文化机构等所属的新媒体平台,因其并不承担政府行政职能,所以区别于政务新媒体而单列一类。从媒体形态来看,无论哪种类型的媒体,都同时包含了其客户端、微博、微信、网站等新媒体平台在内。具体的信息来源类型分布如下:

媒体性质	引用次数
中央级媒体	127
政务新媒体	114
市场化媒体	79
省级党媒	56
社交媒体	11
专业机构	9
其他	7
其余地方党媒	4

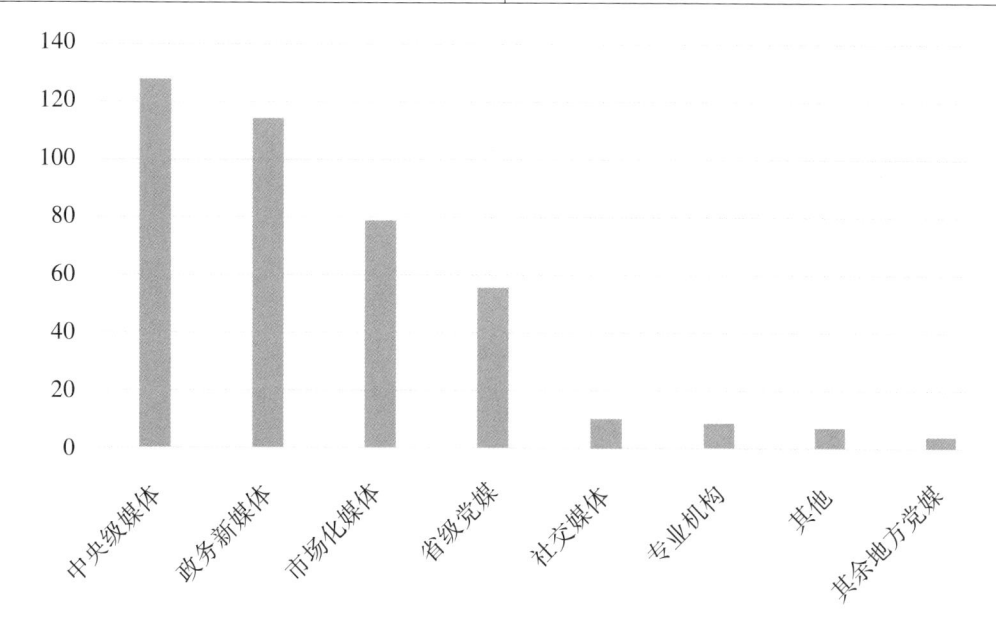

图4-9 综合稿信息来源分布

被综合稿引用最多的信源类型是中央媒体,总共被引用127次。中央媒体由于其权威性、专业性,以及对一般内容而言具有版权的开放性,成为M报这样的省级党媒最为理想也最为常用的信息来源。此外,其他省级党媒也是重要的信息来源。省级党媒之间信息互通、相互参考、相互使用,与中央媒体共同构成了我国"新党媒"阵营中最主流的阵地。而新型市场化媒体由于贴近社会热点,所以也会被综合稿较多地引用。

值得注意的是,政务新媒体被引用114次,成为仅次于中央媒体的信息来源,超过了省级党媒和市场化媒体。传统上,政府机构就是专业媒体最重要、最可靠的信息来源,以往媒体主要通过条线记者和新闻发布会等渠道,长期、持续地获取来自政府机构的信息。近年来,随着政务新媒体的迅猛发展,政府机构可以通过自己的官方微博、微信、网站等发布信息,专业媒体也可以通过这些政务新媒体,获取有新闻价值的政务信息。这些信息既相对安全、可靠,又不存在版权问题,可以直接转载或者整合到"综合稿"中,成为一种重要的内容来源。尤其是一些与公众生活密切相关的政府部门,比如各级政府、卫生防疫部门、气象部门等下属的政务新媒体,是综合稿最常使用的信息来源之一。政务新媒体的发展可以说大大提升了专业媒体获取政务信息的效率、频率和数量。

笔者对M报微信公众号综合稿排名前20位的信息来源做了进一步分析。如图9所示,排名前20位的包括:中央媒体6家、省级党媒4家、市场化媒体6家、政务新媒体3家、社交媒体1家。其中,引用次数排名前三的分别是央视新闻(37次)、新华社(19次)、《北京日报》(15次)。

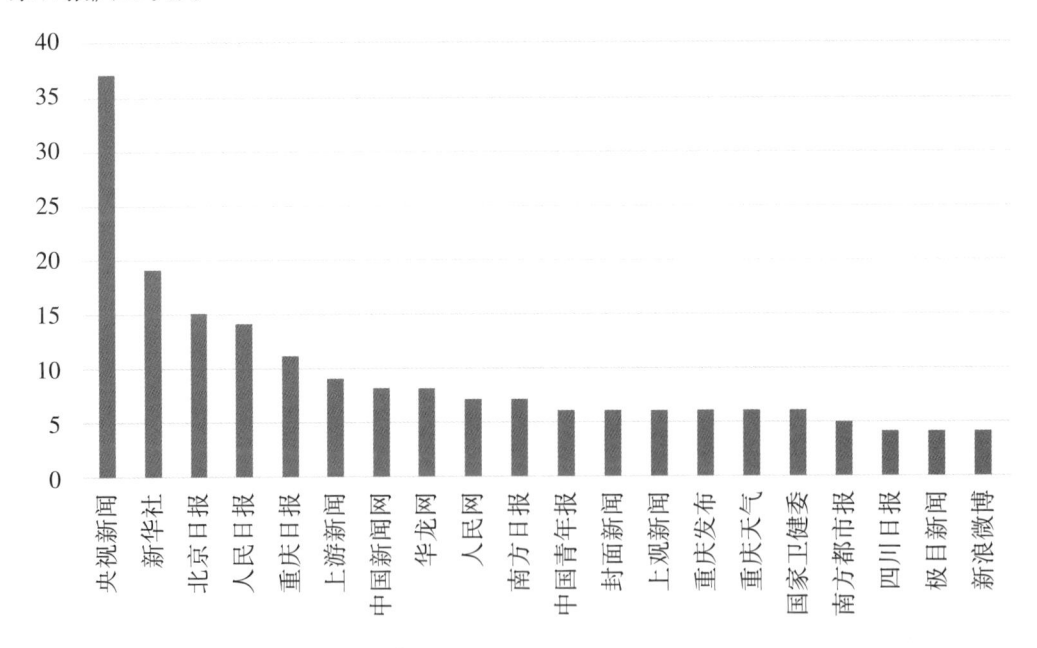

图4-10 "综合稿"排名前20位的信息来源及类型

笔者从田野调查中观察到,报社内部对于综合稿的信息来源,主要有以下一些考虑:首先是媒体内容的安全性。"二次传播"的一大优势就是可以利用外部媒体把关,刊发"已经刊发"的内容,风险会大大降低,尤其是来自权威媒体的信息,那么基本可以被确定为是"安全"的。因此可以看到,综合稿对于三大央媒、政务新媒体以及其他省级党媒的依赖度都很高。

其次是版权上的合法性。我国媒体建立了"白名单"制度,即划定可以安全使用的外部信源范围。白名单主要有两个来源:一是国家网信办公布的白名单,二是媒体自行联系建立的合作单位。2021年10月20日,国家网信办公布最新版《互联网新闻信息稿源单位名单》(俗称"白名单"),共列出1358家稿源单位,与上一版名单相比总量增加近4倍,不但包括专业媒体机构,而且将一批理论网站、政务发布平台、县级融媒体中心等纳入其中,形成庞大的优质内容池,大大丰富了媒体内容资源。[1] "白名单"上的媒体被视作可以信赖的信息源,但并不意味着完全没有版权限制。事实上,M报也是在使用中不断揣摩这些外部信源的版权保护规则:中央媒体和各地方党媒上的内容基本可以随便使用,无须事先征求同意,也无须支付报酬;而一些新兴的市场化媒体则比较强调版权保护,因此使用他们的内容可能会引发版权纠纷。基于此,M报会与其中一些媒体机构建立长期的合作关系,或者获得对方许可后,方才使用其内容。所以M报内部的"白名单",并不完全等同于国家网信办公布的"白名单",而是包括了上述两种情况。在"白名单"上的媒体内容才会被放心地选做综合稿或直接转载,比如编辑群里会时不时有这样的通告:

"现在可以用某某媒体的内容了,已经联系了他们,开了白名单。"

从传播平台的角度看,不同平台的版权保护严格性也有所区分。微信和媒体客户端的版权保护一般较为严格,微博内容则没有形成较为严格的版权保护机制。微信平台给文章原创者进行声明的机会,并对原创内容进行标识,同时原创者可以手动添加"白名单",即设置哪些公众号允许转载这篇文章。当其他用户在微信公众平台转载已进行原创声明的文章时,会自动替换成原文章内容,并自动为文章注明转载来源。同时,获得"原创"标识之后,媒体能够在后台看到谁转发了这篇文章以及转发阅读量,比如,M报曾经有一篇开通了"原创"标识的文章上传微信和客户端后,编辑兴奋地在群里报告:

"微信平台目前有12个账号转发了这篇文章,加上我们自己的阅读量,总共阅读量达到了23万。客户端平台转发的就统计不了了。"

另一方面,互联网时代一些媒体为了提高内容的传播率,也在一定程度上主动淡化版权保护。就M报而言,其微信公众号上的内容很多并没有开通原创标识,表现出了一种事实上的版权开放态度,即只要注明了来源,都允许转载。

目前,M报综合稿采取的是在文末注明来源的方式,一篇文章的来源媒体数量少则两个,多则五六个,最多的甚至有几十个,比如一篇关于本地高校放假安排的综合稿,就

---

[1] 《新闻记者》课题组:《2021年传媒伦理研究报告》,《新闻记者》2022年第1期,第3—18页。

列出了本地几乎所有高校的官网作为信息来源。同时,也有"部分综合"的提法,也就是说一篇文章同时包含了报社的原创内容和来自其他媒体的内容。这种做法客观上模糊了原创和转载之间的界线,因为在大多数情况下,受众基本上无法判断哪部分内容是归属于哪家来源媒体。这种做法已经成为媒体界一种默认的生产惯习。只有少数媒体,比如前述界面文化的"思想界"栏目,才会以超链接的方式,来形成特定内容与来源媒体之间的直接对应关系,用户点击超链接的时候,就会直接跳转到来源媒体的原文章。这无论是对原创者的版权保护与尊重,还是方便读者调阅原始资料进行延展阅读,都是更为有利的。

五、"综合稿"生产的动因解析

数字时代新闻生产永远在线、滚动发布的特点造成了对新闻内容的极大需求,仅靠媒体机构自行采编的内容显然无法支撑这样的生产模式,因而必然要通过转载、综合、抓取其他媒体内容等方式扩大内容池。从国家层面来看,也通过扩容"白名单"的方式,便利媒体综合稿的生产。

(一)生产成本低,制作简单易行

综合稿是基于已有信息进行的整合与二次传播,一般不需要记者奔赴现场、进行采访等一手信息挖掘,因此相比于原创稿件,生产制作成本相对较低,主要内容都可以通过互联网获取。比如,在寒暑假来临前,整合一个当地各所高校放假时间安排会有一定的关注度,并且操作也非常简便,从各高校官网上下载其校历,全部排列出来即可,因为许多高校校历上本来就已用色块标注清楚了学期和假期,所以媒体不需要再额外进行制作,各高校的放假时间安排就一目了然了。到寒暑假快结束的时候,又可以再次整合当地各高校开学时间以及新冠疫情之下的返校要求。类似地,像国家卫健委发布一条疫情防控新政策的时候,除了对该政策本身的展示以及解读,还可以整合各地落实该政策的情况,而这些情况都可以在各地卫健委官网上查询到,综合稿只需要将这些地方落实条款截图后罗列出来,非常简单易行。再比如,在国际重大体育赛事结束的时候,综合稿可以按时间线整理中国运动员夺金情况,做一张包含简单数据和运动员头像、名称的长图便于受众阅览。这类综合稿胜在信息全面,尽可能将搜集到的所有同类型信息罗列出来,方便关注该类信息的受众查询,具有比较强的实用性。

另外,从呈现方式来看,综合稿也较为简单易行。互联网时代的传播形态更为多样

化和不拘一格,综合稿顺应了这样一种趋势,在"多媒体化、有网感、有亲和力"的诉求下,更多地采用将视频、截屏、截图、动图等直接嵌入文中的方式,文字占比较之传统媒体时代降低了很多,这在某种程度上既保证了信息的"原汁原味",也降低了综合稿制作过程中审核、校对的难度。对于许多新媒体平台来说,可以节约大量的人力物力,高效率完成新闻生产,这可以说是综合稿越来越受媒体重视的动因之一。

(二)满足受众快速追逐热点的需求

互联网时代热点频频、切换迅速,能不能抓住重要的社会热点,是媒体能否吸引受众关注的重要因素,甚至一些本身并不具备很高新闻价值的话题,因为短时间内的热度,也能吸引不少流量,因此综合稿的议题总体上以追逐社会热点为导向。比如,2021年"三胎"政策成为全社会热议的话题,甚至在网络上形成了一股借"三胎"政策调侃、自嘲、自黑、玩梗的浪潮,其中一个著名的"梗"就是人民教育出版社出版的统编语文教材五年级上册、六年级上册封面图片的变化,被网友指为"爸爸不见了,出去搬砖挣钱去了",是在变相宣传"三胎"政策。M报微信以诙谐为主调选取了这个新闻点,刊出了人民教育出版社在其微信公众号上的"辟谣声明":五年级上册封面上被网友们误认为"爸爸""妈妈"的其实是"小哥哥""小姐姐";二胎、三胎的解读不过是网友们的自行联想,同时贴出了人教社出版的1—6年级的全部语文教材封面。这篇综合稿迅速获得上万的阅读量和众多评论。另外,像"以'滚'回复群众短信的政法委书记"事件,综合稿仅仅只是整合了简短的事件背景回顾、短信原文截图以及中共平山县委网络安全和信息化委员会办公室官方微博@网信平山的最新通报,虽然新闻操作简易,甚至让人感觉没有多少技术含量,但因事件人物作为政法委书记具有的特殊性、敏感性,并由此引发的"官民冲突"的联想,使得稿件非常容易获得热度,引发网友点击、转发和评论。

(三)叠加相关内容实现信息增值

综合稿由于内容来源多元化,可以从多个信源筛选相关内容进行整合,实现信息的优化和增值。2021年6月,神州六号载人飞船发射成功,并与天和核心舱完成自主快速交会对接,开始长达三个多月的太空之旅,成为国人持续关注的热点。9月17日神州六号返回地球,成为神州六号新闻的又一个燃爆点。M报微信集纳了央媒发布的神州六号着陆视频以及截图,同时补充了神州六号创下哪些记录,以及神州六号太空之旅的重要节点的完整图文回顾。这样的综合稿制作,在一定程度上弥补了地方媒体难以获得重大新闻一手资讯和直播权的缺憾,借"重返地球"的新闻节点,让普通读者可以通过一篇文章轻松获取关于神州六号较为全面、关键的资讯信息。再比如,节假日信息是大众都会关注的常规热点,在传统的"放假时间安排"这一核心内容之外,新媒体综合稿通过整合诸如假期交通出行注意事项、假期加班工资怎么算以及接下来几个月或半年的放假预告等内容,使得信息有一定的增值,具备更强的实用性。甚至,媒体也可以在自己的节假日海报之后,叠加其他媒体的精彩创意海报,形成一种"综合图集",在一定程度上增强了内容吸引力。

第五节 "策展"对于新闻生产的创新价值及反思

发端于博物馆业和艺术展览业的"策展"理念与实践,在互联网时代的技术和文化背景下被引入新闻业,拓展了传统新闻生产的边界,推动以媒体为中心的狭义的"新闻生产"向广义的、社会化的"内容策展"转型,传统的基于职业化新闻生产所形成的惯习,也正在遵循策展逻辑而不断改写。但与此同时,策展主体的多元化、非职业化也容易带来策展内容的高度主观化、圈层化。而媒体基于成本与操作便利性等考量,也会导致策展理念在实践中被化约和变形,成为一种信息传播者之间相互蹭热点的同质化内容生产方式。在信息超载的时代如何以"公共性"为指向,在各种内容生产者之间形成更富张力的合作与对话,更好地服务于参与式民主的目标,是未来策展话语与实践探索中的核心命题。

一、策展推动的新闻知识形态和生产范式变革

(一)重构知识文本,对抗信息超载、低质、碎片化

在传统媒体时代,新闻业在发展过程中也在不断尝试扩展知识形态,更新知识生产范式,建构从"知晓知识"到"理解知识"的连续统一体。比如解释性报道、调查性报道等,通过弱化新闻的时间性,来生产有助于受众理解的知识,即新闻的使命不仅是报道信息,更是探寻真相、解释世界、推动社会进步。[1]但在单一机构媒体作为生产主体的格局下,新闻业无法实现报道方式、报道容量、传播渠道、传播速率等方面的根本性突破。究其本

---

[1] 郑忠明、江作苏:《作为知识的新闻:知识特性和建构空间——重思新闻业的边界问题》,《国际新闻界》2016年第4期,第142-156页。

质,在"时间性"的压力下不断地生产热点始终是机构化新闻生产的基本特征,这导致了新闻业在知识轴上更加偏向于"知晓知识"而非"理解知识",难以形成对某一话题持续、深入的关注。

进入社交媒体时代,信息普遍呈现出的超载与泛滥趋势,加剧了媒体知识生产的紧张与混乱。如何对杂乱的信息进行聚合、过滤、加工、重构,使其呈现出相互联系和深刻意义,成为知识生产的一个突出问题,推动"策展"观念开始进入主流视野。从知识形态来看,策展打破传统新闻的完整报道方式,围绕某一个主题,海量信息以超文本的方式在社交媒体上汇聚,并进行重新结构,追求知识容量的最大化、随时更新,以超链接拓展知识范畴。尤其重要的是,策展也超越了传统新闻对线性时间的追逐,利用网络的非线性寻找事件之间的互文关系,形成了与传统新闻生产过程不同的路径与阐释体系,最终导向一个理解新闻的完整脉络。也就是说,策展并非仅仅致力于呈现"最新"的事实,而是倾向于穿越时空的迷雾,挖掘那些更深层次的勾连,用更多的相关事实来增进对某一事实的了解。借助于网络海量信息存储和查询的便利,策展新闻会频繁地调用以往的某些报道,来呼应、印证当前的话题,形成更加完整、多元、系统化的报道语境。这种对以往事实性知识的创造性再现,虽然传统媒体时代也经常使用,但在互联网时代的策展新闻中则更加凸显,乃至形成一种新的生产惯习。

(二)整合传者和受众力量,形成迭代效应

与工业社会的其他职业类似,新闻业在发展过程中也致力于建构自己的专业门槛和职业边界,使新闻生产被具有"资质"的机构媒体及其从业者所垄断。但进入新媒体时代,大量"非专业"的主体开始侵入新闻业边界,打破传统新闻业对新闻的知识霸权,改变知识生成模式,通过公众力量创造公众知识,各种生产主体之间的相互渗透、相互转化更为常见和频繁。"内容策展"就是这样一种典型的吸纳"非专业化"知识生产、整合传者与受众的新形式,内容生产者的"业余"身份使得他们很大程度上不受媒体机构的职业惯习和价值观影响,突破媒体框架的局限,在事实基础上以个人化角度来分析报道或建构故事。

前述澎湃"城市漫步"项目就是一种较为典型的专业媒体主导下的协作策展模式,将专家、文化名人、研究者、对话题感兴趣的普通市民、拍摄人员(志愿者)等纳入信息的生产与传播,内容生产主体更加多元化。另外,相对于公民新闻(citizen journalism)、用户生产内容(UGC)等近年来被广泛讨论的"非专业化"新闻生产,即因为目睹了某个突发事

件,或者短暂地对某个话题感兴趣,而进行的偶然的新闻生产行为,部分"话题聚焦型"的社群媒体策展表现出了持续性的内容生产能力。比如,阿伯拉姆森在过去五年中持续关注特朗普政治,平均每月发推文1000条左右,对特朗普政治进行较为全面、完整、长时段的评析,累积形成了巨大的信息量,产生了一定的社会影响力。这已非一种临时性的新闻实践,或者充当"偶然的新闻记者"(accidental journalists),而是在某种程度上具备了与传统机构媒体类似的持续的知识生产能力。因此,在特定的话题上,策展模式也可能产生超越传统机构媒体的话语权,深挖掩藏于常规报道之中的事实真相,质疑、挑战传统媒体呈现的事件版本。

(三)拓展内容生产边界,形塑"去中介化"传播语境下的新生产惯习

在互联网时代,媒体已经丧失了作为主要内容生产者和传播者的垄断地位,大量新的行动者经由不同的渠道参与信息的生产,并通过社交媒体平台实现一种"去中介化"的传播。普通公众利用智能拍摄设备,随时随地生产大量信息并上传社交网络。政府、商业机构等"策略性策展者"也会借助社交媒体平台直接对受众进行传播。同时,搜索引擎、社交媒体平台等运用机器算法,能够高效率地筛选海量信息并送达公众。另一方面,公众也可以通过戴维斯所说的"消费性策展",或者"选择性接触"(selective exposure),部分地消解媒体的议程设置,建构个体化媒介环境。[1]也就是说,各种类型的策展者可以选择与主流媒体合作,也可以选择绕开主流媒体直接与公众对话。作为传统把关人的媒体机构及从业者不得不适应这样的新模式,在一种混杂、各种力量交织的内容生产场域中,与其他策展者展开竞争与合作。

因此,传统的基于职业化新闻生产所形成的惯习,也正在遵循策展逻辑而不断被改写。比如,一些策展者更倾向于从社交媒体获取信源,在一定程度上改变了传统精英导向的媒体信源结构,从而实现信源多元化和框架多元化两大转变,或者如帕帕卡利斯(Zizi Papacharissi)和梅拉兹(Sharon Meraz)所说的形成"透明主观性"(transparent subjectivity)与高度会话性影响下的协商性框架[2];根据选题主动求援、寻找知情人士和线索;报道形式从记者主导、单次刊发转向公众参与、循环报道;从单一注重原创内容采写,到广泛搜集碎片化信息加以整理、诠释,制作"新闻包";等等。这些新惯习驱动形成了透明

---

[1] Davis, J. L. (2017). Curation: A Theoretical Treatment. *Information, Communication & Society*, vol. 220, no. 7, pp. 770-783.

[2] 莎伦·梅拉兹、齐齐·帕帕卡利斯:《埃及革命期间网络把关以及网络框架分析》,陈瑜编译,《国际新闻界》2015年第9期,第80-108页。

化、更具争议性以及不断迭代的新闻生产过程,在此过程中,非原创者极有可能通过高质量的策展而获得内容的主导权。传统主流媒体事实上已无法忽视这些新惯习对于推进民主参与的潜在力量,或者简单地将其斥之为"业余、偏见",而是需要更多探究如何与其他策展者展开互动而实现内容增值。

二、策展实践中存在的问题及反思

(一)内容生产的主观化、圈层化

策展主体多元化,也容易带来内容生产的主观化。一些策展者的"业余"身份使得他们很大程度上不受媒体机构的职业惯习和价值观影响,将传统媒体把关人所秉持的"客观、中立、平衡"等原则置之不顾,模糊"事实"与"观点",以纯粹个人化角度来进行报道和建构故事。同时,有别于传统的大众传播模式,策展者往往会将传播范围设定得更为精准化、小众化、圈层化,着力于形成基于共同兴趣、口味、观念等的网络社群传播。

彼得森和伯内特研究了英国女性论坛"Mumsnet"上一个关于特朗普政治的讨论区,在"自由-保守"的分析轴上建构其信息来源框架,剖析该网络社群的策展实践,认为这样的"社交媒体策展"倾向于聚合那些符合论坛用户主观认同的信息。"观点是否一致"成为无形的社区准入门槛,"异见者"会被无情地排斥和放逐。[1]因此,大量非职业化的策展行为,在摆脱传统权力结构和媒体惯习对内容生产的限制,拓展新闻作为一种知识的广度、深度的同时,也可能导致新闻、观点和情感前所未有地相互交织,使得后真相时代的媒介生态变得更为复杂,知识传播更为圈层化,并与意识形态产生更深的纠葛。有学者通过实证研究提出社交网络中的意见领袖"同心圈层"趋同现象与结构,认为不能过于强调互联网信息的"碎片化""多元化""去中心化",而忽视全局性的同质化与中心性,从而警示社交网络媒介和社会化结构尽管具有多样性、离散性乃至去中心性的表层现象,但在深层次上蕴藉着"再中心化"和"单向度"趋同的理论可能与实践表征。[2]

与传统"大众"传播或"公众"传播相比,一些社交媒体策展的传播范围更加小众化、圈层化,着力于形成基于共同兴趣、口味、观念等的网络社区,倾向于聚合那些更符合策展者主观认同的信息,这与大型、开放、匿名的社交媒体形成绝然不同的传播生态。策展

---

[1] Pedersen, S., Burnett, S. (2018). "Citizen Curation" in Online Discussions of Donald Trump's Presidency, *Digital Journalism*, vol. 6, no. 5, pp. 545–562.
[2] 徐翔:《社交网络意见领袖"同心圈层":现象、结构及规律》,《深圳大学学报(人文社会科学版)》2022年第1期,第133–148页。

者体现出鲜明的主观性和强大的主导力量,比如,阿伯拉姆森毫不掩饰自己"反特朗普"的立场,在他看来,"有立场并不代表不诚实",相反,主流媒体所传递的标准化的新闻话语,假定为社会所有人生产的标准知识,反而是一种"伪装的客观性",用以掩盖社会权力结构的不平等。然而,完全抛开专业新闻生产规范,也为策展实践带来了更多的不确定性。

(二)信源同质化导致内容生产的同质化

在新闻生产研究中,"信源使用"是分析媒体是否具有倾向性的一个核心指标,信源同质化被认为容易造成内容生产的同质化。在笔者对阿伯拉姆森个人推特和M报微信公众号"综合稿"的考察中,都可以看到某种程度上的信源同质化倾向,尽管两者处于完全不同的媒介情景。

作为新闻业的"局外人",阿伯拉姆森声称并没有拥有内部信息源,主要信息依赖于媒体记者报道。通过对他个人推特上的外部信源,也即"转推"的来源分析来看,包含传统主流媒体、新媒体以及媒体从业者的"媒体类信源"占比82.51%,形成了信源结构中占绝对优势的类别。另外,政客、官员、学者、社会活动家等互联网时代活跃而有影响力的个人,也成为阿伯拉姆森推特的重要信息来源。相对来说,普通个人推特被"转推"数量较少,并且信源极为分散,其中有1243个信源仅被转发了1次。这说明在信源结构上,阿伯拉姆森的个人策展并没有对传统媒体的信源结构有实质性的突破。而从信源政治倾向上来看,偏左翼的媒体机构和媒体从业者成为最主要的信息来源,偏右翼媒体机构及个人被转推次数非常少,而转推它们的目的,也主要是用于批驳其言论,从而形成了一种具有高度偏向性的信源结构。

在M报微信公众号"综合稿"生产中,亦可以看到非常明显的信源同质化特点。综合稿虽然极大地拓展了M报微信公众号的信息来源数量,比如一篇综合稿使用到的信息来源少则两个,多的可达一二十个,但如果对这些信息来源进行分析和归类的话,会发现来源高度同质化,主要还是集中在"新党媒共同体"内部,尤其是中央媒体、省级党媒,以及大量的政务新媒体。普通网民的观点比较少受到关注,即便偶尔呈现,也是基于配合某类话题的需要,而选择一些网友言论截图放在文章里,更谈不上调动受众的参与性进行协作式新闻策展。这样的信源选择,加剧了新媒体平台上内容生产同质化。

(三)透明性以及生产的规范性问题

内容策展的一大亮点就是信源透明化,倡导一种以"透明性"(transparency)为核心的公开、多元、参与的新闻价值观,强调更广泛、多样化的信源结构,多元视角的开掘,以及信息采集与生产过程的开放透明,让受众可以按照自己的需求直达原始信源。但是在实践中,并没有真正实现信源透明化。以综合稿为典型,虽然综合稿会在文末列出来源媒体的名称,似乎在一定程度上实现了信源透明化,但从受众角度看,他们其实并不知道哪部分内容来源于哪家媒体,以及综合稿是否准确地引用了原文信息,具体的引用文章标题也没有列出来,因此受众难以阅读原文进行比对,或者自主地实现延伸阅读和信息拓展。

究其原因,笔者认为可能有以下几个方面。首先是媒体基于竞争压力,故意采取一种模糊原创与转载的"打擦边球"的做法,即虽然在文末列出了来源媒体,但并没有设置超链接,受众极易忽略掉来源媒体信息,因而主观上可能会认为这就是一篇原创稿件。从而,媒体在蹭热点、抓取同行信息的同时,避免了给"外部信源"引流。其次,从操作成本上来看,设置超链接等方式,需要逐一比对原始信源,建立内容的对应关系,无论时间还是人力方面,都需要更大的投入,也增加了出错的概率,在"新闻加速"的当下,报社为了应对"快速综合成稿"的生产要求,设置超链接就成了一个被省略掉的环节。

总的来看,目前内容策展在实践中并没有在"透明性"文化下,形成相对成熟的行业共识和生产流程规范,链接外部信源也没有成为统一的规范性要求。各家媒体的综合稿,事实上都存在操作的简单化问题。很多稿件只是捕捉了一个热点话题,然后剪辑拼凑来自不同媒体的信息,从内容到形式都略显粗陋,本质上其实是一种"选择性转载",没能体现出高度自主性、创造性的策展思维。在排版风格上,灵活性、多媒体化是综合稿的突出优势,但也容易走向另一个极端,就是杂乱、粗糙、不讲求任何的排版规范。由于缺少传统媒体的规范性要求,很多综合稿形成了包含多种媒介元素的大杂烩、大拼盘式呈现风格。部分稿件中过多的动图让人眼花缭乱却抓不住要点,还有一些稿件则是机械地将其他媒体对某一事件的报道截图后拼贴在一起,除了都针对同一题材之外,看不出内在的逻辑关联性和组合思维。有的数据图表从别的媒体上直接复制粘贴过来,没有进行制作处理,视觉效果非常模糊,极大地影响了读者的观感,也损害了媒体的专业形象。目前,国内主流媒体的综合稿生产还停留在较为初级的阶段,并没有实现策展新闻中"1+1>2"的内容增值效果。

第六节　总结：一种新兴的内容生产方式

在网络化内容生产中，新闻机构不断出让新闻生产的掌控权，形成与受众新的共生关系，被认为是新媒体生态下新闻生产的根本性转变，也是对职业化新闻生产最大的挑战。"策展转向"非常典型地呈现出了这一变化，大量新的行动者藉由不同渠道参与信息的生产和传播，社交网络、公民个体、机器算法等与媒体并列为策展主体，在一个液态化同时也是高度怀疑性的信息场域中展开竞争，重组海量信息，生产公众议程，从而逐步实现从狭义的"新闻生产"向广义的"内容策展"转型。

社群媒体策展作为互联网时代一种"非专业"个体主导、公众自发完成的知识生产，与传统机构化媒体形成了较为不同的生产方式，围绕某个特定主题进行海量信息的采集、筛选、管理和发布，一定程度上表现出对职业化新闻生产惯习的反叛，倡导一种以"透明性"为核心的公开、多元、参与的新闻价值观。一方面，强调更广泛、多样化的信源结构，多元视角的开掘，以及信息采集与生产过程的开放透明，让受众可以按照自己需求直达原始信源；另一方面，"观点是否一致"成为信源使用的基本前提，策展者体现出鲜明、公开的主观性和强大的主导力量，聚合那些符合其主观认同的信息，"异见者"会被无情地排斥和放逐，与此相应，在话语方式上也呈现出比传统主流媒体更为激进、武断的风格。

社群媒体策展部分地实践了罗伯特·帕克（Robert E. Park）所预言的知识生产方式的更新，即公众可以自发完成知识的组织，拓展了新闻作为一种知识的形态和生产范式，推动客观主义的、精英的知识向着主观的、公众的知识转化。[1]在知识形态上，策展超越了传统新闻对线性时间的追逐，海量信息以超文本的方式在社交媒体上汇聚，利用网络的非线性寻找事件之间的互文关系，形成了与传统新闻生产过程不同的路径与阐释体系；从知识生产主体来看，大量"非专业"的主体侵入新闻业边界，打破传统新闻业对新闻的知识霸权，通过公众力量创造公众知识，各种生产主体之间的相互渗透、相互转化更为常见和频繁；从传播方式来看，与传统大众传播相比更为圈层化和主观主导，形成基于共同的兴趣、口味、观念等的网络社区，追求"透明度"更甚于"客观性"，认为"有立场并不代表不诚实"。

与此同时，专业媒体也开始部分接纳了策展理念，并在实践层面进行了诸多尝试，将

---

[1] Park, R. E.（1940）. News as a Form of Knowledge: A Chapter in the Sociology of Knowledge. *American Journal of Sociology*, vol. 45, no. 5, pp. 669–689.

策展嵌入传统的工作流程。一些媒体以新闻应用APP或者网站栏目、专题等方式,推出了专门的内容策展平台,尝试整合本媒体生产的新闻内容以及互联网上有价值的相关信息,制作成简洁明了的"故事包"推送给公众。也有少数媒体开始尝试协作性内容策展,由专业媒体发起话题,邀请相关专家以及普通公众,以线上线下结合的方式共同完成内容生产。而近年来兴起于主流媒体新媒体平台上的"综合稿",是策展思维在我国当前的新闻生产实践中的典型表现之一,在一定程度上改变了传统的新闻生产流程与惯习,强调根据编辑思路来复盘重大、热点新闻事件,引用不同媒体报道,同时亦展示出意见领袖和普通受众的评论看法,实现多元社会主体的联动,强化了舆论引导功能。

基于对全球视野下内容策展实践的一些主要类型的考察,笔者认为,策展作为一种新兴的内容生产方式,与职业化新闻生产会长期并行,并在相关话题领域展开竞争与合作。对专业媒体来说,如何更好地融合策展理念来革新传统的新闻生产方式,在"透明性"文化下形成相对成熟的行业共识和生产流程规范,是实现高质量内容策展的前提。对社交媒体上公民自发进行的内容策展而言,如何在摆脱传统权力结构和媒体惯习对内容生产的限制,拓展新闻作为一种知识的广度、深度的同时,避免内容生产的主观化、圈层化以及由此导致的信息茧房、群体极化问题,则是策展能否成为一种有价值的知识生产方式的关键。而无论是传统专业媒体还是社交媒体策展者都共同面临着如何真正实现信源多元化的挑战,也即摆脱小群体、小圈子、关系网或"认识论共同体"(epistemological communities)的知识建构与传播,实现真正意义上的知识生产的公共化。如彼得·伯克(Peter Burke)所说,知识社会史始终是一部编外人员和编内人员、业余人士与专业人员、知识企业家和知识食利者之间互动的历史,同时也是创新与传统、"融化与冰冻趋势"、正式与非正式知识之间的互动。[1]无论如何,在媒介生态已经发生巨大变化的背景下,在互联网时代复杂而"液态"的知识谱系中探寻未来的内容生产方式创新,"策展"都不失为一种有价值的尝试,并成为职业化新闻生产重要的参照系。

---

[1] 彼得·伯克.:《知识社会史(上卷):从古登堡到狄德罗》,陈志宏、王婉旎译,杭州:浙江大学出版社,2016年,第55页。

第五章

目击：UGC嵌入新闻生产的新路径

自现代新闻业诞生以来,"目击"(eyewitness)作为一种独家、一手、权威的信源,在新闻生产中占据着特殊而重要的地位,并催生了"目击报道"(eyewitness report)成为与新闻"真实性"密切相关的、经久不衰的报道方式。传统新闻业通过设定边界,将作为信源的"目击者"和新闻生产者清晰地区分开来。

　　进入互联网时代,"公民目击"(citizen witness)大量出现,并借助社交媒体进行广泛传播,目击者与新闻生产者之间的边界开始混淆和模糊,在很大程度上消解了传统新闻业对"真相"的垄断,形成对新闻从业者作为"阐释社群"(interpretive community)的文化权威的挑战。那些正好身处现场、拥有拍摄设备并且可以上网的普通公民,弥补了记者由于不在"第一时间""第一现场"而造成新闻"第一落点"的缺失。全球新闻编辑室对"目击者内容"的重视和吸纳,则成为新媒介场域下新闻生产方式变革的一个重要方面,不仅影响了新闻内容的呈现方式,还对传统新闻生产的惯习与控制机制形成挑战和冲击,"公民目击者"从单一的信源角色日益转变为知识生产的共同参与者,新闻业面临着如何重新调整和设定边界、将"公民目击"纳入新闻生产的制度性框架的问题。

　　但与此同时,"目击者内容"的虚假性、主观性、是否侵犯版权与个人隐私等一系列的法律争议和伦理难题也日益凸显。基于此,以一种合作的思维来重构数字化新闻生产中的"把关人"角色,建立更加成熟、完善的事实核查机制与伦理规范,形成一种专业媒体引导、融合用户生产内容的协同报道方式,才能将"目击者内容"更好地嵌入新闻报道,保障高质量的新闻生产。

　　"目击"(eyewitness)是一种常见的现象,也是一个古老的概念。彼得斯(John Durham Peters)认为,"目击"是一种错综复杂的实践,包含法律、宗教以及与特殊的创伤性事件相关联的三层含义。从法律上,目击者提供的信息被认为对于司法审判具有特别重要的价值;在神学领域,目击的观念与见证神迹奇事以及殉道者等联系在一起;晚近时期,尤其是第二次世界大战以来,目击者往往作为大屠杀幸存者等身份,来讲述和记录历史事件。从而,目击引发了关于真相与感受、在场与缺席、死亡与痛苦、看见与说出以及关于信任的观念等一系列传播中的基础性问题,甚至也成为一个哲学的、认识论上的问题。[1]长期以来,在我们的口头和书面文化中,对于什么是"合适的目击"(proper witnessing)一直存在争议和困惑。埃利斯(John Ellis)将目击行为同一种责任感关联起来,"我们不能说没看见",也就是说,目击意味着讲述、呈现公共事件的一套话语观念。[2]

自现代新闻业诞生以来,"目击"作为一种独家、一手、权威的信源,在新闻生产中占据着特殊而重要的地位,并催生了"目击报道"(eyewitness report),成为与新闻"真实性"(authenticity)密切相关的、经久不衰的报道方式。媒体用"目击新闻"(eyewitness news)以及含有类似意思的"现在看见"(see it now)、"正在发生"(as it happen)等来命名一些节目或专栏,以昭示媒体同正在发生的新闻事件的接近性(proximity)。记者们也乐意被称作"把看到的立即记录下来的目击者"[3],"记者最重要的是始终保持自己的眼睛和耳朵张开"[4]。但事实上,在绝大多数情况下,记者都不可能亲身经历新闻事件,只能依赖那些目击事件或听说事件的信源。传统新闻业通过设定"边界"(boundary),将作为信源的"目击者"和新闻生产者清晰地区分开来。

进入互联网时代,"公民目击"(citizen witness)大量出现,并借助社交媒体进行广泛传播,目击者与新闻生产者之间的边界开始混淆和模糊,在很大程度上消解了传统新闻业对"真相"的垄断,形成对新闻从业者作为"阐释社群"(interpretive community)的文化权威的挑战。新闻业面临着如何重新调整和设定边界、将"公民目击"纳入新闻生产的制度性框架的问题。

第一节 媒体语境下的"目击"及其对新闻生产的价值

一、从"看见"到"说出":目击的媒介化及其演变

"目击"并非一个新现象,而是从16世纪现代新闻业诞生以来就发展起来的一套日常新闻的实践策略。莫特森(Mette Mortensen)认为,"目击"在媒体语境中的含义是个人通

---

[1] Peters, J. D. (2001). Witnessing. *Media, Culture and Society*, vol. 23, pp. 707-723.
[2] Ellis, J. (2000). *Seeing Things: Television in The Age of Uncertainty*. London: I. B. Tauris, p. 32.
[3] Synder, L. I. (Ed.). (1962). *Masterpieces of War Reporting*. New York: Julian Messner, p. 17.
[4] Campbell-Copeland, T. (1944). "On Correspondents". In C. Riess, Eds., *They Were There: The Story of World War II and How it Came About by America's Foremost Correspondents*(p.24). New York: G. P. Putnam's Sons.

过陈述、展示来分享其观察或参与某个事件的感受。[1]泽利泽(Barbie Zelizer)系统梳理了新闻发展史上的"目击"实践,认为其对于帮助建立新闻业的"真实性"权威具有重要意义,即塑造一种"在场"(on-site presence)的感觉——新闻报道是建立在亲眼所见的基础上![2]在传统媒体时代,记者往往充当"目击者"的主体,"第一时间"赶赴新闻现场,成为新闻业的一种基本职业要求。

彼得斯以时间和空间两个维度,将目击分为四种类型,认为时间和空间上都同时"在场"(being there)的"纯粹目击"(pure witnessing),拥有与事件最高的接近性特权,由此形成了一种讲述事实的文化权威。[3]莫特森进一步强调了在媒体语境中目击者的物理"在场"(on-site presence)与主观体验。

然而,从消极的"看见"(seeing)到积极的"说出"(saying)、从个体体验到公开讲述,必然要经历一个"媒介化"(mediated)的过程。如埃利斯所说,目击者和媒体之间形成了一种"共谋"(complicity):在传统媒体占据信息垄断地位的时代,目击者需要借助媒体把信息传播给公众,而媒体则需要借助目击者这种特殊而重要的信源,部分实现"眼见为实"式的对现实事件直接、快速的还原,尤其是那些人们难以直接接触到的新闻事件,从而强化记者报道真实世界的权威性。[4]一方面,照相机、录音机等设备的发明,将目击从单纯依赖个体记忆、复述,转变为可以依赖机器设备来捕捉事件发生的瞬间,从而提供了更加充裕、丰富并且记录更为完整的目击内容。这种"机械化"的目击,还因为其客观的、纯记录性质,而被认为更具真实性。另一方面,电视、广播等媒介的出现,创造了另外一种形式的更为逼真的目击体验——观众通过电视屏幕或广播,同步感受遥远事件的发生,即虽然空间分离,但时间同一。通过目击报道将事件发生的场景和遥远的观看者联系起来,形成了一个完整的"传播仪式"(communicative ritual),因此埃利斯等学者开始把目击作为媒介分析的一个关键词。比起传统纸媒,这种借助于电子媒介的间接性"二手目击"(second-hand witness)创造了更为逼真的目击体验。但与此同时,人们也明确意识到"一手目击"和"二手目击"之间还是有本质区别的,比如,那些进入到现场听总统演讲的观众可以说"我在那儿"(I was there),但那些数以亿计的电视机前的观众,只能说"我在电视上看到"(I saw it on television)。两者具有完全不同的权威性和文化资本。"在场"是人数有

---

1 Mortensen, M. (2015). *Journalism and Eyewitness Images: Digital Media, Participation, and Conflict.* New York: Routledge, p. 19.
2 Zelizer, B. (2007). On "Having Been There": "Eyewitnessing" as a Journalistic Key Word. *Critical Studies in Media Communication*, vol. 24, no.5, pp. 408-428.
3 Peters, J. D. (2001). Witnessing. *Media, Culture and Society*, vol. 23, no. 6, pp. 707-723.
4 Carey, J. (Ed.). (1987). *Eyewitness to History*. New York: Avon Books, p. 24,137.

限的、易逝的,因而也是珍贵的、难以复制和不可取代的。

进入互联网时代,目击者、媒体和受众之间的关系发生了根本性的改变。那些现实世界的"一手目击者"和电视屏幕前的"二手目击者"不再泾渭分明,或者说线上和线下的公众开始借由"目击"相互交织在一起。比如"9·11"事件被保罗·弗洛什(Paul Frosh)和阿米特·平切夫斯基(Amit Pinchevski)称为"一个不能不制造目击者的事件",旁观者、受害者、志愿者以及其他各种类型的公众都在事件发生的同时举起手机,拍摄、记录和传播事件进程。[1]这意味着一种"大众自我传播"(mass self-communication)模式的兴起,使得新闻业越来越难以在受众和目击者之间承担起"中介"的职能。在一些重大事件发生的时候,媒体往往不得不借助正好在现场的公众提供新闻内容,催生了"目击媒体"(eyewitness media)概念的诞生,指与新闻编辑室无关的人拍摄新闻现场的图片或视频的现象。[2]

随着社交媒体的快速发展,目击者往往会通过社交媒体来进行即时分享,成为布伦斯(Alex Bruns)所说的"产用者"(producer),将新闻生产者和消费者融为一体。斯图亚特·艾伦(Stuart Allan)称其为"公民目击者"(citizen witnessing)。[3]值得注意的是,学界对"目击媒体"的定义与一些已被频繁使用但过于宽泛的概念区分开来,比如用户生产内容(user generated content, UGC)、公民新闻(citizen journalism)等,强调目击者和事件的关联,即目睹、亲历新闻事件并自发地进行信息传播。目击者由于其"业余"身份,不受媒体机构的职业惯习和价值观影响,可以独立地进行现场报道。但同时,目击者也不存在与专业新闻媒体的"对抗/抗衡关系",专业媒体可以采用目击媒体的内容进行报道,甚至信息最终的大范围传播还是借助专业媒体来完成的。[4]

随着手机等便携式拍摄设备的普及和短视频在全球媒介版图中的爆发式增长,"目击者视频"(eyewitness videos)成为"目击媒体"中最重要的类别。相比目击者的口述、文字和图片,视频显得更"真实",信息含量更大、媒介元素更丰富、视觉冲击力更强,观看时长较短,一般从几秒到几十秒不等,更符合新媒体时代受众的接受习惯,在突发事件报道中发挥着不可替代的作用。对于传统的机构媒体来说,"目击者视频"弥补了记者由于不在"第一时间""第一现场"而造成新闻"第一落点"的缺失,尤其在事件发生的头24小时

---

[1] Frosh, P., & Pinchevski, A. (2009b). Introduction: Why Media Witnessing? Why Now? In P. Frosh & A. Pinchevski (Eds.), *Media Witnessing: Testimony in the Age of Mass Communication* (pp. 1-19). Basingstoke: Palgrave Macmillan.
[2] 黄雅兰、陈昌凤:《"目击媒体"革新新闻生产与把关人角色——以谷歌新闻实验室为例》,《新闻记者》2016年第1期,第42-49页。
[3] Allan, S. (2014). Witnessing in Crisis: Photo-reportage of Terror Attacks in Boston and London. *Media, War and Conflict*, vol. 7, no. 2, pp. 133-151.
[4] 黄雅兰、陈昌凤:《"目击媒体"革新新闻生产与把关人角色——以谷歌新闻实验室为例》,《新闻记者》2016年第1期,第42-49页。

内,媒体往往还来不及布局记者采访,只能依赖现场目击者提供的素材。同时,在战地或冲突地带等记者受到管制的区域,目击者所提供的视频等信息,更是成为新闻报道的重要支撑,填补了大量的媒体空缺。

近年来,国际上各大媒体都在挖掘"目击媒体"的新闻价值,其中英国广播公司(BBC)是最早介入并建立专门的目击者内容平台的知名媒体。一个早期的典型案例是2005年的伦敦地铁巴士连环爆炸案,公众用相机、手机等拍摄事故现场视频并发送至BBC,为该事件报道提供了珍贵的现场素材。据称,当时BBC收到了至少1000张照片、4000条文字信息和2万封电子邮件。事件发生的第二天,BBC将这些目击素材编辑制作了一个新闻包刊发出来。时任BBC新闻主管的理查德·桑布鲁克(Richard Sambrook)将这一次对目击素材的使用报道称为"一个引爆点,开启了BBC公民新闻战略的根本性调整"。[1] 受此启发,BBC随即推出公民新闻平台"Have Your Say"。而另外一个背景则是当时越来越多的受众青睐用手机来收听广播节目,于是像BBC这样的传统广播电视机构也开始大规模地接入互联网服务,尤其重视基于手机平台的内容生产。

2013年5月,美国俄克拉何马州遭遇致命龙卷风的24小时内,YouTube上观看人数最多的十大视频中,有7个都是目击者拍摄的,其中最多的吸引了60万次观看。2015年2月,台湾复兴航空飞机失事。在事发后10分钟内,用户@Missxoxo168就将视频截图发布在推特上,其视频为手机上的行车记录仪软件Dashcam录制。该视频被BBC、CNN等各大媒体报道时频繁使用。2017年10月1日拉斯维加斯枪击案发生当天,有大量目击者视频上传到社交网络,其中约40个经媒体验证后在新闻报道中发布,为新闻报道提供了现场素材。2017年对飓风哈维的报道中,美国的天气频道(Weather Channel)从社交媒体上获取并验证了74个目击者视频,凭此报道获得第39届艾米奖的"新闻和纪录片奖"。

2022年3月21日,东航一架客机MU5735在执行昆明至广州的航班任务时,于广西梧州上空失联,后确认该飞机坠毁。灾难现场村民拍摄的事故现场起火和飞机残骸短视频、邻近事故现场的监控摄像头捕捉到的坠机画面,是关于空难事故最早的一手信息。另外一个值得关注的是两家航空自媒体"FATIII"和"飞行物语"都在3月21日下午3时左右,先后发布了提醒关注MU5735飞行高度变化的信息,而它们的信息则来自于飞行数据App"飞常准"、Flightradar24,这两款手机应用基于ADS-B(客机信息广播)方式,追踪飞机对外公开发出的各种信号,同时设置了特殊代码推送功能,普通用户也能实时掌握飞机飞行情况。在这一突发灾难事件中,上述这些视频、画面、信息都早于专业媒体对该事件

---

[1] Friend C. & Singer J. (2007). *Online Journalism Ethics: Traditions and Transitions.* New York: Routledge, p. 152.

的报道。而随后人民日报记者在坠机现场哽咽的短视频、澎湃新闻整合社交平台内容制作的短视频,以及《每日人物》特稿《MU5735航班上的人们》,其核心实时性信息增量都较为有限。[1] 正如谷歌新闻实验室负责人奥利维亚·马(Olivia-Ma)所说,"目击者视频,已经成为全球新闻报道的一部分"![2]

二、"目击"与真实性

(一)"事实"文化与新闻的"真实性"

从17世纪早期印刷报纸在欧洲诞生之初,对"真实性"(authenticity)或者说"真相"(truth)的声称,就一直是新闻话语的主要特征,将新闻业与市井闲聊、宣传小册子、新闻信、小说等其他现代化早期的信息传播渠道区分开来。同时,"真实性"也是一个独特的商业卖点,在17世纪的信息市场上为报纸提供了一个不可取代的地位。在当时报纸的发刊词上,几乎所有的出版人和编辑都会承诺给予事件真实可信的报道。有的报纸就直接起名为"镜报"(the Mirror)、"灯塔报"(the Beacon)等,直观地宣示其对真实性的诉求。

夏皮罗(Barbara J. Shapiro)认为,一种关于事实的文化在1550—1720年间的英国建立起来了。在16世纪早期,"事实"这个词仅仅用在法律方面,法庭裁定开始基于理性的判断,而非宗教权力。于是,法律界发展了一套关于挖掘事实的常规(routines),主要依靠真实的文件、物品(物证)与可靠的、没有直接利害关系的目击者(人证)。这些常规逐渐拓展到其他领域,比如新闻报道。[3] 出版商和编辑、记者同样强调其公正的、毫无偏向性的理性判断以及对事实的忠诚,并基于此发展出了一套文本惯例和话语策略,包括在文章开头标出报道的时间、地点;标示信息来源于权威的官方渠道,或者是来自亲历事件的目击者;如果两者都没有的话,记者只能依靠二手信息源,就需要提供关于信源的足够多的细节来说服受众这个信息是真实可信的。若实在不能确定信息源准确性的时候,编辑记者会用上一些惯例性的话语,比如"据说""疑似""可能"等,为日后纠错预留下空间。

16—17世纪早期报纸的实践标志着在知识的建构和传播上的一个重要转变,即从小范围的口口相传、私人信件等,到大范围的公共知识建构和传播。阅读报纸不仅是一个获得愉悦、受教育或者获取信息的个人私事,而且是一种公民参与公共领域的方式。如

---

[1] 陆晔:《"去中心化"时代新闻媒体的意义何在?——由MU5735空难报道谈起》,《探索与争鸣》杂志微信公众号专稿,2022年3月26日。
[2] 腾讯科技:《YouTube高调推新闻目击者视频服务》,2015-06-20. http://tech.qq.com/a/20150620/001756.htm.
[3] Shapiro, B. J. (2003). *A Culture of Fact: England, 1550–1720*, New York: Cornell University Press, p. 11, 208.

边沁(Jeremy Bentham)所说,报纸是唯一常规性的公共知识和真相的贡献者。于是,报纸开始在政治体系中占据越来越重要的地位。同一时期卢扎克(Elie Luzac)、休谟(David Hume)和密尔(John Stuart Mill)等的著作也形成了这样的观念:报纸是传播真理和塑造公众舆论的重要工具。这一共识助推了"新闻自由"(freedom of press)理念的成型,进而建立起了新闻业作为"第四等级"(the fourth estate)的合法性权威。

到18、19世纪,新闻的"真实性"信念延续下来,成为现代新闻业的一个观念基础,或者说"第一信条",被新闻从业者和公众共同认可。关于真实性的话语也进一步与普世性的文化话语相契合,发展了一套以客观性为核心的话语策略,比如讲述故事的两面,引用那些有不同观点的人的话,引用目击者内容等。客观性理念背后是一种总体性观念,即如果记者以一种"非个人化"和理性化的方式来工作的话,那么毫无偏见的真相就会被呈现出来。如迈克尔·舒德森(Michael Schudson)所说,媒介权力不仅来自它宣称事实的权力,还来自它呈现事实的方式。[1]

(二)目击作为一种"真实性"实践策略的演变

如果说,在现代新闻业诞生之初,从业者就不断从理念层面宣示其具有"真实性"的核心特征,那么与之相适应,一套以"目击"(eyewitness)为核心的实践策略也在日常新闻操作中发展起来。"报纸之眼"(eye of the paper)[2]、"新闻鼻"(nose for news)等对记者的比喻,隐含了做新闻的一个先决条件——"在场"(on-site presence)。个人的物理"在场"意味着报道是建立在亲眼所见的基础上,对现实事件的客观讲述,尤其是那些人们难以直接接触到的新闻事件,奠定了记者报道真实世界的权威性。[3]19世纪德国历史学家兰克(Leopold Ranke)以重视一手史料和客观叙事而著称,他在3卷本《教皇史》(*The Popes of Rome, Their Church and State in the Sixteenth and Seventeenth Centuries*)中宣称:"一个新的时代即将来临,历史学将不再建基于当代历史学家那些远离事件来源的二手报告,而是建立在目击者叙述(eyewitness accounts)以及其他更加真实、原始的材料来源基础上。"[4]

泽利泽(Barbie Zelizer)系统梳理了新闻发展史早期阶段的"目击"实践。在15、16世纪,萌芽中的新闻业还难以负担真正的"目击",受限于没有专职的新闻记者、编辑,以及

---

[1] Schudson, M. (1995). *The Power of News*. Cambridge, MA and London: Harvard University Press, 1995, p. 109.
[2] Dana, C. A. (1937). News and Reporting. In F. L. Mott(Eds.), *Interpretations of Journalism*. New York: F. L. Crofts & Co., p. 161.
[3] Carey, J. (Ed.). (1987), *Eyewitness to History*. New York: Avon Books, p. 24, 137.
[4] Tietz, T. Leopold von Ranke. (2018). *The Father of the Objective Writing of History*. 21-Dec-2018. Retrieved From http://scihi.org/leopold-von-ranke-science-history/.

交通、通信技术的落后,所以绝大多数新闻实际上只是"听说"(hearsay),从那些旅行者、商人、士兵或其他冒险家的记录或口头传言中获取他们曾经"目击"的新闻。随着印刷媒体时代的到来,"目击"成为一种更常规的报道方式。报纸开始派记者深入当地以及更远的地方搜集目击者的讲述。由记者直接观察庭审而进行的法庭报道,成为早期目击报道的主要类型。在口述记录之外,图绘新闻等更加直观地呈现目击者的讲述。第二次世界大战时期继续发展了"目击"的新闻记录方式,一种简短的、电报风格的"我在现场"(I was there)或"我的故事"("I"stories)报道盛行。[1]

进入互联网时代,随着手机等便携式拍摄设备的普及和社交媒体在全球媒介版图中的爆发式增长,"目击"开始变得更加容易、更加频繁,也更加容易传播和分享。与传统媒体时代目击者主要通过专业媒体发布目击内容不同,互联网时代的目击者更愿意选择社交媒体平台实时发布目击信息。这一发布方式的改变似乎更接近"目击"的本义和新闻事实本源,提供了一种未经处理、值得信任的原始证据,让受众无须经过媒体中介(mediating)而直接抵达真相。同时,受众也积极地参与到信息选择和话语解码(decode)的过程中,与传者形成更具能动性的互动,共同对新闻事实进行诠释。这样一种"去中介化"的目击内容传播,建构了一种更强烈的"真实性"话语。

首先,"目击者内容"与新闻事件的发生几乎同步,极大地满足了社交媒体时代受众对新闻"即时性"(immediacy)的需求。"同步发生"(spontaneity)还意味着内容生产并非事先有意安排和策划,消除了人工干预的可能性,因而让受众自然而然地产生真实感。在一些情况下,目击者内容甚至成为事件唯一的现场记录。2019年2月,6名加利福尼亚警察射杀了在车里睡觉的黑人饶舌歌手威利·麦考伊(Willie McCoy),目击者罗利·加蓬(Rolly Gabun)在50英尺外的一辆车里,用手机拍下了一段39秒长的视频上传到YouTube。这段视频激起了麦考伊亲属以及诸多民众愤怒的浪潮,虽然由于距离太远,未能拍到当时警察和麦考伊对峙的具体情况,但清晰记录了十几下枪响以及警察高喊"举起手来"的声音。加蓬描述自己当时的反应是"惊恐到心都快要跳出来了"![2]这种目击者身处现场的个人体验,通过文字、图片、视频、音频等形式传导给受众,产生"接近性"(proximity)和"情感性"(affectivity),是"目击者内容"突出的优势所在。

其次,"目击者内容"的制作者大多不具备专业的新闻生产技能,亦不是为了新闻出

---

[1] Zelizer B. (2007). On "Having Been There": "Eyewitnessing" as a Journalistic Key Word. *Critical Studies in Media Communication*, vol. 24, no. 5, pp. 408–428.
[2] Levin, S. (2019, February 15). "Executed by Firing Squad": Video Shows Police Firing a Dozen Shots at Man. *The Guardian*. Retrieved from https://www.theguardian.com/us-news/2019/feb/14/california-police-shooting-willie-mccoy-video.

版而拍摄,很多视频还是在目击者奔跑、躲藏的过程中仓促拍摄下来的,因此视频镜头摇晃、视角不佳、画面模糊、画质低劣、结构松散、没有主题、充满嘈杂的背景声音等,几乎成了目击者视频的"标配"。与专业新闻团队拍摄的视频存在很大的差距,在很长时间内曾被媒体和专业新闻工作者所"鄙弃"。然而,从受众的视角,这一品质上的缺陷反而强化了视频"真实可信"的感觉。比如2013年波士顿马拉松爆炸案中最著名的目击者视频,是一位参赛选手用戴在头上的GoPro相机拍摄下来的,爆炸发生时她正好跑到终点附近,画面显得非常摇晃,突然响起的爆炸声让受众真实感受到了事件发生时的震撼。如乔恩·达维(Jon Dovey)所说"业余是真实可信的保证",这些未经加工的原始素材信息被认为打破了媒介制造的关于现实世界的幻象,还原最本真的真实。[1]

最后,"目击者内容"有的呈现出强烈的主观性(subjectivity),这也在某种程度上强化了其真实感。在受众眼中,一个主观的"目击者"参与事件过程中呈现出来的个人感受,往往比所谓客观冷静的"观察者"提供的信息更真实可靠,更有现场感。[2]凯利(John Carey)认为,"目击"隐含了做新闻的一个先决条件——个人的物理"在场"(physical human presence),意味着报道是建立在亲眼所见的基础上,对现实事件的真实复述,那些迅速的、主观的、不完整的目击报道,反而带给人们一种"增强的现实感"(heightened realism),尤其是那些人们难以直接接触到的新闻事件。[3]甚至产生了一种"越主观,越真实"的感觉;或者认为新闻无所谓"主观"或"客观",只是一种开放的、永不终止的对于信息、真相的追索。

第二节 "目击"融入新闻生产的全球实践

一、"目击"对新闻生产边界的突破

"阐释社群"这一概念最早是由泽利泽引入新闻学研究,她认为单纯从职业的视角来审视新闻从业者是不够的,更应该将新闻从业者视为一个阐释社群成员,通过共享一套新闻话语体系来对公共事件进行阐释。在此基础上她提出了新闻业把握"双重时间"(doing double time)——事件发生之初与对事件进行重述时,从而形成两种工作模式:一是当

---

[1] Dovey, J. (2000). *Freakshow: First Person Media and Factual Television*. London: Pluto, p. 64.

[2] Broersma, M. (2010). The Unbearable Limitations of Journalism: On Press Critique and Journalism's Claim to Truth. *International Communication Gazette*, vol. 72, no.1.

[3] Carey, J. (Ed.). (1987). *Eyewitness to History*. New York: Avon Books, p. 24, 137.

时当地模式(local mode)，表现为在新闻发生的特定时刻，呈现"硬事实"的见证者叙事；二是持续模式(durational mode)，时过境迁之后，媒体依然可以根据职业共同体的反思，对事件不断地进行再阐释和再解读。通过见证与诠释，新闻社群建立起了书写社会事件的文化权威。[1]卡尔森(Matt Carlson)借用韦伯(Max Weber)关于三种权威的界定，认为传统新闻业同时具备了"法理型权威"(rational authority)、"传统型权威"(traditional authority)和"魅力型权威"(charismatic authority)，因此拥有呈现真相、解释世界的特权。[2]

这种诠释性的话语实践与新闻业的边界相关联。"边界工作"(boundary work)原本是一个科学领域的概念。托马斯·基尔因(Thomas Gieryn)在1983年的一篇论文中，倡导建构"科学"工作的边界，以和"伪科学"区分开来，并提出扩张(expansion)、驱逐(expulsion)和保护自主性(protection of autonomy)这三种边界工作方式。[3]"边界工作"和"阐释社群"的概念相勾连，对于分析新闻业如何通过区分"局内人"和"局外人"，推进内部的专业化，维持新闻业的文化权威，是一种非常有价值的理论框架。

从历史上看，每当新闻业的权威受到外部挑战，从业者往往都会通过强化"边界"的方式，将挑战者置于"局外人"的地位，声称其行动与新闻业无关，从而维护新闻业的核心信念与基本准则。一个典型的案例是传统主流媒体如何处理与"维基解密"(WikiLeaks)的关系。2010年前后，《纽约时报》和《卫报》都曾和维基解密一起工作，刊登维基解密获得的关于伊拉克和阿富汗战争的机密信息。但随着维基解密创始人朱利安·阿桑奇(Julian Assange)曝光机密文件的量级越来越大，并在公开场合自称"记者"或"媒体"，这两家报纸都不约而同地疏远了和维基解密的关系，强调维基解密及阿桑奇只是"原始信息来源"，而并非合作者或者新闻同行。[4]在这两家媒体看来，阿桑奇过于明显的主观性(subjective)、去机构化(uninstitutional)倾向和反美主义意识形态，都违背了新闻业的一些核心原则，挑战了新闻专业主义的文化权威。

当然，由于边界是人为建构起来的，它并非永恒固定，而是随着时代的发展不断变化。随着互联网新媒体崛起，新闻业的边界也处在剧烈变动之中，越来越多的主体开始通过提供信息、发表评论、转发报道等方式，介入原本以职业记者为主体的"阐释社群"之

---

[1] Zelizer B. (1993). Journalists as Interpretive Communities. *Critical Studies in Mass Communication*, vol. 10, no. 3 pp. 219-237.
[2] Carlson M. (2006). War Journalism and the "KIA Journalist": The Cases of David Bloom and Michael Kelly. *Critical Studies in Mass Communication*, vol. 23, no. 2, pp. 91-111.
[3] Gieryn, T. F. (1983). Boundary-Work and the Demarcation of Science from Non-Science: Strains and Interests in Professional Ideologies of Scientists. *American Sociological Review*, vol. 48, no. 6, pp. 781-795.
[4] Coddington, M. (2012). Defending a Paradigm by Patrolling a Boundary: Two Global Newspapers' Approach to WikiLeiaks. *Journalism & Mass Communication Quarterly*, vol. 89, no. 3, pp. 377-396.

中，使得传统新闻业面临严峻的拷问：每天在社交网络上海量涌动的用户生产内容（UGC）对于机构媒体来说，到底是可以"为我所用"的新闻来源，还是可替代性的竞争者，乃至形成一个新的"业余共同体"，与传统新闻"职业共同体"抗衡？在新闻事件突发的瞬间拍下视频上传到社交网络的目击者，是否在某种程度上取代了传统记者"第一时间奔赴新闻现场"的职业功能？甘森和沃斯菲尔德以抗议事件为例，指出媒体和示威者都在争夺对抗议事件进行意义解读的话语控制权。目击者视频的大量出现并没有改变这一点，但相对1990年代之前的传统时代，新闻编辑室手中掌握的新闻报道资源要少很多，因此不得不在一个高度混杂的传播环境中，与目击者和社交媒体用户协商、竞争对公共事件的解释权。[1]

在新媒体时代，目击者往往通过社交媒体平台实时发布目击信息，这使得受众无须经过媒体中介而直接抵达事件，从而规避了以往学界所批判的机构媒体对现实的重新建构（construction of social reality）[2]，强化了普通公民对生活事实的表述权，被视为"后真相时代"一种有价值的记录事实、披露真相的方式，形成了对传统新闻业"阐释社群"的挑战，甚至导致一种对职业记者的"挤出效应"。

首先是对职业记者作为权威的新闻生产者的挑战和质疑。新的技术条件使得人类历史上第一次可以做到目击内容的生产、传播与事件的发生几乎完全同步，极大地满足了受众对新闻"即时性"的需求。没有新闻专业背景的普通公民，在某个新闻事件发生时正好身处现场，用手机拍摄短视频或图片，第一时间上传到社交网络，从而赶在任何媒体记者之前，成为事件的第一报道者和反应者。在2005年的伦敦地铁爆炸案、2007年的弗吉尼亚理工大学校园枪击案、2011年日本大地震、2013年俄克拉何马州龙卷风、2015年巴黎查理周刊遇袭事件、2015年天津港爆炸案、2016年布鲁塞尔恐怖袭击、2017年拉斯维加斯枪击案等震惊世界的突发事件中，大量来自现场的目击者内容快速上传到网络，填补了事件发生之初的新闻空白，在一定程度上挑战了专业媒体的突发事件报道模式。甚至在一些突发事件报道和战区报道中，媒体机构严重依赖那些"偶然的新闻记者"（accidental journalists）提供的目击内容，因为这些内容是唯一的现场照片或视频，引致"目击者可以比记者做得更好"的评价。[3]图片分享网站Flickr用户自豪地宣称："在灾难性事故现场，无论职业记者有多敬业，最好的照片可能还是出自那些正好身处现场、拥有拍摄设

---

[1] Gamson, W. & Wolfsfeld, G. (1993). Movements and Media as Interacting Systems. *Annals of the American Academy of Political and Social Science*, vol. 528, pp. 114–125.
[2] 盖伊·塔克曼：《做新闻：现实的社会建构》，李红涛译，北京：中国人民大学出版社，2022年，第18页。
[3] Outing, S. (2005). Managing the Army of Temporary Journalists. *Nieman Reports*, vol. 59, no.1, pp79–80.

备并且可以上网的普通人。"¹同时,由于这些提供给媒体的目击内容事实上很少是独家的,同时还呈现在目击者个人的社交媒体平台上,受众会自然而然地将媒体报道内容与社交媒体上的内容进行对比,迫使媒体不得不关注到事件的其他面向,重视社交媒体用户以及事件参与者对该事件的反应,客观上助推了多元诠释的报道路径。

其次,对新闻专业主义以"客观性"为核心的操作伦理和叙事风格形成挑战。目击者对事实的呈现更加原生态、现场化和多媒体化,尤其是视频化,信息含量更大,媒介元素更丰富,视觉冲击力更强,呈现目击者对事件的主观化、个人化解读。在传统媒体时代,专业媒体通常致力于消除目击内容的主观性,使其更好地融入"客观报道"之中,强调对新闻事件"观察而非参与、报道而非感受",聚焦于事件的公共性而非个人体验。但如今目击者在社交媒体平台上发布的未经专业媒体干预的内容,很多自然呈现出强烈的主观性,或者表现为一种"表演者+观察家"风格(performative and observational style),完全无意于模仿职业新闻的客观性话语。在很多时候,拍摄者的意图也不是讲述公共事件,而是呈现自己在目击时刻的个人感受。²人们渴望了解目击者的现场感受,希望通过目击者的眼睛来了解新闻事件,希望多角度、更加完整地获取事件信息,拍摄者的权威性来自其作为目击者的身份,而非影像质量。那些身处新闻事件核心的社会活动家、目击者,往往比专业媒体更能让受众信服,动摇了媒体和记者作为"真相裁判员"(adjudicator of truth-claims)的权威地位。

总的来看,借助于数字化技术和社交媒体,"目击"第一次可以无须通过专业媒体而实现信息的大范围传播,这也就意味着"边界"的打破——目击者不仅仅只是信源,而是可以进行独立新闻生产的主体。同时,相比传统时代,公众在信息收集、聚合、共享等方面具有更强的能动性,使得那些以往不被主流媒体重视的"私人的、日常的、普通的"事件,也可能成为新闻议题,并且影响和改变新闻报道对事件的解释。兰泽那·戴斯(Ranjana Das)称之为"解释性参与"(interpretative engagement),即受众主动卷入意义生产过程之中,对信息进行解码和提供解释的语境。³那些身处新闻事件核心的社会活动家、目击者,往往比专业媒体更能让受众信服,在一些突发事件报道中,甚至动摇了传统媒体的主导地位,成为事件报道的核心驱动力。

---

1 Liu, S. B., Palen, L., Sutton, J., Hughes, A. L., & Vieweg, S. (2008, May). In Search of the Bigger Picture: The Emergent Role of On-line Photo Sharing in Times of Disaster. In *Proceedings of the Information Systems for Crisis Response and Management Conference (ISCRAM)* (pp. 4-7). Citeseer.
2 Bock, M. A. (2012). Citizen Video Journalists and Authority in Narrative: Reviving the Role of the Witness. *Journalism*, vol.13,no.5, pp.639-653.
3 Das, R. (2011). Converging Perspectives in Audience Studies and Digital Literacies, *European Journal of Communication*, vol. 26, no. 4, pp. 343-360.

二、"目击"融入新闻生产的实践模式

目击者自行生产内容并借助社交媒体进行大众传播,这一新型业态侵蚀了原本明确的专业人士和非专业人士、职业和业余的界限。以往,记者主要将目击者视为信息来源,而非新闻生产的参与者、合作者。大型媒体机构也一直谨慎地限制对UGC的使用比例,只有当新闻事实材料缺乏时,才不得已使用一些经过编辑的目击影像片段,而且大多是用在描述犯罪、暴力以及其他一些冲突性事件当中。2011年被认为是一个普遍性的转折点,"阿拉伯之春"、日本大地震、伦敦骚乱、挪威暴力枪击案等震惊全球的突发事件,以及叙利亚战争的爆发,使得主流媒体越来越无法忽视处在事件核心的目击者内容的独特价值。如潘祥辉所说,自媒体革命将传统媒介时代潜在的、数量有限的信源及沉默的受众变成了积极的、无限量的传播者。[1]

随着"目击者内容"在突发新闻报道中的重要性越来越凸显,全球新闻编辑室开始大规模地将其吸纳到媒体报道中,成为社交媒体时代新闻生产变革的一个重要现象,不仅影响了新闻内容呈现方式,更对传统新闻生产机制形成挑战和冲击。一方面,迅速增长的各种类型的用户生产内容(UGC)不断进入以往由专业新闻生产者把控的领域,原本由记者个人或媒体从事的新闻生产,成为互联网上大量公众参与的社区行为。另一方面,媒体不得不对传统的新闻生产流程进行重组,尝试将目击内容嵌入数字化新闻生产的工作流之中,这对编辑室原有的组织架构、人员技能、控制机制等都产生影响,带来转型的难题。"目击者内容"进入新闻编辑室的过程,提供了一个透视这种变化的独特视角。

(一)从信源模式到协同报道模式

近年来,国际上一些大型媒体机构率先进行了这一领域的探索。总的来看,目击内容进入新闻编辑室,主要循着两条路径:一是目击者通过电子邮件、WhatsApp 和 Twitter等社交媒体上的UGC入口,将内容直接发送给媒体。二是媒体主动地寻找有新闻价值的目击内容,尤其是通过社交媒体浏览和搜索热门话题。近年来,媒体越来越重视后一种路径,因为很多目击者会首选将内容张贴在社交媒体上。媒体还会为一些活跃而且相对"可信"的目击者建立档案、备注标签,常规性地浏览他们发布的内容,以最大限度获取热点新闻信息。在如何看待和运用目击内容方面,媒体编辑室经历了从"信源模式"到"协同报道模式"的转型。也就是说,从传统将目击者单纯当作信源,转变为将目击者视为参与者、合作者,与媒体共同推进协作式新闻生产。

---

[1] 潘祥辉:《对自媒体革命的媒介社会学解读》,《当代传播》2011年第6期,第25-27、30页。

1.信源模式

第一时间来自新闻现场的目击内容,向来都是媒体进行重大突发事件报道的重要信源。一个早期的案例是1991年,美国洛杉矶一位居民用摄像机拍下警察殴打非裔出租车司机的画面并寄给当地电视台,引发了一个爆炸性新闻。2005年伦敦地铁巴士连环爆炸案发生后,目击者向BBC发送了大量的图片和视频资料。2010年"阿拉伯之春"事件中,由于无法进入现场,《卫报》采取众包新闻的方式从当地民众那里获得素材进行报道,之后又通过这种方式成功报道了"叙利亚战争""伦敦骚乱"等重大议题。

而随着新媒体技术的发展,传统主流媒体呈现出对目击者信源越来越强的依赖性。2015年9月非营利组织"目击媒体中心"(Eyewitness Media Hub)开展了一项研究,选取全球范围内8家报纸网站作为研究对象,统计其在21天时间内对目击者内容的使用,发现在这三周内,总共使用了5000次目击者内容,平均每5.6篇文章中,就有一处引用到目击者内容。其中《卫报》(The Guardian)和《每日邮报》(The Daily Mail)对目击者内容的依赖最为严重。[1]2015年11月巴黎恐怖袭击事件报道中,BBC有80%的内容都采自现场目击者手机拍摄的视频和图片。2016年3月22日比利时布鲁塞尔恐怖袭击发生后,几乎所有的国际主流媒体,所采用的均为非专业记者用手机录制的"目击者内容"。BBC资深记者莱塞特·约翰斯顿(Lisette Johnston)的博士论文,即是研究BBC如何运用UGC内容进行叙利亚战争报道。由于叙利亚战争爆发后,外国记者很难直接深入战区采访,所以大量采用了当地居民拍摄并上传到社交媒体的内容。在此过程中,BBC与一些活跃的公民、社会活动家等建立了长期的合作关系,可以持续获得他们提供的内容,约翰斯顿称这些人为"新闻黑洞"的故事讲述者。[2]

在更多使用目击者信源的同时,目击者和编辑室的合作方式也发生了一定的变化,从目击者主动向专业媒体发送内容,变为媒体和目击者的双向互动。尤其是遇到重大突发事件,许多专业媒体会主动在社交媒体上搜集目击者内容,来充实新闻报道。甚至通过各种渠道"喊话",寻求在事件发生地的公众主动地向媒体提供信息。同时,一些专业媒体也建立了自己的UGC入口,吸引目击者直接将内容发送给媒体,共同构建内容生产社区。与传统媒体时代一样,直接获得目击者内容往往意味着独家和合法使用。国际性的大型媒体由于受众面广、影响力大,在吸引用户生产内容方面具有一定的优势。比如,

---

[1] Wardle,C.(2015). *Eyewitness Media and News: It's Still a Wild West Out There*. Retrieved from: https://www.bbc.co.uk/blogs/collegeofjournalism/entries/986d78c0-8b6c-43db-9b39-55c8a61ce32f, May 18, 2015.
[2] Johnston,L.(2016). How is Citizen Journalism Transforming the BBC's Newsroom Practices? Retrieved from: https://www.opendemocracy.net/en/ourbeeb/how-is-citizen-journalism-transforming-bbc-s-newsroom-practices/, January 8, 2016.

半岛电视台的 UGC 入口 Sharek 网站,在叙利亚战争发生之初每天能接收到超过 200 个用户发送的视频,周五往往飙升到 1000 个。基于如此庞大的 UGC 资源,半岛电视台推出了一个新的现场直播频道 Mubasher。

同时,各种实时记录的技术设备,也成为媒体获取突发事件信息的重要渠道。也就是说,目击者的主体不仅仅是人,也可以是机器。据统计,2019 年全球手机摄像头的出货量在 44 亿颗左右,全球安防摄像头的出货量在 4 亿颗左右,预计到 2025 年全球摄像头镜头的出货量将超过 120 亿颗。此外,全球机动车保有量早在 2011 年就突破了 10 亿辆,这些年呈逐年上升趋势,在中国等新兴国家上升速度更快,而行车记录仪已经成为汽车的标配,从而也成为目击新闻的重要设备。比如,2015 年 2 月台湾复兴航空失事后,各大媒体在报道中频繁使用的一张图片就源自推特用户发布的行车记录仪视频截图。2020 年"弗洛伊德之死"事件中,《纽约时报》整理了现场目击者手机拍摄的视频、附近监控录像、警察执法录像等,制作视频深度报道"8 分 46 秒",完整还原了弗洛伊德死亡事件的现场过程。

总的来看,目击内容已成为社交媒体时代突发事件报道的重要支撑,提供了第一时间的来自现场的一手信息源。在某些情况下,目击者取代了现场记者的功能。而全球新闻编辑室对目击内容的重视和吸纳,则成为新媒介场域下新闻生产方式变革的一个重要方面。不过,专业媒体主导下的目击新闻受到媒体议题框架的限制,目击者只是作为单一的信源角色,能发挥的空间较为相对有限。媒体对目击内容的使用,持谨慎、节制、策略性的立场,主要是将碎片化的目击影像嵌入常规报道中,作为增强报道"现场感"的一种点缀。

2. 协同报道模式

如果说,这些"大街上的个人"[1] 利用特殊的时空优势,获取到了职业记者难以接触到的内容并提供给媒体使用,只是传统媒体时代公众、知情者作为"信源"功能的延伸,那么随着"参与式新闻"(participate journalism)理念的发展,媒体界开始越来越重视目击者参与新闻生产的能动性,"目击者内容"成为新技术条件下普通公众参与诠释新闻事件的一种方式。

大量普通公民的参与,使得那些以往不被主流媒体重视的"私人的、日常的、普通的"事件,也可能成为新闻议题,从而推进格雷姆·特纳(Graeme Turner)所说的"新闻通俗转

---

[1] Chouliaraki, L. (2010). Ordinary Witnessing in Post-Television News: Towards a New Moral Imagination. *Critical Discourse Studies*, vol. 7, no. 3, pp. 305–319.

向"(demotic turn)[1],在一定程度上挑战了媒体的议程设置权力。那些原本被边缘化的当地人、普通人的声音变得重要起来。而目击者由于身处事件之中,还能提供媒体机构之外的个人化的看法,丰富和补充了媒体的报道视角,并引导更多公众关注和参与话题。基于此,新闻生产由机构化知识生产部分转向公民共同参与的知识生产,新闻话语也由以"客观性"为核心的专业主义话语,转向普通人基于真实性、公民责任和自我表达而形成的话语体系。有学者将新闻媒体融合用户生产总结为三个层级：最基础的直接使用、进阶级的协同应用以及目标任务的策划与分发。[2]专业媒体和公民目击者的协同报道、优势互补、有效互动,形成一种联动的、去中心化的动力机制,成为目前媒体界普遍认同的一个努力方向。

一些24小时直播的电视台推出吸纳目击者内容的节目,如半岛电视台的"the Stream"、BBC的"Trending"、法国24台的"Les Observateurs""Sur Le Net"等。与以往主流媒体基于自己的报道意图"引用"目击者内容不同,这些节目让目击者代替了专业记者出场,用他们自己的视角来建构整个新闻故事,并且目击者的名字会出现在最后节目制作人员列表中。[3]这样的方式,让目击者内容成为媒体机构新闻产品的有机组成部分,部分实现对参与式新闻与传统新闻的同等对待。

此外,媒体致力于和用户一起建立长期的内容生产社区,以持续获得内容资源。一些媒体推出免费的针对普通公民的新闻专业培训课程,包括新闻写作、摄影构图、摄像机操作、手机拍摄技巧等,使其提供的素材尽量能够符合播出的需要。而随着智能拍摄设备的快速发展,普通人也能用手机拍出高清晰度、高稳定性的影像,极大地改进了目击者内容的品质,甚至达到了难以区分"专业"还是"业余"的程度。"阿拉伯之春"期间,很多当地活跃的公民目击者都接受了来自专业媒体的内容生产要求和视频拍摄技艺培训。法国24台在"阿拉伯之春"期间,与100余名当地人建立了经常性的联系,并为其提供高清摄像机等拍摄设备,以获得较高质量的目击者视频,在此过程中有部分公民目击者受聘24台的正式职位,从而转向职业新闻工作。[4]正是由于拥有庞大的合作者团队,24台在"阿拉伯之春"报道中占据了独特的优势。一些记者或编辑个人也会和某些活跃的目击

---

[1] G. Turner. (2010). *Ordinary People and the Media: The Demotic Turn*. London: Sage, p. 22.
[2] 曾祥敏、曹楚:《专业媒体新闻内容生产创新实践——用户生产与专业生产深度融合的路径研究》,《现代传播》2015年第11期,第34-41页。
[3] Wardle, C., Dubberley, S., & Brown, P. D. (2014). *Amateur Footage: A Global Study of User-Generated Content in TV and Online News Output*. Retrieved from: file:///C:/Users/DELL/Downloads/Tow-Center-Amateur-Footage-A-Global-Study-of-User-Generated-Content-in-TV-and-Online-News-Output.pdf.
[4] Lithgow, M., & Martin, M. (2018). The Eyewitness Texture of Conflict: Contributions of Amateur Videos in News Coverage of the Arab Spring. *Global Media Journal-German Edition*, vol.8, no.1.

内容提供者建立相对长期、稳固的合作关系。这都体现出在新媒介生态下"职业"和"业余"之间界限的日益混淆和相互渗透。

(二)国内外典型案例解析

1.BBC公民新闻平台"Have Your Say"

BBC是最早使用目击者内容的专业媒体之一。2005年伦敦地铁爆炸案中,BBC破天荒地使用了目击者在地下通道逃生时拍摄的照片,也可以说是进入数字时代以来目击者内容第一次被专业媒体广泛认可和接纳。BBC随后创建了UGC Hub,一开始只是个试验性的项目,随着用户生产内容的重要性日益凸显,开始转型为一个长期的、系统性的建制,嵌入和整合到组织体系之中。一个标志性的事件是2009年伊朗大选,由于当时西方媒体无法直接赶赴伊朗采访,目击者内容成为主要的一手新闻信息来源。这一时期的技术发展为目击者内容提供了重要支撑,当时智能手机开始普及,许多人都可以运用手机拍照、摄像,网络带宽也能够支撑图片和视频的即时上传。从专业媒体的角度来看,第一次发现在重大突发事件的时候,有大量目击者内容可供使用,极大地弥补了新闻真空,可以说是一座新闻信息富矿。相比而言,"9·11"事件爆发的时候,公众只有数码相机可用,需要将视像内容导出来,才能进行传播和发布,非常受局限。因此,BBC等专业媒体开始革新新闻生产机制,将审核、采纳目击者内容嵌入编辑部的工作流,使之成为一种常规化的操作。

目前UGC Hub有20余名员工,办公区位于BBC最核心的在伦敦的中央编辑室,其日常工作流程主要包括:第一,通过自己的UGC入口以及社交网络等渠道发掘有价值的目击者内容;第二,检验内容的真实性;第三,和目击者取得联系,说服他们同意媒体使用其内容;第四,对内容进行再加工,包括视频转码以适应不同媒体的播放要求、添加背景材料、重新结构故事框架等。UGC Hub员工会每天参加新闻会议,为编辑部正在操作的选题提供相关的用户上传的信息。这一系列的操作,让目击者内容和媒体新闻生产深度融合。

2008年,BBC成立了公民新闻平台"Have Your Say"。对目击者而言,他们上传到Have Your Say的议题范围是不受限制的,网站导航页就写道:"你是否有想讲述的故事,或你认为我们应该跟进的新闻。"(Have you got a story to tell or is there something you think we should follow up)也就是说,BBC将议题的设置权部分让渡给了目击者,由目击者引导编辑部跟进那些他们亲身经历并认为重要的新闻。

随着社交媒体的快速崛起,媒体开始越来越重视通过社交媒体平台来采集目击者内容,这一渠道甚至已经超越或者取代了传统的媒体自建UGC入口,比如网站、邮件、电话等。2015年2月,BBC的"Have Your Say"团队开通了WhatsApp账号,并且在BBC网站和推特上公布,鼓励人们在目击新闻事件的时候与BBC联系。2015年4月尼泊尔地震,BBC通过WhatsApp得到了许多现场素材,原因可能在于WhatsApp是当地民众最常使用的社交媒体,同时因为地震一些电话线被破坏,就更依赖于WhatsApp来进行沟通。在印度选举以及西非埃博拉病毒暴发的报道中,BBC也都使用了WhatsApp来获取信息。

BBC"用户生产内容(UGC)"团队的资深记者娜塔莉·米勒(Natalie Miller)介绍,随着WhatsApp用户数的快速增长,这个社交平台在BBC的目击新闻采集中扮演着越来越重要的角色。2015年6月在英国奥尔顿塔(Alton Towers)发生了过山车碰撞事故,BBC收到的第一个关于该事故的警示信息,就是一位现场目击者用WhatsApp发送过来的,BBC随即与目击者取得联系,寻找更多的线索继续推进这个新闻的报道。[1]

除了开拓包括社交媒体在内的各种UGC入口,方便目击者传送信息,BBC也会主动出击,每当那些在全球范围内具有极高新闻价值的突发事件发生时,BBC会在其新媒体平台上喊话,呼吁目击者、亲历者提供信息。比如,在2022年1月哈萨克斯坦骚乱事件发生期间,BBC发出呼吁,希望居住在哈萨克斯坦当地的民众能够发送文字、照片、影像等信息到"Have Your Say"平台,帮助媒体更好地报道哈萨克斯坦当地的真实状况,并提供了BBC的电子邮件、WhatsApp账号、Twitter账号等多种联系方式。

2. CNN "iReport"

CNN也是全球专业媒体中较早尝试吸纳"公民目击"的先行者。2006年8月,CNN在其官网上推出"我报道"(iReport)平台,鼓励受众上传目击内容,分享自己的见闻,其名称隐喻在相机背后的无数个"我"(I),同时也是无数双目击的眼睛(eye)。CNN会从iReport选择一些经过编辑验证为真实的、有新闻价值的内容,放到CNN国际频道的iReport专栏节目,该节目每月一次,时长30分钟,由CNN主持人来串联目击者拍摄的图片、视频以及目击者的讲述和评论。2007年4月,弗吉尼亚理工大学校园枪击案中,一名该校学生将他用手机拍摄的校园枪击案视频上传到了iReport,成为当年点击量最高的视频。到2010年,iReport平台累计收到超过20万个非职业记者拍摄的新闻视频。2011年3月日本大地震并引发核电站泄漏事故,一位名为瑞恩·麦克唐纳(Ryan McDonald)的居民在

---

[1] Albeanu, C. *How BBC Have Your Say Uses WhatsApp for Newsgathering*. Retrieved from: https://www.journalism.co.uk/news/how-the-bbc-uses-whatsapp-for-newsgathering/s2/a565490/, June 16, 2015.

地震发生时拍下了当时的场景并上传到 iReport，CNN 立即对其进行了直播连线采访。

2015年，CNN 对 iReport 进行了重大改版，在几大社交媒体 Instagram、Facebook 和 Twitter 上设立了"#CNNiReport"话题标签，这些社交平台上的用户可以由此直接将内容发送给 CNN。CNN 社交媒体部门主管萨曼萨·巴利（Samantha Barry）如此解释这项变革："十年前刚刚开设 iReport 的时候，用户并没有太多的渠道可以传播他们所看到的，但现在有太多渠道可以发布了，为了继续争取到好的用户生产内容，这是一个不得不进行的战略转型。"在用户数上，2008 年 iReport 达到了 150 万的顶峰，但近年来却一路下跌至 120 万。CNN 数字部门的负责人梅雷迪斯·阿特利（Meredith Artley）认为："网站用户数下跌与社交媒体用户数的上升是此消彼长的关系（同期 CNN 在 Facebook 上拥有 1900 万用户，在 Twitter 上拥有 2000 万用户），因此媒体必须相应地做出战略调整，将更多重要的平台从网站主页转移到社交媒体上……我们不再是用户的目的地，我们要去用户所在的地方。"[1]

3. 中国媒体的目击新闻实践

近年来，中国一些专业媒体也开始了参与式的目击新闻实践。2009年6月5日成都公交车突发燃烧事件，现场目击的市民利用数码设备第一时间拍摄视频素材并上传到网络，许多电视台都引用了这些第一时间拍摄到的视频。随后，一些公民参与搜集目击者的亲身经历和线索，逐渐还原和再现事件发生前后的真实场景，并对事件原因和防范制度等进行了多方面的分析、推理，为媒体报道提供了新的思路和切入点，而媒体则针对这些庞杂的信息进行理性的梳理和求证，使得报道具有可靠的新闻来源和更强的针对性，体现出公民参与和媒体报道的协同。2015年8月天津港爆炸案发生后，爆炸点附近的居民在微博上以文字、图片、视频的形式发布了大量关于爆炸的情况，凤凰网将一些目击视频重新剪辑为时长2分27秒的视频播出，新浪新闻中心则基于网友发布的文字制作了动新闻《城伤一瞬——那一夜，历史被这样记录》。

2013年6月，新华社推出"我报道"客户端，并将其定义为"多媒体新闻集成交互平台"，不仅鼓励公民记者从新闻现场报料，还向所有终端用户开放点题定制服务。2014年3月，新华社"我在现场"App 上线，实现了目击者与专业媒体的良好协作，据统计，"我在现场"上线9月时间内做的3254个新闻现场报道中，非新华社记者首发的占到了76%。正如"我在现场"的联合创始人章苒提及的："在人人都有麦克风的时代，新闻来源在每一个当事人手中，没有哪个媒体可以垄断。媒体试图要做的，不是由自己的记者去代替这

---

[1] Bilton, R. *Defeated by Social Media, CNN Overhauls iReport*. November 11, 2015. Available online: https://digiday.com/media/cnns-citizen-journalism-platform-bows-social/.

些新闻当事人,而是把这些新闻当事人培养和发展成为合格的新闻描述者。"[1]

2016年,新华社提出"现场新闻"全新理念,在客户端推出全息直播态报道,实现新闻的在线采集、生产和分发,成为国内率先探索利用现场直播方式进行全媒体化新闻生产的媒体机构之一,使得人们通过手机就可以感受到生动鲜活的新闻现场。相应地,新华社要求其全球180多个机构的3000多名记者直接使用手机进行新闻生产。同时,新华社客户端也是一个吸纳UGC的渠道,用户可以全方位参与,通过各种方式认证之后,就可以发起文字、图片、视频、音频等多媒体现场直播,而"现场新闻"作为平台,则扮演UGC的筛选者、核实者、阐释者、聚合者的角色。比如,在杭州G20峰会前,"现场新闻"发起了"G20峰会倒计时一个月"专题报道,滚动直播全球网友发来的贺电小视频。专业记者只是做审核工作,事实上是全球网友"众筹"进行了这个视频直播。[2]

2018年以来,新华社进一步加快智能编辑部建设,利用"媒体大脑"摄像头新闻机器人、"鹰眼"智能监测系统和UGC突发视频发现生产系统,超早期记录突发事件、发现新闻热点。该系统最大的优势是它可以接入社交媒体后台数据,能第一时间捕捉到快速上升的热点。与同类系统一般通过爬虫技术获得公开数据不同,"鹰眼"系统接入平台获得底层数据,发现线索的速度要比同类系统快2~3倍。正在建设的UGC突发事件视频发现生产系统也是人工智能在新闻信息发现环节上的重要应用。在社交媒体平台上,有绝大部分突发视频因为没有新闻牌照无法发出,比如快手,每天有4000万条的视频数据,其中90%左右的视频沉淀在后台。UGC突发事件视频发现生产系统接入其数据后台,进行智能化加工处理,可以快速生成大量短视频产品。[3]

2016年9月11日,新京报社"我们视频"客户端上线,同时成立了专门的UGC运营团队拍者组,高度重视UGC,以达到服务内容、助力内容,甚至倒逼内容生产的目标。用户可以通过手机、微信、投稿邮箱、微博私信、快手私信等多种方式,将自己拍摄的视频发送给新京报。报社邮箱平均每天有近百条网友投稿,数十个微信报料群日均报料线索近200条。2018年拍者提供的UGC新闻报题共4362条,条均腾讯流量为34万;到了2019年,拍者报题已经占到每月稿件总量的20%左右。基于"我们视频"要打造优质新闻视频社区的定位,UGC在内容生产端发挥了重要作用,包括帮助获得新闻线索、更快获取新闻现场一手画面、增加内容多样性、把内容池做大,同时也能够在专业环节与记者展开协作。

---

[1] 章苒:《捡拾真相的碎片——"我在现场"的新闻众包探索》,《青年记者》2015年第12期,第18-19页。
[2] 牛天、周继坚:《新华社:短视频成为创新新闻报道"利器"》,《传媒评论》2016年第10期,第27-29页。
[3] 陈凯星:《新华社打造智能化编辑部的初步探索与实践》,《中国记者》2020年第3期,第65-68页。

比如,2018年8月25日,网传温州乐清一女子乘坐滴滴顺风车失联遇害,司机在乐清一山上落网。"我们视频"第一时间接到目击者报料并拿到相关视频画面,在时间上获得主动权。在经过记者多方核实无误后,首发视频报道《女孩乘顺风车遇害 闺蜜:如及时处理投诉 至少有挽留余地》,随后跟进报道《20岁女孩乘顺风车被司机杀害 生前给亲友发信息"救命"》,该条视频在腾讯新闻端流量达1944万,秒拍流量达4430万,在社交网络引发了大量关注及讨论。

2018年12月17日,圆明园龙首现身法国巴黎拍卖行,以240万欧元落槌,一位华裔买家拍下该文物。一位用户第一时间将拍卖现场视频发给了新京报,在此基础上做出的稿件《圆明园龙首在巴黎首次现身 拍卖会上以240万欧元落槌》被选入腾讯新闻的微信插件。2019年7月重庆女司机掌掴一名男性司机的新闻,就是由重庆的一名拍者将现场拍摄的目击视频传给新京报,第一时间发布新闻《保时捷司机与人起争执 掌掴对方遭还手帽子被打飞》,引发全国热议,微博评论数短时间内即超过千条。继而根据目击者提供的保时捷女车主的联系方式等,新京报进一步跟进挖掘,做出系列组稿,一周内微博秒拍数据接近5000万,腾讯流量达1500万。

在参与式新闻生产的思路下,新京报在一些突发事件报道中,充分发挥目击者协助内容生产的作用。2019年7月3日,辽宁开原出现强对流天气。新京报根据当地拍者提供的龙卷风现场素材,先用小视频铺叙现场画面,在第一轮网络传播中抢占了时效;随后滚动更新现场画面及采访增量,同时全网率先发起直播。新媒体及拍者全程跟进,第一时间将图文及视频整理出稿,在微信公众号上发出。次日的报纸版面上,也出现了拍者提供的画面截图,整版专题带视频二维码,图文视频融合呈现。2019年10月10日,江苏无锡一高架桥发生侧翻事故。"我们视频"在半小时内找到无锡当地拍者前往现场,跟后方直播团队合作发起直播,同时找了当地的无人机飞手来进行多个角度的画面补充。当天晚上该直播在微博端超过4034万人次观看,在腾讯端668万人次观看,两端总互动数量超过30万,包括人民日报等多家主流媒体都采用了新京报的直播流。

除了国内报道之外,在一些国际重大突发事件中,如日本"海贝思"台风、巴黎圣母院大火、普吉岛沉船打捞、埃塞俄比亚坠机、老挝大巴车祸等新闻现场,"我们视频"也充分利用目击者拍客完成报道。"我们视频"对拍客的定位是伙伴、合伙人(partner)。同国际上一些媒体类似,"我们视频"也致力于对用户进行专业培训,针对不同的报道场景,为拍者量身制作了直播视频指南及新闻现场报料视频指南,尝试用5分钟左右的小短片,指导他们如何更好、更快速地与"我们视频"合作生产内容。一些拍客通过与"我们视频"的长期合作,不仅获得了经济上的收益,而且获得了丰富的现场实操经验,专业新闻素质得到提升。未来,"我们视频"计划将拍者覆盖到全国3000个县市,以实现"用直播、短视频、小视频覆盖新闻热点和重要现场"的目标。[1]

与"我们视频"主要在社会民生以及突发事件上吸纳目击者内容不同,梨视频则在调查类新闻拍摄中,开始大量采用UGC资源。梨视频专业团队通过拍客提供的素材和线索,进行现场采集补充,剪辑过后整理发布,这种"PGC+UGC"模式,确保了新闻的真实准确,同时也提升了视频新闻产品的质量。也就是说,主要的生产步骤由拍客完成,但强化专业媒体"把关"职能,由编辑部来进行视频审核、素材补充、剪辑上传等,增强媒体与拍客的互动。[2] 2018年9月15日,梨视频官方微博发布《黑心!实拍拼多多热卖纸尿裤工厂》,通过拍客实地暗访,曝光拼多多产品质量问题,引起社会广泛关注,拼多多回应将下架该散装纸尿裤,凸显出协作式新闻生产的社会监督职能,目击者对社会的监督无处不在,补充和创新了传统的舆论监督形式。

第三节 "目击者内容":问题、反思与策略建构

一、"目击者内容"存在的问题与挑战

(一)真实性问题

尽管"目击者内容"以一种事件亲历者的姿态进入新闻报道,而被认为具有较高的可信度,但在新闻编辑室大量吸纳"目击者内容"的过程中,真实性恰恰也成为饱受争议的问题。

1.传统时代对"目击"真实性的质疑

现代新闻业发展的历程也一直伴随着对"目击"真实性的怀疑。人们很早就意识到很多目击内容的不可靠。早期那些一个或多个目击者的讲述,往往延迟数月经邮政系统传送到报社,再由编辑将这些零散的、碎片化的、充满了讲述者个人情感和主观判断的信息捏合成新闻故事。著名的《福格尔新闻信》(*Fugger Newsletter*),是当时德国奥格斯堡的

---

[1] 《报料+助力内容生产+共同成长,新京报"我们视频"的N种玩法,玩出超千亿播放量》,2019-11-27,https://www.sohu.com/a/356859653_644338,访问日期:2024年6月15日。
[2] 和莹:《短视频UGC新闻生产研究及模式反思》,《青年记者》2020年第9期,第40-41页。

富商福格尔家族所编制的手抄新闻。福格尔家族从事金融业,家族生意遍及欧洲许多大城市,还雇佣了很多通讯员,消息灵通,但《福格尔新闻信》中的大量"新闻",事实上都是以讹传讹的谣言。[1] 1898年美西战争中美国媒体上刊登了大量夸张的、虚假的、充满沙文主义色彩的所谓"目击者讲述",1906年旧金山大地震也出现了许多生动、精彩但纯属虚构的目击报道。各种突发事件,尤其是战争报道,往往充斥着由煽情、谎言、吹嘘、诋毁、猜测等构成的目击者内容。[2] 即便有些目击报道并非虚构,但过于强烈的主观性和阐释性,也使得其真实性大打折扣。

图片新闻的出现,并没有令这种状况有所改观,相反却使伪造"目击"变得更有说服力。《哈泼斯周刊》对1863年美国内战时期田纳西州查塔努加(Chattanooga)南方骑兵火烧北方军队列车的图绘新闻报道,号称是由目击者绘制出来的,但事实上,绘图者压根没有近距离观察这一事件。[3] 在有些情况下,记者尽管身处现场,但由于各种现实困难,并没有真正看到新闻中那些绘声绘色的场景。二战中一位报道日本轰炸马尼拉的现场记者承认,"浓烟和火焰之下我们其实啥也看不清"![4] 路透社驻柏林记者阿克桑德·格雷姆·克利福德(Akexander Graeme Clifford)奔走在欧洲战场,同时为多家新闻机构供稿,但他发现自己提供的内容被政治机构重重审查以及媒体编辑零碎切割,最终呈现出来的报道与自己所看到的场景已大相径庭。[5]

媒体基于争夺重大新闻的需求而夸张、编造目击者报道,或者媒体受到政治、经济、意识形态力量的左右而对目击内容进行改造,是导致"目击"未必真实的两个主要动因。英国格拉斯哥学派的费娄(Creg Philo)在《眼见为实》(Seeing and Believing: The Influence of Television)一书中,直指新闻是一种高度中介化的产物,一定的组织原则决定着新闻的建构方式,因此,"眼见不一定为实"。[6] 同时,即便没有外在因素干扰,"目击"也不一定等同于真实。心理学家伊丽莎白·洛夫斯特(Elizabeth Loftus)终其一生都在研究人类的记忆有多么的不可靠,因此目击者的描述也充满了扭曲的成分。[7] 比利时社会学家费尔兰德·凡·朗恩霍弗(Fernand van Langenhove)用实验的方法揭示,不同的目击者对同一事件的陈述存在差异,没有一个目击者能够完全准确地描述事件,他总结四个因素影响目击

---

1 Stephens, M. (1988). *A History of News*. New York: Viking, p. 76.
2 Andrews, J. C. (1955). *The North Reports the Civil War*. Pittsburgh: University of Pittsburgh Press, p. 550.
3 Knightley, P. (1975). *The First Casualty*. New York and London: Harcourt Brace Jovanovich, p. 26.
4 Gunnison, R. A. (1942). Manila Eyewitness. *Collier's*, January 10, pp. 13, 43–45.
5 Knightley, P. (1975). *The First Casualty*. New York and London: Harcourt Brace Jovanovich, p. 219.
6 Philo, G. *Seeing and Believing: The Influence of Television*. London: Routledge, 1990.
7 Elizabeth L. (1996). *Eyewitness Testimony*. Cambridge, Mass: Harvard University Press.

者产生错误:情感状况、对事件的熟悉程度、主观倾向性以及时间间隔。[1]这一研究直接影响了李普曼在《公众舆论》中提出的"刻板印象"(stereotype)等重要概念。因此,即便在法庭上,目击者的证词也只会被部分采信,而且法庭必须充分了解目击者的身份、动机,从而最大限度排除掉其讲述中的主观性和阐释性成分。波因特研究所(the Poynter Institute)的一位专栏作家对记者的建议是:"别轻易相信目击者,他们并没有看见他们认为自己所看见的!"[2]"目击"真实性存疑指向了一个更深层的问题:传统的新闻生产方法是否有助于获取和呈现真相?或者说,比起自然科学和其他一些信息驱动的行业,新闻业是否具备获取真相的优势?

基于此,新闻业在发展历程中,也在对"目击"策略不断地进行修正。首先是尽量减少主观阐释,呈现更为简洁、纯粹的事实。19世纪电报的发明为此提供了技术上的便利和新闻观念支撑。倒金字塔(the Inverted Pyramid Form)写作方式盛行,传递无观点的事实,凸显出新闻报道就是传递记者在现场的"直接观察"。这一阶段的典范之作是美联社记者约翰·邓宁(John P. Dunning)对1889年萨摩亚群岛飓风的目击报道,以第一或第三人称展开,引述了众多当地人的话语,几乎不对内容做任何的分析、解释和综合。[3]20世纪60年代,同时有两种截然相反的理念试图改造新闻业的真实性,一是新新闻主义(New Journalism),认为在非虚构写作中改变部分事实、引入主观阐释是允许的,只要忠诚于一个"更大的事实"(larger reality)或"内在真实"(interior truth);二是精确新闻学(Precision Journalism),借鉴社会科学的量化研究方法,使新闻大量基于数据分析,从而保障其真实、客观。不过最终这两种方式都未能对新闻真实性理念与实践产生本质性的影响。

其次,更多类型的有条件目击新闻事件的人被吸纳到媒体报道中。1854年,伦敦《泰晤士报》(The Times)首次派出记者到克里米亚战争现场采访报道,开新闻史上战地记者的先河。1870年,《纽约论坛报》(New York Tribune)聘请了多名"特别通讯员"驻扎在普鲁士和法国军队交战区域,获取到了拿破仑三世战败退位的一手资讯。[4]第一次世界大战时期,许多军官充当了"目击者之眼",为媒体提供实时战况信息,使得记者可以不用涉足战区,就能写出精彩的目击报道。在传统媒体时代下,由于专业媒体机构几乎垄断了新闻生产,"目击者"主要依靠媒体来传播信息,掩盖了记者事实上很少能够目击自己所报道

---

1 Langenhove, F. V. (1916). *The Growth of a Legend*. New York: G. P. Putnam's Sons, pp. 77–80.
2 Al Tompkins. E (2004, March 10) *Eyewitness Mistakes*. Retrieved from: https://www.poynter.org/reporting-editing/2004/thursday-edition-eyewitness-mistakes.
3 Stone, M. (1921). *Fifty Years a Journalist*. Garden City, NJ: Doubleday, pp. 211–212.
4 Goldberg, V. (1991). *The Power of Photography*. New York: Abbeville Press, p. 195.

事件这一尴尬事实,宣示新闻业对于报道真实世界的权威性。

2.互联网时代目击内容的真实性问题

互联网时代传播主体多元化导致的把关机制的弱化乃至缺失,使得"公民目击"可能产生比传统媒体时代更严重的真实性问题。

2014年,一个名为"叙利亚英雄男孩"(Syrian Hero Boy)的目击者视频在社交媒体上疯狂传播,拍摄了一个叙利亚男孩在枪林弹雨中救出一个小女孩的惊心动魄的场景。视频画面摇晃、模糊,并伴有嘈杂、惊恐的背景音,看上去很像目击者在混乱的现场拍摄下来的。男孩假装中枪倒地,然后将躲藏在汽车后面的小女孩成功救走的场面非常刺激,短时间内就吸引了500万次观看,并被《纽约每日新闻》和《电讯报》采用。然而,这一过于戏剧性的场面也引起了不少观众的怀疑——"故事好到不像真的"！旋即挪威导演克雷夫伯格(Lars Klevberg)在BBC公开承认,这是他的团队在马耳他拍摄的一个短视频,视频中的战区场景是从电视新闻报道中截取下来的,男孩和女孩都是职业演员,而背景声音则来自马耳他的叙利亚难民。他称拍摄视频的目的是吸引人们对战区儿童命运的关注,"如果把视频拍得逼真,人们就更愿意分享它,并采取救助行动"。[1]

人们可能会基于各种复杂动机制作虚假内容,有时是为了哗众取宠、博取眼球,或者是恶作剧,有时是基于利益的驱动。媒体为获得目击者内容,也极力鼓动人们将看见的东西拍摄下来,比如Newsflare网站在首页打出大标语"拍摄视频,告知世界,获得报酬"(Shoot video, tell the world, get paid),客观上可能助长人们为获得金钱回报而制作虚假的目击者视频。

事实上,几乎每一个重大突发事件后,都会有大量号称来自"目击者"的内容发布到社交网络上。2012年3月,一段名为《厦门城管暴力执法激起民愤》的现场目击视频传上网络,引发了近17万网友点击,一时舆论纷纷指责城管暴力执法,但央视记者深入厦门多方采访,并比对了网友视频和城管队员提供的现场视频后发现,网友视频并没有完整呈现城管执法的全过程,存在断章取义、误导公众的状况。2013年波士顿马拉松爆炸案,在许多目击者合力"辨认"之下,加上媒体的推波助澜,子虚乌有地指证出了两个"恐怖分子",最终结果却是这两个人都是无辜的,袭击者另有其人。[2]2017年10月拉斯维加斯枪击案发生后,Facebook和Twitter上也出现大量的"目击者视频/图片",来指称受害者或者

---

[1] Hamilton, C. *How We Discovered the Truth About YouTube's Syrian "Hero Boy" Video*. Retrieved from: https://www.bbc.co.uk/blogs/collegeofjournalism/entries/b5cf1ff0-5dc5-3806-a744-19d81e30adb5, November 18, 2014.
[2] Alexis C. Madrigal. *Boston Bombing: The Anatomy of a Misinformation Disaster*. Retrieved from: https://www.theatlantic.com/technology/archive/2013/04/-bostonbombing-the-anatomy-of-a-misinformation-disaster/275155/, April 19, 2013.

枪手,而旋即警方发布了对枪手身份的认定,证实这些信息都是虚假的。2020年,在我国国内新冠疫情得到有效控制,国外病毒输入形势日益严峻时,有目击媒体配发的短视频称"深圳湾已挤爆,数万华人正涌入",而广州日报记者向深圳海关核实后,发现此事并不属实,而且这种说法在网上流传已久,不同地方有不同版本。在"眼见为实"的观念驱动下,那些"病毒式传播"的目击者视频却可能成为强有力的新闻操纵工具,成为"后真相时代"汹涌的虚假新闻浪潮中较难识别的一部分。

对此,一些专业媒体所采用的折中做法是将目击者内容与本媒体生产内容进行切割,表示不对前者的准确性负责。CNN "iReport"在很长一段时间内都是以这种方式处理目击内容。呈现在iReport平台上的内容中,只有很少一部分已经核查过的内容,才能打上CNN的标记。iReport其网站上明确声明:成为iReport的用户、创作并上传内容,并不意味着你为CNN工作。但是在这种"切割"的姿态下很多受众还是会受到误导,认为这些内容是CNN已经核实过的,毕竟iReport是属于CNN的平台。同时,还有这样的质疑:媒体为何要将这些来源不明、未经验证的视频放在自己的平台上,甚至放到新闻报道中?

(二)主观性争议

1.主观性强化共情(empathy)效果

目击者强烈的主观性造成了目击内容传播中的一个悖论。在传统上,目击被解释为一种对于事件的回溯性口述或文字记录,它不仅仅是个人的自我表达或认知。因此,媒体对目击信源的使用与法庭基于维护正义和公共利益而传唤证人类似,有一种先在地要求目击者对争议性或不确定性事件进行作证(testify)的意图。同时,媒体和法庭一样,都会质疑目击者是否有能力或意愿将其主观的观点转换为客观的、直接的、公正的、透明的证词。在传统媒体时代,专业媒体通过将目击者限定为"信源"的做法,对目击内容进行核实和鉴别,致力于消除目击内容的主观性,在专业主义框架下,使其更好地融入"客观报道"之中,强调观察而非参与,报道而非感受。但如今目击者在社交媒体平台上发布的未经专业媒体干预的内容,并不使用平衡话语或声称客观,而是自然呈现出对事实的主观化、个人化、情感化解读,博克(Mary Angela Bock)称之为一种植根于个人感受的"主观性目击"(subjective witnessing)。她解析了一个业余者拍摄的希拉里(Hillary Clinton)在一个政治集会上的视频:希拉里讲了一个笑话,周围的人包括拍摄者都笑出了声,这一瞬间的感受分享与主流媒体聚焦于政治集会的报道视角形成了强烈的反差[1],引发受众更积极地参与信息选择和话语解码。

安迪·威廉姆斯(Andy Williams)等在2007—2008年间对英国受众展开的一项研究显示,受众普遍认为那些来自事件当事人的现场影像,由于当事人自身感受贯穿其中,带来的"共情"效果是职业新闻生产无法企及的。[2]劳拉·阿赫瓦(Laura Ahva)2011—2012年间在芬兰和英国开展的一项受众研究亦显示,公民目击者所生产的内容带有一种天然的情感性,让受众自然而然地认同视频或照片拍摄者"就在现场,就是事件的一部分",从而产生情感上的"接近性"(proximity)。[3]他随即与玛丽亚·赫尔曼(Maria Hellman)合作,在瑞典和芬兰展开了一项针对"阿拉伯之春"(Arab Spring)报道的受众研究,认为主观性(subjectivity)让人们更容易和报道中的人关联起来,让遥远的痛苦变得可以感知,而不只是隔着屏幕去"观看"。[4]尤其是对一些重大、复杂、各种事实相互冲突的事件,受众在观看过程中更希望积极参与进来,多角度、更加完整地获取事件信息,最终可能影响和改变对于事件的公众认知,形成更加多元化的声音。

2.主观性带来刻板印象及对公众的误导

同时也要看到,主观性以及由此衍生的刻板印象、对新闻事件的主观化解读,也会放大一些偏见,形成对公众的误导。很多发到社交媒体上的目击视频本身语义含糊、语境缺失,可以基于不同的目的做不同的诠释。莫特森对CNN iReport平台上"世界各地游行示威"(protests around the world)专题的内容进行过分析,该专题创建于2014年7月11日,到2014年12月14日,共有466个图片和视频。这些影像水平排列,浏览者可以根据自己的喜好来重新组织和订制。同时,iReport设置了"最近发生""被观看最多""CNN上的内容"等类目来方便用户浏览和选择。影像素材完全是以一种碎片化、主观化以及充满个人偏见的方式呈现出来,因此即便是讲述同一个事件,也难以形成一定程度上的共识。[5]

---

1 Bock M. A. (2011). Citizen Video Journalists and Authority in Narrative: Reviving the Role of the Witness. *Journalism*, vol. 13, no. 5, pp. 639-653.
2 Williams A, Wahl-Jorgensen K., Waddle C. (2011). "More Real and Less Packaged": Audience Discourse on Amateur News Content and Their Effects on Journalism Practice. In Anden-Papadopoulos K. and Pantti M. (Eds.) *Amateur Images and Global News*(pp.193-209). Bristol: Intellect.
3 Ahva L., Pantti M. (2014). Proximity as a Journalistic Keyword in the Digital Era: A Study on the Closeness of Amateur News Images. *Digital Journalism*, vol. 2, issue 3, pp. 322-333.
4 Ahva L., Hellman M. (2015). Citizen Eyewitness Images and Audience Engagement in Crisis Coverage. *International Communication Gazette*, vol. 77, issue 7, pp. 668-681.
5 Mortensen, M. (2015). Connective Witnessing: Reconfiguring the Relationship Between the Individual and the Collective. *Information, Communication & Society*, vol. 18, no. 11, pp.1393-1406.

BBC记者、事实核查专家亚历克斯·默里（Alex Murray）曾讲到他接触的许多来自叙利亚的目击视频，都存在类似的问题，比如可能会把一个抗议出租车费用上涨的游行示威，有意识地解读为民众对政府的反抗。[1]因此，通过相关背景识别视频拍摄者的主观性，补充视频的背景资料、语境信息等，与核实视频真实性同等重要。

2018年10月28日重庆万州公交车坠江案发生后，一些目击者拍下与公交车相撞的女司机照片，分享到社交网络上，并表示"目睹女司机逆行撞上公交车""女司机还穿着高跟鞋"，很多专业媒体也跟风"女司机逆行致公交车坠江"的相关判断，并且将"女司机""逆行"等关键词放置于报道的显眼位置，进一步点燃公众的怒火。一时间，网络谣言和网络暴力都扑向了这位女司机。直到最后警方出来通报女司机是正常驾驶，网友的谩骂和指责才停止下来。这些谣言和网络暴力其实源自人们对女司机本已存在的刻板印象，经过现场目击者断章取义的、主观性的描述引导，使得公众毫不怀疑地相信了"女司机导致事故发生"的结论。

神经科学研究者托马斯·D.奥尔布莱特（Thomas D. Albright）提到，视觉感知和记忆的失败会导致目击者错误识别，而在没有意识的情况下，我们经常以偏见的方式对信息进行编码，然后忘记、重构、更新和扭曲我们认为是真实的事情。[2]这就产生了一种悖论：新闻的专业化生产会对事件进行重构，因而业余内容被视为"真实可信的保证"[3]；但专业化生产所形成了一套规范和惯习，事实上能够在很大程度上控制主观因素对记者的影响，而这些因素对业余目击者来说却难以把控。基于此，主观性问题带来的一个后果是：看上去我们的新闻更多元化了，但其实却可能高度同质化和极端化，从而也建构起"绝缘"的公众（insulated publics）——只对自己的社群传播感兴趣，而不关注全球范围内的他者群体。

（三）版权风险

随着社交媒体新闻采集成为新闻生产的重要环节，普通公民发布到社交网络上的对某些重大、突发事件的目击内容，在新闻报道中的重要性与日俱增。受互联网发展早期"免费文化"的影响，以及某些情况下客观条件所限，媒体无法第一时间联系上目击者，于

---

[1] Hanska, M. & Bode, M. (2018). How the Ubiquity of Eyewitness Media Changes the Mediation and Visibility of Protests in the News. In Robertson, A. (ED.), *Screening Protest: Visual Narratives of Dissent Across Time, Space and Genre* (pp. 98–119). London and New York Routledge.
[2] Albright, T. D. (Jul 2017). Why Eyewitnesses Fail. *Proceedings of the National Academy of Sciences*, vol. 114, no.30, pp. 7758–7764.
[3] Dovey J. (2000). *Freakshow: First Person Media and Factual Television*. London: Pluto, p. 64.

是一些媒体擅自使用目击者发布到社交网络上的内容,并因此引发了一些法律诉讼,引起传媒业界和法律界的关注。

2013年11月,伦敦几名骑行者在路上意外死亡,一个网名为Croydon Cyclist的骑行爱好者在参加为这些逝者举行的守夜祈祷活动中录制了一个短视频。他习惯性地把这个视频发布到YouTube上。很快,《每日邮报》(The Daily Mail)的编辑给他留言,希望能在自己的报道中使用这个视频。但是,等待了1个小时没有收到Croydon的回复,于是《每日邮报》采用技术手段直接抓取了该视频,并且植入30秒广告,在邮报网站上发布。半个月后,Croydon向《每日邮报》投诉其侵犯版权,并索赔5000英镑。一开始,《每日邮报》只同意支付50英镑的费用,经过一番讨价还价,最终赔偿了1000英镑。Croydon随后在网上公开了他和《每日邮报》关于此事的邮件往来,表示自己如此坚持,目的在于提醒人们关注版权问题,并称会将这笔赔偿全部捐赠给慈善机构。[1]

2014年11月18日,一段名为"Buffalo Lake Effect"的目击者视频发布到YouTube上,这是律师阿方索·库塔亚(Alfonzo Cutaia)用他的iPhone 6手机从办公室窗户拍下的美国明尼苏达州布法罗湖(Buffalo Lake)一场突如其来的大风暴,场景非常震撼,吸引了380多万次观看。这段视频同样引起了媒体的高度关注,CBS和CNN未经拍摄者库塔亚许可,就擅自在自己的网站上发布了这段视频,并且贴上了自己的台标。库塔亚随即起诉了这两家媒体,他称发起这场诉讼的目的主要不是索赔,而是"提醒很多目击者清楚了解自己的权益,并懂得如何保护自己"![2]

上述事件相当典型地反映出自媒体时代版权问题的新挑战。随着手机等便携式拍摄设备和社交媒体平台的普及,大量普通公民开始成为内容生产者,目击者内容就是其中最有新闻价值的类别之一。而对于这种新形式的内容生产,各国现有的著作权法律中大多缺乏明确的界定和规制。在很长一段时间内,这些内容被当作已经进入公共领域而可以随意使用的对象。随着目击者内容被新闻报道越来越多地采用,一些目击者开始意识到自己拍摄视频及照片的价值,对此表示出不满和抗议,媒体也意识到未经许可使用目击者内容存在法律和伦理风险。于是,在某些重大突发事件后,目击者往往会接到上百个媒体联系信息,要求刊登其拍摄内容。而很多时候,由于没有第一时间收到回复,甚至在目击者已明确表示不同意的情况下,媒体还是会因较高的"新闻价值"铤而走险,擅

---

[1] Gaz. (2014-, January 31). *Video Copyright and the Daily Mail: From 50 to 1000*, January. Available online: http://www.croydoncyclist.co.uk/video-copyright-and-the-daily-mail-from-50-to-1000/.
[2] M. Melinda. (2015, August 19). *Storm Video Shooter Sues the CBC, CNN for Copyright Infringement*. https://buffalonews.com/2015/08/18/storm-video-shooter-sues-the-cbc-cnn-for-copyright-infringement/.

自将目击者内容添加到自己的报道中发布出来,于是引发了这一领域越来越多的版权纠纷。

非营利组织"目击媒体中心"的一项研究显示,目击者普遍存在对自己权益的忽视状况,这使得他们并没有采取恰当的措施来阻止自己拍摄的内容被媒体擅自使用。而付费问题成为包括"目击者视频"在内的社交媒体信息采集的伦理难题之一。许多目击者认为他们将自己对突发事件的亲身体验发到媒体上,是在尽公民责任,因此同意媒体机构免费使用,但客观上不少媒体却在利用这些报道吸引眼球挣钱。而如果目击者要求媒体付费,又很容易被指责为"利用灾难谋取私利"。同时,如果过度强调付费,客观上可能助长人们为了获取金钱回报而冒险拍摄"目击者视频",甚至制作虚假的目击视频。

许多国家的著作权法律都赋予媒体在报道时事新闻时一定的"合理使用"(fair use)空间,目的是促进信息自由、快速、有效地传播,使公众可以及时、全面地了解信息,推进社会的良性运转。但是,这并不意味着著作权人的私权可以被肆意侵犯,追求权利和公共利益之间的利益平衡才是"合理使用"制度的根本精神。传媒业界需要形成的一个基本共识是,"合理使用"是在某些特殊情况下基于公共利益考量而让渡部分著作权的托底方案,并非普遍适用的方便而有效的抗辩,更不是为媒体肆意侵犯著作权撑腰。因此,在需要使用目击者内容时,媒体的第一选择毫无疑问应是联系作者获得许可。只有当受客观条件所限无法联系上作者时,才能依据"合理使用"原则,谨慎、合理地使用该内容。一个基本的前提是,所使用的内容对于新闻报道是必要的,而非用于娱乐、煽情、吸引眼球。同时,使用时必须考虑到使用方式、使用范围、如何署名、可能产生的伤害后果等。一个目前业界公认的较为安全的做法,是采用嵌入(embedding)原始信源而非直接抓取(scraping)作品的方式使用目击者内容。因为嵌入模式可以比较完整地保留信息发布的原初渠道和状态,并且维持了作者对其作品的控制权,作者可以随时对自己的作品进行修改、删除、设置私密状态等操作。而抓取目击者内容,甚至打上媒体自己的品牌标记、植入广告等,则非常明显地存在以营利为目的对他人作品的"侵占",与"合理使用"的精神相悖。未来,如何形成更为"谨慎、合理"的操作规范和伦理共识,建构包括目击者、专业媒体、社交媒体平台等多方共赢的合作方式,成为全球新闻编辑室采纳目击者内容的一个重要考量。无论如何,征得拍摄者同意,并合理地支付报酬,是使用包括"目击者视频"在内的所有用户生产内容的一个基本前提。

(四)传播伦理考量

1.公民隐私、二次伤害及其他伦理问题

目击新闻不仅体现出公众的表达权,更体现出公众"观看"的权力。"观看"在传统的文化体系中被视为一种控制性的权力,比如英国哲学家杰里米·边沁(Jeremy Bentham)"全景监狱"的构想中,站在中央瞭望塔上的监视者通过"观看"对公众进行控制。[1]互联网时代极大地拓展了普通公众"观看"的范围和视角,形成一种围观结构,即众人对个体展开凝视和控制,喻国明将这种新的结构称作"共景监狱"[2]。对公众来说,他们拍下目击内容并在媒体平台分享的行为就主动地构建起一个覆盖全社会的"共景监狱"。从积极的角度来看,"共景监狱"强化了公众的监督职能,无论是新华社"全民拍"的实践,还是社交媒体上出现的"重庆保时捷女司机掌掴男子""大连街道办副主任不配合疫情登记打电话找卢书记""济源市委书记食堂打人"等目击视频,目击者对社会的监督无处不在。但另一方面,这种集体"目击""围观"的压力也带来了新的隐私问题,在社交媒体平台上表现得尤为明显。

一个比较典型的案例是新浪微博利用"目击"推出的"随手拍"活动。2011年,中国社会科学院农村发展研究所于建嵘教授在新浪微博开通了"随手拍解救乞讨儿童"账号,意在聚集目击者的力量,形成一场声势浩大的解救乞讨儿童公益行动。但有律师提出,网友随手将公民照片上传至网上,并怀疑其为"拐卖儿童的犯罪嫌疑人"的做法,涉嫌侵犯他人合法权益。[3]由于上传的图片和视频都未经处理,每一条"目击"微博都可能涉及侵犯他人隐私。从公安部治安管理局官方微博的回应来看,"随手拍解救乞讨儿童"的行动是失败的,它不仅没能起到打拐的效果,反而撕开了苦难中的乞讨儿童和家庭的伤口,将其暴露在大众面前,最后大多不了了之。

在全民目击时代,在每一双眼睛的凝视下,对公共领域的监督和对私人领域的窥探就像一枚硬币的正反面。因此,对未来的新闻生产来说,守好隐私边界将成为媒体重要的把关标准。此外,视频中可能存在暴力因素等内容是否应当展示在公众面前,也成为一个争议点。一种观点认为,即便是记录一些冲突事件的目击视频或图片中存在暴力画面,也应该被展示出来,不能"假装没看见"在世界某个角落正在发生的这些事件。另一种针锋相对的观点则认为,包含暴力、恐怖内容的画面是不应该公开的,在这方面专业媒

---

1 徐蓉蓉:《控制抑或自由:边沁全景监狱的设想及误读》,《当代传播》2021年第6期,第103-106页。
2 喻国明:《媒体变革:从"全景监狱"到"共景监狱"》,《人民论坛》2009年第15期,第21页。
3 《公安部称随手拍被拍者基本无被拐儿童》,观察者网.2012-08-29.https://www.guancha.cn/society/2012_08_29_93934.shtml.

体尤其有责任进行内容的把关和过滤,即便这些内容没有进入报道,而只是出现在媒体网站或媒体设置的UGC平台上,也应当符合媒介伦理。

有一个典型的案例是震惊世界的巴黎查理周刊遭遇恐怖袭击案中的一个目击视频。2015年1月7日,巴黎工程师乔迪·密尔(Jordi Mir)被突如其来的枪声打断了工作,他用手机从窗口拍下了两名蒙面恐怖分子射杀警察艾哈迈德·梅拉贝(Ahmed Merabet)的视频,并上传到Facebook。15分钟后,由于觉得太过血腥,他撤下了视频,但已经太迟了,这段42秒的短视频在社交媒体上疯狂传播,很快在电视台也播出了。警察被一枪爆头的画面反复播放,引发其家人强烈的愤怒和悲伤,也让密尔极其后悔,然而世界各地的媒体依然在没有征得他同意的情况下,不断播放未经任何处理的原始视频。

2.媒体使用目击者内容的伦理责任

此外,媒体不能想当然地认为只要付费,人们就非常愿意将自己拍摄的内容公开,因为公开意味着目击者可能招来不希望的关注,卷入麻烦中,而拍摄者地理位置、社交媒体账号等的曝光,也可能给目击者或相关人员带来困扰乃至人身威胁。2014年8月,一名澳大利亚男子偶然目击了一起种族主义事件,他随手拍下照片上传到社交网络。后来媒体未经他的允许就刊登了这张照片,并且公布了他的名字和Twitter账户。结果,他遭到铺天盖地的谩骂和骚扰。[1]同时期澳大利亚还有另一个类似事件发生。来澳大利亚指导一档选秀节目的美国歌手雷度福(Redfoo)在悉尼东区酒吧被人投掷玻璃瓶袭击,头部受伤。事故发生之前,同在酒吧的女孩马迪·坎贝尔(Maddy Campbell)曾发布了一张和雷度福的同框照到社交媒体Instagram上,并兴奋地配文"刚刚遇到雷度福"。雷度福遇袭事件迅速成为新闻热点,许多媒体开始联系作为现场目击者的坎贝尔,希望使用她的这张照片,但都遭到拒绝,因为她不愿意自己的照片和这样一个负面事件关联起来。然而随后,坎贝尔震惊地发现她的照片还是铺天盖地出现在各类媒体上。

2016年7月,女律师艾莉森·格里斯瓦尔德(Allison Griswald)从公寓窗口目击了震惊世界的达拉斯枪击案,她本能地拿起手机,拍了一段视频发到Twitter上,然而,她的麻烦也开始了——上百个新闻媒体联系她,要求刊登她的视频以及对她进行采访;她的Twitter关注者,从原来100个左右的熟人亲友,一下子飙升到超过3000人,其中绝大多数都是陌生人;再接下来,她同性恋的身份被曝光,她发现自己在社交媒体上整天受到暴力、种

---

[1] Brown, P. (2015, December05). A Global Study of Eyewitness Media in Online Newspaper Sites. *Eyewitness Media Hub*. https://firstdraftnews.org/wp-content/uploads/2018/03/user_generated_content.pdf.

族主义、性引诱以及其他各类骚扰信息的狂轰滥炸,最后不得不关闭了 Twitter 账户。[1]事实上,目击者不是专业记者,他们刚刚经历了创伤或目睹了极为震惊的场景,大多是本能地拍下视频发到社交媒体上,根本来不及思考或者完全想不到可能产生的后果。在某些情况下,"参与式新闻"却成了目击者的噩梦,让他们产生被剥夺感,以及焦虑、难堪、愤怒等感觉。长此以往,他们可能会退守到"有围墙的花园"背后,只在封闭的、私密化的社交媒体小圈子里发布信息,而不愿意公开发布,更不愿意将内容交给媒体使用。

阿赫瓦和赫尔曼针对瑞典和芬兰受众的调查研究揭示,受众对于北欧一些媒体机构表示不满,因为他们利用目击者内容中展示的冲突、危机来制作耸人听闻的标题和影像,从而提升媒体网站点击率,获取经济利益。[2]来自现场的"目击者内容"新闻价值毋庸置疑,但如何确保以一种符合伦理的方式进行传播,如何尽量减少对那些突然被卷入重大新闻事件核心的目击者个人生活的干扰和伤害,等等,这些都是媒体机构吸纳目击者内容并将之嵌入新闻报道中必须思考和解决的问题。

二、把关机制与传播伦理重构

如何将"目击者内容"更好地嵌入新闻生产流程,形成一种媒体机构引导、融合用户生产内容的协作式新闻生产,成为传统媒体转型发展的一个切入点。汲取"新闻策展"(curatorial journalism)的理念,未来新闻编辑室需要更多承担事实核查、提供语境和伦理把关的职能,对目击者内容进行改造和重构,融入新闻报道之中。因此,看似免费的用户生产内容,也许并不能为新闻媒体减少制作成本,反而会带来搜集、挑选、验证以及明晰版权过程中巨大的人力、财力投入。

(一)强化把关机制

全球新闻编辑室对"目击者内容"的重视和吸纳,是社交媒体时代新闻生产变革的一个重要方面,对于拓展"参与式新闻"路径,建构更为成熟、完善的专业媒体与 UGC 的融合生产机制,具有极其重要的探索意义。在此过程中,对传统新闻生产"把关人"角色的重构,成为"目击者内容"融入社交媒体时代新闻生产的关键因素。换言之,在众声喧哗的社交媒体时代,公民依然需要有足够公信力的媒体来担保目击者内容的可靠性,并提供

---

[1] H. Shelley. (2016, September 23). "There's Gotta Be a Better Way": Ethical Dilemmas Surround Eyewitness Video. *Columbia Journalism Review*. https://www.cjr.org/business_of_news/facebook_live_eyewitness_video.php.
[2] Ahva L., Hellman M. (2015). Citizen Eyewitness Images and Audience Engagement in Crisis Coverage. *International Communication Gazette*, vol. 77, no. 7, pp. 668–681.

必要的背景信息和新闻诠释。

然而,尽管对于把关角色的重要性传媒业界已形成共识,但如何对社交媒体时代的信息进行把关,尚缺少系统性、程序性的机制建构。哥伦比亚大学数据新闻中心一项针对全球38家媒体对UGC使用情况的调查显示,被广播电视节目采用的UGC中,仅有16%的内容注明了来源,26%的内容经过了媒体的编辑和背景注释等处理。同时,记者们普遍承认自己缺乏进行信息核查的专业技能,也几乎没有接受过这方面的培训。[1]这种状况与媒体机构日益增多的对UGC内容的使用形成严重的反差,未来媒体急需加强对记者、编辑在事实核查方面的基本技能培训,逐步建立专业的事实核查团队,对传统的把关机制进行改造和重构,形成内容把关方面新的行业规范。

1.事实核查(fact checking)

事实核查一直是媒体最重要的内部编辑机制和行业规范之一,在很大程度上确保了新闻的真实性和准确性。但社交媒体时代的到来无疑使得传统的事实核查机制遭遇严重挑战,形态和技术手段都在发生巨大的变化。每一次重大突发事件后,都会有不计其数的目击者内容上传到社交网络,对这些内容的真实性进行验证需要耗费大量的精力。比如,2011年叙利亚战争爆发以来,总计有超过100万个来自叙利亚的视频上传到YouTube,其中很多都没有署名。CNN "iReport"仅有8名全职员工,而平均每天约有500个视频上传到该平台,其所能进行审核的视频只占8%。对于传统新闻编辑室来说,仅靠人工进行信息核查几乎是个"不可能的任务",必须借助技术、算法和各种软件工具。

BBC事实核查专家亚历克斯·默里曾介绍他们的事实核查步骤:第一步,追踪视频或图片的来源,找到最早上传者(original uploader);第二步,联系最早上传者,询问该视频或图像是否他们自己拍摄,用什么设备拍摄,拍摄的时间、地点以及其他背景性信息。在上传者拥有版权的情况下,询问是否可以允许媒体使用该视频或图片,以及就费用问题与上传者进行协商。一般来说,所获得的许可都是非专有许可,目击者可能将自己拍摄的内容同时给其他媒体使用,以获得更多的收益。[2]如果能第一时间联系上最早上传目击内容的人,那么事实核查会相对容易一些。

---

[1] Wardle, C., Dubberley, S., & Brown, P. D. (2014). *Amateur Footage: A Global Study of User-Generated Content in TV and Online News Output*. Retrieved from: file:///C:/Users/DELL/Downloads/Tow-Center-Amateur-Footage-A-Global-Study-of-User-Generated-Content-in-TV-and-Online-News-Output.pdf.
[2] Hanska, M. & Bode, M. (2018). How the Ubiquity of Eyewitness Media Changes the Mediation and Visibility of Protests in the News. In Robertson, A. (Ed.), *Screening Protest: Visual Narratives of Dissent Across Time, Space and Genre*, (pp.98-99), London and New York: Routledge.

在无法联系到最早上传者的情况下,就需要编辑室投入更多的精力进行事实核查。包括通过查询社交媒体上相关"元数据"(metadata)来确定视频或图片拍摄的时间、地点等,检验上传者社交媒体足迹与该事件的吻合度,以及检验视频、图片是否被编辑或改造过。此外,核查视频、图片中的一些细节也可以提供交叉验证,包括影像中反映出来的季节、气候与事件发生的时间是否相符,通过谷歌地图、街景来核验影像中的某些场景,甚至汽车牌照号码、视频中人物所说的方言等,都能够提供事实核查线索。默里称,在"阿拉伯之春"期间,通过时间、季节以及其他细节的比对,曾经检验出许多号称是刚发生的示威抗议活动视频,其实是用旧视频"改装"的。

　　此外,查询上传者的社交媒体历史记录,也是一种常用的、有效的方法,以检验拍摄者当时是否真的在事件发生的地点。比如,2011年7月挪威奥斯陆发生爆炸事件。关于此事件最早的现场图片来自一位旅游者的Twitter账号,BBC事实核查人员随即翻阅了他之前的推文,发现在爆炸发生当天的早一些时候,他曾经发过在奥斯陆旅游的文字和图片,从而就能比较确定事件发生时他的确在奥斯陆。

　　确证了视频真实性之后,还需要考虑报道中其他细节,比如活动参与者数量、特征以及人口构成等。默里举了一个"阿拉伯之春"期间的例子。BBC收到一个号称是利比亚米苏拉塔市(Misrata)的一个大规模游行示威的视频。默里通过视频中独具特色的意大利黄杨(Italian box trees),确认了场景地的确是米苏拉塔市中心广场。随即,默里通过谷歌地图大致估算了一下广场的面积,进而估算参与游行的人数大概有多少,再与米苏拉塔市的总人口进行比对,即算出了当天上街示威游行的人口比例。

　　目前很多技术公司都致力于开发各种事实核查工具软件,比如谷歌反向图片搜索功能,对于识别虚假视频比较有用。人们制造虚假视频的一种常用方法是重新上传相似场景的旧视频,因此事实核查人员可以上传视频截图或视频自带的缩略图进行反向图片搜索,查看该视频是否以前就存在,从而识别那些以旧充新的视频。而运用YouTube Data-Viewer,可以看到视频上传的确切时间、日期,并且这种工具还提供四个可供反向搜索的缩略图。推特核查助手(Tweet Verification Assistant)可以帮助事实核查者辨析推特上图片的真假。此外,还有密歇根大学开发的可对推特上谣言进行检索和可视化的"谣言透镜"(Rumor Lens),以及IBM开发的人工智能应用"Waston视角"(Watson Angles)等,都可以辅助视频识别。国际律师协会(International Bar Association, IBA)2015年发布了免费的智能手机应用App"Eyewitness to Atrocities",一旦使用者激活了这个应用程序后,其拍摄视频的元数据就被自动记录下来了,包括拍摄的日期、时间、地点、像素等,尽管使用者基于安全、隐私等考虑,依然可以选择匿名,但这些元数据可以帮助媒体进行真实性验证。同时,一些国际性的新闻行业组织致力于构建适应社交媒体时代的新闻事实核查标准。波因特研究所欧洲新闻中心(European Journalism Centre of the Poynter Institute)出版了"验证操作手册"(Verification Handbook),专门针对目击者视频的验证提出标准化的操作方案。

除了编辑室自身重建、加强新闻事实核查部门,与技术公司合作也越来越成为主流的方式,像Storyful、PolitiFact这样专门进行事实核查、连接目击媒体和专业媒体的机构应运而生,借助新技术、新工具和机器算法等,快速地对社交媒体上的视频、照片等信息进行真实性验证,并在征得拍摄者同意后,提供给专业媒体使用。2015年,Youtube和Storyful合作,推出新闻现场目击者视频产品"新闻快线"(Newswire),对海量的新闻目击者视频进行核实、整理归类,从而向全世界的记者提供有关重大新闻事件的视频资源,目标是"充分利用目击媒体做出伟大的新闻"。谷歌新闻实验室2015年11月上线的"第一稿"(FirstDraft)项目,也是以专业媒体为服务对象,帮助他们寻找目击媒体中有价值的内容,并进行事实核查。

2.内容把关与语境诠释

社交媒体时代我们"看见"(seeing)的前所未有的多,是否都应该呈现出来?如前所述,目击内容大多来自非专业新闻生产者,他们并没有义务或主观意愿要遵循专业新闻生产规则,因此,目击内容中难以避免地可能存在侵犯他人隐私、过于血腥暴力等状况。对此,媒体需要强化编辑和把关,考虑到内容公开可能会造成的潜在危害,采取一定的技术手段,对目击内容进行处理,包括去掉影像中不宜公开的内容,警示受众影像中可能有令人不适的画面,面部、声音的模糊处理,不要在影像中出现个人信息如姓名、驾照、地址等。

同时,由于目击内容绝大部分并非有目的的新闻生产,因此社交媒体上流传的很多目击视频或图片,一个共性的特点就是语境缺失、语义含混,可以根据不同的动机做出各种不同的诠释。媒体在采用这些目击内容的时候,就需要特别注意核实目击者的身份以及在所报道事件中的立场,并将这些信息同时公开给公众。比如,在一场游行示威中,拍摄现场视频的到底是抗议活动参与者,还是路人?这类信息对于公众辨别拍摄者的动机以及有效抵御视频内容中可能存在的宣传性、诱导性意图,是十分重要的,而这就需要媒体机构在采用"目击者视频"时,必须做大量的解释性工作(interpretive work),使内容尽量契合客观、平衡等新闻专业要求,同时提升内容的信息含量和新闻价值。总之,目击者内容不应该是新闻报道的唯一信息来源,而只能是报道的有机组成部分。在互联网时代,人们越来越意识到"语境"对于传播的重要性。比如,把一个社交媒体平台上的内容转移到新闻网站首页,就可能在很大程度上改变了信息传播语境,从而产生不可预期的后果。而影像内容、影像配文的完整与否,也会对传播效果产生影响,甚至是颠覆性的语义转换。

(二)重构传播伦理

同时,国际新闻界也开始积极探索社交媒体时代的法律和传播伦理机制建构。2016年4月,美国在线新闻协会(Online News Association,ONA)发布了"社交新闻搜集道德指南"(Social Newsgathering Ethics Code),覆盖了社交新闻搜集的10个重大问题,从验证目击内容到获得内容制作者的同意等。[1]Storify、卫报、BBC、CNN等许多重要的新闻机构都参与了ONA的道德指南制订。而考虑到报道突发事件的紧急性,与联系目击者的困难性、复杂性以及时间的漫长等现实因素,业界也开始探讨能否应用版权领域的"合理使用"(fair use)原则,建立在某些紧急突发情况下媒体使用与新闻事件直接相关的目击者内容的行业规则明确一些例外,包括先刊登再付费等折中的做法,以及在社交媒体上嵌入类似"突发事件报道许可协议"之类的条款,用户可以进行选择是否同意媒体机构免费使用他发布的内容,可以省去联络和版权方面的许多烦琐工作。此外,社交媒体如果能比较好地保存和建立公民上传视频的元数据(metadata)档案,包括拍摄时间、地点以及上传者的资料等,对于后续的事实核查会非常有帮助。

包括我国在内的很多国家著作权法中都强调媒体为报道新闻而"不可避免"地使用他人作品属于合理使用,也即在某些不可抗的条件下,允许媒体先行使用作品,无须征求著作权人的同意。这一方面是考虑到时事报道的新闻价值和时效性要求,另一方面则是考虑到难以在短时间内联系上作者、获得许可的现实困难。比如2013年超强台风"海燕"登陆菲律宾,重灾区塔克洛班市(Tacloban)居民马尔肯·马隆(Marcjan Maloon)上传了一个现场视频到社交媒体平台Instagram后,他所在的地区就接连4天断电,根本不可能及时回复媒体的请求。[2]在这种情况下,是否应该基于公开报道新闻信息、保障公众知情权

---

1 Online News Association. (2016). *ONA Social Newsgathering Ethics Code*. Available online: https://journalists.org/tools/social-newsgathering/.
2 Galvin. J. (2013, November 14). *Typhoon Haiyan's Accidental Journalist: Marcjan Maloon, Medium*. Available online: https://medium.com/@Joey_Galvin/typhoon-haiyan-s-accidental-journalist-marcjan-maloon-d7b1a4beede3.

的目的,而允许媒体在一段时间内自由使用该视频？对此,目前的法律并没有明确界定,而一些媒体从业者则形成了这样的操作惯例,认为媒体可以在新闻事件刚刚发生的一段时间内使用,但如果超出了一定时间,就不再属于"合理使用"的范畴。[1] BBC新闻编辑克里斯·汉密尔顿(Chris Hamilton)解释BBC的"版权例外"规定：如果新闻事关重大公共利益,时间又非常紧迫的话,可以被视为"例外"情况(exceptional situation),未获得作者许可而使用。在2011年挪威恐怖袭击、英国伦敦骚乱等突发事件中,BBC就是如此使用了一些社交媒体上的图片和视频。[2]在澳大利亚,传媒业界也公认在新闻报道中"简短地"使用社交媒体内容是合法的,只要署上信息来源。澳大利亚广播公司(ABC)编辑政策负责人阿伦·桑德兰(Alan Sunderland)进一步强调了"与新闻事件的高度相关性"和"一定时间内使用(当天)"这两个他所理解的"合理使用"的前提条件。[3]

在BBC官网上关于"Have Your Say"的信息中,除了向公众发出内容呼吁,以及公开各种联系方式之外,也特别强调了伦理守则,提及"在您提供姓名的情况下,我们会将您的姓名公布出来,但永远不会公布您的电话号码。永远不要为了获得现场目击图像或视频,而将自己或他人置于危险境地,不要采取任何不必要的冒险或者触犯任何法律"[4]。

近年来,我国媒体也在积极推进参与式新闻生产实践。2013年6月,新华社推出"我报道"客户端平台,鼓励用户提供新闻内容；同年,央视推出"V观"系列产品,巴黎恐怖袭击后,央视"V观"第一时间推出"最新闻"短视频,鼓励现场目击者提供视频报道。2016年1月,新华社推出"现场新闻"客户端,开放地吸纳用户拍摄的具有新闻价值的短视频。在"参与式新闻"理念下,"短视频+新闻"的模式蓬勃发展起来。但是,目前我国媒体在对"目击者内容"的验证、吸纳和使用方面,同样没有建立起成熟的技术和伦理机制,也没有像Storyful这样的专业技术机构来对社交网络中的信息进行查证。基于此,借鉴西方新闻业对"目击者内容"融合过程中的经验和教训,搭建起新闻编辑室、目击者、社交媒体平台以及专业的事实核查机构等多方共同参与的协作机制,重构数字时代"参与式新闻"生产中的"把关人"角色,强化主流价值观和新闻伦理,才能建立更为完善的专业媒体应用"目击者内容"的策略,保障高质量的新闻生产。

---

[1] Dubberley S.（Dec 2016）. *A Journalist's Guide to Copyright Law and Eyewitness Media*. Available online: https://firstdraft-news.org/wp-content/uploads/2016/11/1stdraft_copyright.pdf.
[2] Aufderheide P（2014）. Journalists, Social Media and Copyright: Demystifing Fair Use in the Emergent Digital Environment. *Journal of Business and Technology Law*, vol. 9, no. 1, pp. 74-89.
[3] Brown P.（2015, May 12）*A Global Study of Eyewitness Media in Online Newspaper Sites*. Available online: https://firstdraft-news.org/wp-content/uploads/2018/03/user_generated_content.pdf?x76701.
[4] BBC（2019, July 30）*Have Your Say on WhatsApp*. Retrieved from: https://www.bbc.com/news/world-30821245.

第四节　社交媒体时代"目击"的价值延展

彼得斯认为,"目击"并非是一个价值无涉的中立行为,而有其道德意涵,比如一个纳粹分子写的二战回忆录不能被称为"目击",而只能是一种个人陈述,因为"目击意味着站在正确的一方"。[1]耶鲁大学的文学批评家费尔曼(Shoshana Felman)和社会心理学家劳伯(Dori Laub)合作了一项对大屠杀见证者口述历史的研究,认为幸存者有义务客观、公正地讲述这段历史,因为这不仅仅是他们个人的故事,同时也是在留存集体记忆。[2]与此相应,"被看见"(recognition)被视为一种重要的权利——受难者需要全世界关注到他们遭受的痛苦,并采取相应的行动。

进入互联网时代,由于拍摄以及传播渠道的便利,目击者可以将发生在地球各个角落的灾难性、悲剧性事件第一时间拍摄下来进行即时传播,让世界各地的受众都能够关注到这些事件,"感知遥远的痛苦",从而产生同情、理解和相应的行动,增强公众对国际性危机事件的参与度,形成一种"同情政治"(politics of pity)。[3]这事实上是媒体社会责任向公民社会的一种延展,让"目击并公开"(eyewitness and publicize)成为数字时代公民履行记录和传播公共事件的一种普遍性的社会义务和人道主义责任。如尼克·库尔德利(Nick Couldry)所说:"人们有道德义务去了解远方世界'发生了什么',并且关注他者。"莫特森提出"连接性目击"(connective witnessing)的概念,认为相对以往仅仅把目击视为个人基于自身体验而形成的对公共事件的一种讲述,互联网时代的公民目击更应该被视为一种参与性、反思性的行动,目击者形成更加积极、迅速、直接、反思性的参与,将目击本身变成事件的一部分,而非仅仅是旁观事件的发生。从而,基于对目击事件的主观性视角和多元意义解读,开辟公民记录正在发生的事件的新方式,将目击与社会、政治变革更紧密地关联起来。对于目击者个人化、参与性的陈述如何进入一个共享的连接空间,莫特森引用了班内特(Lance Bennett)和赛格伯格(Alexandra Segerberg)所阐述的"连接行动的逻辑"(logic of connective action),认为有别于传统的集体行动,连接行动植根于自我驱动下的个体化分享所形成的连接网络(connective networks),构建一种跨越边界的团结。[4]

---

[1] Peters, J. D. (2001). Witnessing. *Media, Culture and Society*, vol. 23, no. 6, pp. 707–723.
[2] Felman, S., & Laub, D. (1992). *Testimony: Crises of Witnessing in Literature, Psychoanalysis, and History*. New York, NY: Routledge.
[3] Stuart, A., Chris, P. (2015). Visual Truths of Citizen Reportage: Four Research Problematics. *Information, Communication and Society*, vol. 18, no. 11, pp. 1348–1361.
[4] Mortensen, M. (2015). Connective Witnessing: Reconfiguring the Relationship Between the Individual and the Collective. *Information, Communication and Society*, vol. 18, no. 11, pp.1393–1406.

如同泽利泽所说,目击行为本身也许比其所看到的东西更加重要。[1]通过对这样的文化观念的培育,推进公民目击者形成一种文化自觉,与专业媒体共同建构更具公共性的新闻报道框架,从而成为一种更宽泛的"连接文化"(connective culture)的一部分。基于此,在数字技术、社交媒体和参与式文化的整体背景下,"目击"还有超越现场新闻信源之外的多重价值可以挖掘。

一、参与价值:推动公众参与社会治理

当目击者的拍摄无须按照媒体设置的框架进行时,他们可触及的范围就非常广泛,除了突发事件,还有一些社会公共事件。俞可平教授在定义公众参与时提出了一个较为宽泛的概念,认为"公众参与就是公民试图影响公共政策和公共生活的一切活动"[2]。参照这个定义,目击者随手拍下公共事件的内容并在媒体上分享、讨论的行为就是一种公共参与,目击新闻的参与价值便由此体现。总部位于纽约的非营利组织"见证",其首页上的标语为"看见、拍摄、改变"(see it, film it, change it),将目击同参与和改变关联起来。换言之,目击行动与公民参与之间形成了一种交叠和相互作用。

在利用目击素材进行了一系列突发事件报道后,2013年,《卫报》上线了一个面向全球用户的众包平台"卫报目击(GuardianWitness)",平台每期会发起话题引导目击者参与。在话题的设置上,"卫报目击"扩大了目击议题的范围,除突发事件外,它还广泛收集环境、文化、社会等领域的目击者内容,如伦敦地铁罢工的议题、爱尔兰水费议题、圣保罗水危机议题等。[3]目击者在分享拍下的图片和视频同时,也发表自己的态度和看法,参与到公共话题的讨论中,不仅丰富了媒体的报道视角,更由于目击者亲身经历,可以为公共机构提出更实用、更有针对性的建议。

随着越来越多的目击者选择在社交媒体上传新闻现场视频,各大社交媒体也趁势推出自己的目击产品。2015年6月YouTube宣布将推出新闻现场目击者视频产品"新闻快线"(Newswire),同月Twitter也向外披露它将推出"闪电项目"并集中重点展示突发新闻事件。[4]通过社交媒体,目击者将现场内容呈现给全世界的用户,引起广泛关注和探讨,尤其是在一些灾难性、悲剧性事件中,世界各国民众都产生了同情和相应的行动。基于此,

---

[1] Zelizer B. (2007). On "Having Been There": "Eyewitnessing" as a Journalistic Key Word. *Critical Studies in Media Communication*, vol. 24, no. 5, pp. 408-428.
[2] 俞可平:《公民参与民主政治的意义(代序)》,载贾西津主编《中国公民参与——案例与模式》,北京:社会科学文献出版社,2008年,第1-2页。
[3] 袁冬雪:《英国〈卫报〉Guardian Witness网站众包新闻研究》,河北大学硕士学位论文,2018年,第28-29、31页。
[4] 腾讯科技:《YouTube高调推新闻目击者视频服务》,2015-06-20, http://tech.qq.com/a/20150620/001756.htm.

提供"目击者内容"被认为是公民履行记录和传播公共事件的一种社会责任。

2021年1月1日,新华社在其客户端改版升级上线"全民拍"栏目,旨在搭建一个公众参与社会治理的便捷平台,内容涵盖党建作风、社会治安、生态环境、疫情防控、消费维权、劳动纠纷等方面,成为主流媒体参与社会治理的重要实践探索。"全民拍"的操作流程十分简单,网友随手拍下自己所遇见的各种问题,再配上简短的文字,通过"图片/视频+文字"的方式将自己的诉求表达清楚,即可上传到后台。媒体会及时对内容进行分类、审核,将目击者内容作为曝光问题的证据,反馈至各部委及地方有关部门进行处理解决,并及时发布相关部门的处理意见和结果。"全民拍"发布的内容全程公开透明,发布者随时可以关注该事件的进程。

更重要的是,"全民拍"充分发挥了媒体协同效应。对那些具有较高新闻价值的信息,新华社记者会进一步跟进挖掘,做成深度报道,在《新华每日电讯》刊发,增加了目击者爆料的影响力。在平台上线后不久,就有目击者拍下图片,反映湖南株洲茶陵县一矿业公司尾矿库污染的问题。接到举报线索后,记者迅速去到现场调查,进行追踪报道,并在《新华每日电讯》上发表《茶陵矿污:过了环评关,过不了"群众关"》,很快茶陵县纪委监委、公安、生态环境等部门就介入进行调查,涉事企业也被关停整改。[1]另外还有根据"全民拍"新闻线索制作的《"黑中介"真能"保"你进公司》《2元一条,还能订制,谁卖了我的简历?》等稿件,一经发布就引发网友的广泛关注,随后相关部门迅速展开调查,对问题进行处理解决,助力社会难题解决。[2]在这个过程中,目击者不仅是在分享所见所闻,也在履行公民的监督权利。"全民拍"则成为构建"政府+媒体+公众"协同联动机制的有效平台,发挥着极其重要的引领、聚合和服务的作用。如卡林·贝克尔(Karin Becker)所说,"普通人拿起手机拍摄这个姿态就表明了一种参与者的视角"[3],从而成为"警觉的、自愿的、能动的目击者"[4]。

二、议题价值:边缘化群体进入媒体视野

目击新闻依托公民的主动参与和分享,在这个过程中,他们会成为新闻议题的设置

---

[1] 张格、刘芳洲、周楠:《湖南茶陵矿污加工场被关停 纪委监委等部门介入调查》,新华网.2021-01-08. https://baijiahao.baidu.com/s?id=1688280633237644780&wfr=spider&for=pc.
[2] 段乐川、黄天露:《主流媒体参与社会治理的实践和探索——以新华社客户端"全民拍"为例》,《中国记者》2021年第4期,第109-111页。
[3] Becker K. (2013). Gestures of Seeing: Amateur Photographers in the News. *Journalism*, vol. 16, no.4, pp. 451-469.
[4] Andén-Papadopoulos, K. (2014). Citizen Camera-witnessing: Embodied Political Dissent in the Age of "Mediated Mass Self-communication'. *New Media and Society*, vol. 16, no. 5, pp. 753-769.

者,因此使得以往一些不被主流媒体重视的"私人的、日常的、普通的"事件也可能成为新闻议题[1],这不仅丰富了媒体报道的内容,也推动一些边缘化群体、非主流事件进入公众视野。2020年11月一个目击者拍下的"94岁老人被抬进银行进行人脸识别"的视频传遍了网络,网友在表示心酸的同时,围绕职能部门应该如何更好地解决这类特殊问题展开了积极讨论,随后主流媒体如《半月谈》也发表相关评论,倡导社会公共服务还需要多点温度。而这则新闻的热度还没有消退,另一则同类型的目击新闻又吸引了网友的目光,湖北宜昌目击者拍下"老年人冒雨用现金交医保被拒"的视频分享至网络,一时间,关于"老年人是否被科技边缘化""如何让老年人在数字化社会生存"的讨论层出不穷。2020年11月26日,中国人民银行、交通运输部、工业和信息化部、国家卫生健康委等多部委负责人就在国新办国务院政策例行吹风会上表示将采取措施消除老年数字鸿沟。[2]

在新媒体赋权的框架下,目击媒体被看作是对"用户生产内容"(UGC)的延伸[3],也与公民新闻、参与式新闻有重叠之处,但无论是公民新闻还是用户生产内容,都强调公民主动利用传播工具,"利用当时当地能够找得到的简便传播工具,让被大众媒体排拒的公民——特别是弱势者——能够藉此发出自己的声音、交流彼此的观点"[4]。然而在这些定义中,那些无法利用传播工具的弱势群体实则是被排除在外的。有学者引用英国经济学家盖伊·史坦丁(Guy Standing)提出的"流众"(precariat)概念,称那些不可被数据化和档案化的群体是数字生命时代的流众,是算法治理中的裂隙[5],类比这个概念,那些无法拿起传播设备的群体就是新媒体赋权时代的"流众"。而目击新闻在某种程度上填补了这类缝隙,由目击者主动拍下这些"流众",利用视频内容的视觉冲击力和拍摄者自身的参与让大众产生共情,再加上社交网络的聚焦性与放大性,这些"流众"也终有机会进入主流媒体视野。

三、话语价值:国际视野下的话语权博弈

当今世界信息传播格局依然是极为不平衡的,传播话语权长期被西方发达国家的媒

---

[1] 王敏、扶小兰:《目击者视频:融合路径与伦理挑战》,《新闻与传播评论》2019年第6期,第45—54页。
[2] 中华人民共和国国务院新闻办公室:《〈关于切实解决老年人运用智能技术困难实施方案〉国务院政策例行吹风会》,国新网,2020-11-26,http://www.scio.gov.cn/32344/32345/42294/44354/index.htm#2.
[3] 黄雅兰、陈昌凤:《"目击媒体"革新新闻生产与把关人角色——以谷歌新闻实验室为例》,《新闻记者》2016年第1期,第42—49页。
[4] 陈楚洁:《公民媒体的构建与使用:传播赋权与公民行动——以台湾PeoPo公民新闻平台为例》,《公共管理学报》,2010年第4期,第111—121、128页。
[5] 蓝江:《生命档案化、算法治理和流众——数字时代的生命政治》,《探索与争鸣》2020年第9期,第105—114、159页。

体所垄断,但"目击新闻"的出现为平衡全球传播格局提供了一种可能性,特别是在西方媒体对"非西方"存在刻板印象的情况下,来自现场的目击者内容能提供更加客观、多元的信息,更容易令西方民众信服,因而对发展中国家的专业媒体来说,融合、吸纳这些目击者内容会成为他们打破话语垄断的突破口。

卡塔尔半岛电视台(AL Jazeera)之所以能在世界传播格局中占有重要的一席之地,生动的"目击"报道也是原因之一。半岛电视台是一个立足于阿拉伯、面向世界的媒体,成立于1996年,由卡塔尔政府持有,接受卡塔尔王室的资助。"9·11"事件后的阿富汗战争让半岛电视台成为全世界瞩目的焦点,当其他媒体都无法进入战斗区,只能依赖美国五角大楼这个单一信息源时,半岛电视台是阿富汗塔利班控制区唯一的外国媒体。当美国政府和军方对美国媒体报道严加管制,严格控制它们报道平民伤亡的画面时,半岛电视台则直接进入现场目击,向全世界展示不同于西方媒体呈现的战争情况,尤其是平民伤亡状况。在CNN、福克斯及其他一些媒体在战争报道中宣称"美国发动正义之战、塔利班政权不堪一击""美军在战场上势如破竹"等,沦为美国政府宣传工具时,半岛电视台则通过目击现场带来更加客观的内容。[1]随着公民新闻的兴起,半岛电视台也开始与公民记者进行合作,寻找当地的目击者为他们提供报道素材。2006年,半岛电视台英文新闻频道(AL Jazeera English)开播,它与局势紧张地区的民众合作,还会给他们发放FLIP相机请他们拍下有用的素材。社交媒体出现并盛行起来后,半岛电视台则积极利用社交媒体平台获取内容信息。2007年,他们在YouTube上开通账号邀请用户参与讨论,并且另设团队,专门检测社交媒体上的目击者内容,经编辑后嵌入他们的融媒体节目如"Listening Post""The Stream"。[2]对半岛电视台来说,这些珍贵的目击者内容不仅帮助它们做出独家报道,更成为它们与西方媒体话语博弈的筹码,为世界观众打开另一扇了解中东地区的窗口。

四、记忆价值:保存与保护记忆

一直以来,文字都被认为是留存人类记忆的主要载体。德国学者扬·阿斯曼(Jan Assmann)认为,文字的发明和使用将人类的历史分成了两个截然不同的阶段,"以仪式为基础不断重复的阶段和基于文本进行解释的阶段。这两个阶段之间的分水岭令人瞩

---

[1] 王丽:《半岛电视台战争报道研究》,暨南大学硕士学位论文,2010年,第14—17页。
[2] 叶珂、贺咏柳:《国外媒体UGC内容的引入机制、实践模式及效果》,《传媒评论》2018年第12期,第58—64页。

目"[1]。在照相机发明之后,人们习惯于用拍照的方式来记录日常生活和重要事件,并形成了"一图胜千言"的认知,强化了照片记录事件、留存记忆的功能。到了移动互联网时代,短视频的快速崛起使人类再度面临着一个新的分水岭:视频尤其是短视频正在日益发挥着重要的记录和记忆功能,甚至可能超越文字媒介在历史上的地位。短视频媒介最大的社会价值即其"全民记录"价值,尤其是对日常点滴和普通人生活的记录和呈现,是未来历史研究重要的新型史料。正是从这种意义上,无数"看不见"的无名者不再是被历史排斥或忽视的"沉默的大多数",而是变身为能够记录自己和他人的能动传播者。基于此,短视频媒介的兴起在一定程度上促成了一种新的传播革命,社会的"可见度"得到了极大的提高,这为历史发展提供了新的可能性。[2]

早在2004年,在线照片分享网站Flickr就开创了"图片博客"(photoblogging)的方式,试图通过照片分享而激发社交活动。而照片也不仅限于私人生活和审美、艺术照片,Flickr事实上更希望用户拍摄广阔的世界,关注全球热点,打出"分享照片,观看世界"的口号。因此,Flickr鼓励目击者发布时事照片,尤其是涉及自然灾害、恐怖事件以及其他重大的突发灾难性事件的现场目击照片。与Twitter上海量的、不断刷新的新闻照片或视频不同,Flickr偏爱那些能够提供突发事件的共享体验和目击者故事的更深度的信息,并且在一些重大突发事件中都会组建相关的用户群组。Liu等对2004到2007年间Flickr上针对6起重大灾难性事件的29个群组所发布的内容进行了内容分析,认为在灾难性事件中人们已经习惯于运用手机等智能拍摄设备进行拍摄和述评,并利用社交媒体进行即时分享,这不仅仅是一种个人记述(personal accounts),同时也是一种数量庞大的信息汇集和证据性文件(evidential documents),对于灾难的记录、警示、应急处置、灾后重建等具有重要意义。[3]

2018年4月,澳大利亚悉尼大学法医心理学专家海伦·帕特森(Helen Paterson)等研发出全球第一款旨在"保存与保护目击者记忆"的智能手机应用iWitnessed,以解决长期以来备受质疑的目击者记忆差错问题,有助于犯罪调查和庭审。以往诸多研究显示,在事件发生之后,目击者的记忆会迅速减退。目击者在事后与他人的讨论、个人经历等,都可能改变记忆的走向,导致记忆的不准确和扭曲。尤其是随着时间的推移,很多细节会

---

[1] 扬·阿斯曼:《文化记忆:早期高级文化中的文字、回忆和政治身份》,金寿福、黄晓晨译,北京:北京大学出版社,第97页。
[2] 潘祥辉:《"无名者"的出场:短视频媒介的历史社会学考察》,《国际新闻界》2020年第6期,第40-54页。
[3] Liu, S. B., Palen, L., Sutton, J., Hughes, A. L., & Vieweg, S. (2008, May). In Search of the Bigger Picture: The Emergent Role of On-line Photo Sharing in Times of Disaster. In *Proceedings of the Information Systems for Crisis Response and Management Conference (ISCRAM)* (pp. 4–7). Citeseer.

被快速遗忘。对抗遗忘和记忆扭曲,一个最好的办法就是让目击者尽快提供证词,尽量在事故发生后的24小时以内,早期的证词往往比间隔一段时间后的重述更加完整。然而在现实中,灾难性事故发生后,警察往往忙于现场勘探,会隔上一段时间再来询问目击者。一些目击者也并不愿意在事故发生后立即联系警察说明情况。这样的延迟会导致遗忘和记忆衰退、混淆,从而削弱目击证词的可信度。iWitnessed这款应用让目击者即时记录各种信息,包括文字、声音、图像、地图位置等,所有信息都被标注上时间和地点等元数据标签,任何修改记录也会被自动记录下来,既适用于记录车祸等突发事件,也适用于记录重复性的、进行性的事件,比如霸凌或骚扰。同时,这款应用还提供了一系列问题索引,来帮助目击者巩固记忆。另外,这款应用上的"语音—文字"转换功能,方便目击者可以口述,然后自动转换成文字报告。目击者不一定需要使用英语,而是可以使用任何他们习惯的语言,以方便准确记录细节。所有记录都可自动生成pdf文档并发送给相关机构。研发团队认为,基于目前澳大利亚88%的人都拥有智能手机,越来越多的人用手机来记录他们目击到的事件,因此,将人们的目击内容做规范化处理,是提升目击内容有效性的重要举措。

在法律效力上,根据澳大利亚现行的证据法"Evidence Act 1995 NSW"(Sections 32 and 34),目击者在iWitnessed的记录大致等同于"同期字条"(contemporaneous notes)。悉尼犯罪学研究所客座教授尼古拉斯·考德利(Nicholas Cowdery)认为,同期字条,即使是潦草地写在餐巾纸背面,在法庭上也具有比较高的可靠性和证据价值。当然,目前的证据法总体来说还没有跟上技术快速发展的步伐。[1]

2021年1月6日美国发生国会山骚乱事件,社交媒体上流传着成千上万目击者实时上传的视频。但是一些最重要的视频一直没有公开,包括监控视频和警察执法视频。后来,CNN联合16家媒体发起诉讼,最终迫使政府公开这些视频。另外,骚乱参与者也拍摄了许多现场视频,他们把这些视频在社交媒体平台Parler上分享。由于视频中包含大量暴力内容,而Parler未予处置,后来亚马逊将Parler从其云端服务器上下架。后来非营利性媒体Propublica从被禁的Parler上恢复了500多个视频,为国会山骚乱事件提供了更为丰富的视觉证据。一些研究者认为,参与者视频不仅记录了事件现场,还记录下参与者的社会心理,提供了新的、多层次的、意义丰富的研究素材,可以作为阐释事件的宝贵视觉材料,尤其在政治抗议事件中。[2]

---

[1] Paterson, H. M. (2018). Why We Made iWitnessed, an App to Collect Evidence. *The Conversation*.
[2] Schmidt, R., & Wiesse, B. (2019). Online Participant Videos: A New Type of Data for Interpretative Social Research? *Forum: Qualitative Social Research*, vol. 20, no. 2.

第五节 总结:"全民目击"时代的审思

在新闻发展史上,"目击"作为一种独特的、一手的现场信源,对于树立新闻业的"真实性"话语权威起到了重要作用。同时,传统媒体也通过把目击者设定为单一的信源角色,以维持新闻业的"边界工作"与文化权威。然而,随着互联网新媒体崛起,新闻业的边界处在剧烈变动之中,越来越多的主体开始通过提供信息、发表评论、转发报道等方式,介入原本以职业记者为主体的"阐释社群"之中,乃至形成一个新的"业余共同体",与传统新闻"职业共同体"抗衡。由于智能手机等便携式拍摄设备的普及、网络传输速度的不断提升,以及社交媒体的快速发展,普通公民可以随时随地拍摄照片、视频等上传到社交网络,进行私人分享和公共传播,带来了一个前所未有的视觉材料膨胀的时代。在新闻事件突发的瞬间拍下视频上传到社交网络的目击者,在某种程度上取代了传统记者"第一时间奔赴新闻现场"的职业功能。因此专业媒体不得不在一个高度混杂的传播环境中,与目击者和社交媒体用户协商、竞争对公共事件的解释权。这在很大程度上打破了新闻业的边界,挑战了传统的新闻生产尤其是突发事件的报道模式。

一方面,新技术条件下"公民目击"的大量出现,为专业媒体内容生产提供了更为丰富的信息来源,来自现场目击者的内容作为宝贵的,甚至是唯一的现场新闻素材,填补了事件初发时的"新闻真空"。但另一方面,公民目击者也挑战了专业媒体机构对公共事件进行阐释的权威性,强化了对事件的多元解读。这在某种意义上形成了一种对目击者的"赋权"(empowerment),即他们不再只是作为媒体的信源而存在,他们自身就具有对新闻事件进行报道、诠释的权利,甚至在某些时候,他们比专业媒体更能够获得公众信任,引导公众议程。此外,在数字技术、社交媒体和参与式文化的整体背景下,"目击"还有超越现场新闻信源之外的多重价值可以挖掘,包括参与价值、议题价值、话语价值、记忆价值等,开辟公民记录正在发生的事件的新方式,将目击与社会、政治变革更紧密地关联起来。

面对社交媒体时代大量出现的"公民目击",新闻业面临着如何将其吸纳到专业新闻生产中,与专业主义框架下的新闻生产惯习、标准、伦理相兼容的问题。尽管目击者内容以一种事件亲历者的姿态进入新闻报道,而被认为具有更高的可信度,但在新闻编辑室大量吸纳目击者内容的过程中,却面临着目击内容的虚假性、主观性问题。同时,媒体对目击者内容的使用,也面临着侵犯版权的风险,以及侵犯公民隐私、造成二次伤害等其他伦理问题。互联网时代传播主体多元化导致的把关机制的弱化乃至缺失,进一步加剧了目击者内容对传统新闻生产机制的挑战。

　　国际上率先进行这一探索的媒体机构,都在思考和重新设计自身以及公民目击者的定位。在如何看待和运用目击内容方面,媒体编辑室经历了从"信源模式"到"协同报道模式"的转型,也就是说,从传统将目击者单纯当作信源使用,转变为将目击者视为参与者、合作者,与媒体共同推进协作式新闻生产。比如,2012年CNN的公民新闻平台iReport宣布吸引了超过100万公民报道者,CNN对其定位是"目击者、评论者、合作者",而自我定位为公民提供内容的议程设置者和编辑者。这与比尔·科瓦奇（Bill Kovach）和汤姆·罗森斯蒂尔（Tom Rosenstiel）在《真相:信息超载时代如何知道该相信什么》一书中对专业新闻机构和新闻工作者设定的八种角色定位有相通之处,即鉴定者、释义者、调查者、见证者、赋权者、聪明的聚合者、论坛组织者和新闻榜样,强调在社交媒体时代的新闻生产中,新闻编辑室的责任更多地转向内容把关与信息聚合。

　　未来,新闻编辑室需要更多承担事实核查、提供语境和伦理把关的职能,对目击者内容进行改造和重构,将其更好地嵌入新闻生产流程,构建一种媒体机构引导、融合用户生产内容的协作式新闻生产,形成更为"谨慎、合理"的操作规范和伦理共识,才有可能真正实现包括目击者、专业媒体、社交媒体平台等的多方共赢,推进高质量的新闻报道。

第六章

余论

互联网时代新闻民族志的重思与改造

> 新闻民族志向来被视为研究新闻生产的一种重要的质性方法,但在新闻业已经发生根本性改变的数字媒体时代,以编辑室为核心田野地点的、时间限定的、规律性的民族志研究,也面临着问题与方法重置的挑战。本章从民族志的理论与实践两个维度切入,通过回溯20世纪40年代发端的民族志与新闻传播研究相勾连的知识图谱,试图脱出社会学的学科框架,更多引入人类学的学术资源,探寻民族志与新闻生产研究"深度互嵌"的理论建构。同时,结合正在进行的田野个案,提出互联网时代新闻民族志应以线上、线下穿梭,"时刻在场、整体浸润"的参与观察为核心,形成整体的、批判的、多点的研究取向,全面追踪新闻从生产到消费的全过程,打通原本割裂的媒介内容生产与效果研究领域,并关注宏观权力对媒介日常实践的渗透和影响,建构起宏观、中观、微观相结合的综合性研究范式,从而更深刻地解读"新闻为何会被如此建构"这一核心问题。

"我通常都会坐在新闻室中间、电台撰稿人的前面,在那里,我能清楚地看到黑板。选题调派编辑会在黑板上跟踪报道的进展,并常常用粉笔写下幽默、简短的故事提要……有时候,我的观察日特别漫长。我可能早晨10点到办公室,晚间11点新闻播出后离开。"[1]

1966年,23岁的盖伊·塔克曼(Gaye Tuchman)开始在一家电视台观察新闻生产。在进入田野之前,她对新闻业几乎一无所知,作为美国布兰迪斯大学社会学系在读博士生,支撑她进行研究的信念部分来自于社会学家埃弗雷特·休斯(Everett C. Hughes)在上参与观察课时所灌输给学生的——仔细观察和记录其他人的言行举止,能够发现其他方法无法得出的社会学洞见。事实证明,以参与观察为核心的新闻民族志(newsroom ethnography),的确是研究新闻生产最重要的一种质性方法,塔克曼、甘斯等学者对这一方法的杰出运用,建构了20世纪60—80年代新闻生产社会学成熟的研究范式,形成了被称为黄金年代的"第一波浪潮"(First Wave),启迪后世学者沿着这条路径继续探索。进入互联网时代,新闻生态的巨变激发了新闻生产社会学"第二波浪潮"(Second Wave)逐渐涌动。

2021年3月2日,笔者获准进入一家省级党报融媒体中心,计划进行为期一年的民族

---

[1] 盖伊·塔克曼:《报导报道者——〈做新闻〉的田野故事》,李红涛译,《新闻记者》2021年第4期,第3-10页。

志考察。此时,塔克曼眼中的"黑板",已经变成了十几米长的中央厨房大屏幕。而以往繁忙、杂乱、充满着接电话、讨论、聊天声音的编辑室,却常常一片静寂、人影寥寥,只能偶尔听到敲击键盘的声音。面对"空荡荡的编辑室",笔者开始焦虑,塔克曼式的"经典的老派芝加哥社会学派的观察方式",是否还继续适用? 或者说,在作为研究对象的新闻业已经发生根本性改变的数字媒体时代,我们能否继续使用民族志方法对转型中的新闻业进行研究?

本章一方面结合田野个案,从实践的角度思考和回应新闻民族志对于互联网时代新闻生产研究的适用性问题,并尝试对传统的新闻民族志方法的进行改造,以应对数字新闻生产的新格局;另一方面,重新梳理新闻民族志的理论源流,探寻新的时代环境下民族志与新闻生产研究"深度互嵌"的理论建构,为互联网时代新闻生产社会学寻求理论、视域、方法上的突破。

第一节 理论溯源:民族志与新闻传播研究的勾连

一般认为,民族志(ethnography)这一研究方法肇始于20世纪初文化人类学对异民族文化的考察,马林诺夫斯基所创造的"参与观察法"是这一方法体系的核心内容[1]。作为人类学的一种基本研究方法,民族志也逐渐被社会科学的其他学科广泛借鉴。民族志和新闻传播学的勾连,或者说民族志在新闻传播研究中的理论旅行,主要走了以下两条路径:

一是新闻生产社会学,以民族志作为研究方法,以新闻室为田野,主要由一批社会学家引领。他们深受20世纪上半叶芝加哥学派职业社会学研究的影响,将新闻业视为一种现代职业,致力于从组织层面探究媒体机构对工作的合法性控制以及相关文化和制度建构。因此,运用民族志方法对新闻生产过程进行实地观察,被认为是最合适的一种研究方法。"研究者在新闻机构里进行长时间的观察,甚至当起记者,然后根据观察所得,对新闻机构的内部运作以及新闻制作过程做出深入的、概念性的、具理论意义的描述和分析,并指出新闻内容如何受各种在生产过程中存在的因素影响"[2]。基于此,新闻生产社会学"第一波浪潮"学者们得出的主要结论,也与职业社会学研究高度一致。休斯认为,为便于控制和提高效率,组织机构会尽可能将工作任务常规化,这一观念直接影响了塔克曼、

---

[1] 郭建斌:《民族志方法:一种值得提倡的传播学研究方法》,《新闻大学》2003年第2期,第42—45页。
[2] 李立峰:《什么在决定新闻:新闻室观察研究的经典之作》,载赫伯特·甘斯《什么在决定新闻:对CBS晚间新闻、NBC夜间新闻、〈新闻周刊〉及〈时代〉周刊的研究》,石琳、李红涛译,北京:北京大学出版社,2009年版,第1页、第6页。

甘斯等人提出"常规主导新闻生产"的结论,即新闻生产是高度常规化的,有固定的模式可循,按照大众文化的生产方式进行分工、合作和流水线生产,从而促使媒介工作者达到组织的预期目标[1]。

二是媒介人类学,也称媒体人类学,或者民族志传播研究,以民族志方法研究传播实践,以媒介、传播和社会生活互构的情景场域为田野。关于媒体人类学与民族志传播研究是否可以等同使用,郭建斌认为,媒体人类学与民族志传播研究尽管分属两个学科,但无论是从研究方法,还是研究的内在逻辑来看,都具有十分紧密的内在关联。[2]米哈伊·柯曼(Mihai Coman)提出,"媒介人类学"概念具有双重涵义:首先是指媒介作为工具在人类学研究中的应用;其次才是指使用人类学方法(民族志)对媒介在文化中的作用进行考察[3]。张放认为,柯曼所说的第二重涵义,才意味着人类学民族志与传播研究真正建立起了关联[4]。最早在20世纪40年代,已有少数人类学者尝试对媒介内容进行人类学分析,而第一个真正采用民族志方法实地考察媒介生产的奠基性成果,则是美国人类学者霍顿斯·鲍德梅克(Hortense Powdermaker)发表于1950年的《梦工厂好莱坞——一个人类学家眼中的电影制造业》(*Hollywood, the Dream Factory: An Anthropologist Look at the Movie Makers*)。鲍德梅克对好莱坞电影工业产业链上的各环节和主体进行了为期一年左右的田野考察,通过参与观察和访谈所获取的现场资料,对电影生产机制及其背后的社会系统进行了互动式的考察,提出"生产好莱坞电影的社会系统对电影的内容和意义有着显著影响"这一结论。

有意思的是,尽管媒介人类学的开端从关注媒介生产机制及其背后的社会系统开始,但"生产"这条线在后来这一学科的发展路径中却逐渐被隐没了。20世纪70年代,以戴维·莫利(David Morley)的电视受众研究为代表,"受众民族志"(audience ethnography)成为媒介人类学中备受瞩目的领域:重视受众、效果研究,用民族志方法来验证传播学主流范式中的一些重要理论,如电视涵化效果等。有研究梳理了中国大陆传播研究与民族志"合流"的脉络演进,以四本重要的新闻传播学术期刊发表的论文成果为依据,可以看出重点关注媒介使用及其影响的媒介人类学,较之媒介生产/制作研究,在我国的学

---

[1] 王敏:《从"常规"到"惯习":一个研究框架的学术史考察》,《新闻与传播研究》2018年第9期,第68—80页。
[2] 郭建斌:《民族志传播研究的概念、理论及研究取向——基于中文相关文献的纲要式讨论》,《新闻大学》2019年第9期,第1—14页。
[3] Coman, M. (May, 2005). Media anthropology: An overview. *Media Anthropology Network Working Paper Series*, pp. 17-24. Available at: https://easaonline.org/downloads/networks/media/05p.pdf.
[4] 张放:《传播学史视域下媒介研究"民族志转向"之辨及其价值探析》,《南京社会科学》2018年第6期,第108—117页。

术谱系中仍占据压倒性优势[1]。

不过,也有学者认为,新闻生产社会学研究和鲍德梅克对于生产的关注有诸多类似之处,其实可以纳入到媒介人类学的范畴中,甚至认为在中文传播研究中,最早使用"民族志"方法的,就是1990年代中后期潘忠党关于新闻生产的一系列研究。[2]在此种意义上,传播实践的范畴涵盖较广,包含媒介内容的生产、传输和使用等各个环节。这启发了一种理论想象——在新的时代背景下,上述两条路径是否存在对话和交流的可能性与必要性?更重要的是,这样一种对话和交流,是否有利于将新闻生产研究放置到更大的学术框架背景中来审视,调用更为丰富的理论资源,从而在实践中修正以往使用民族志方法的误区?

第二节　新闻生产研究使用民族志方法之反思

以往学界对于新闻民族志的反思,主要集中在民族志难以分析权力运作的弱势。"第一波浪潮"的研究,被认为具有强烈的媒介中心主义色彩,聚焦于中、微观的媒介组织和个体生产者层面,无法触及新闻生产背后的权力运作和社会结构[3]。究其原因,主要就在于民族志方法难以观察到新闻机构内部的高层运作和外部的宏观政治经济维度等影响因素,也即伊达·维利希(Ida Willig)所说的"不可见的结构"[4]。那些真正决定新闻生产的深层影响因素,尤其是宏观的、外部的、隐形的力量,无法通过民族志获取的经验材料而挖掘出来。对权力问题视而不见,或无力将之有机整合到研究之中,被认为是新闻生产社会学研究的一个重要缺陷,也即无法处理安德森所说"带有描述性和解释性的民族志新闻室研究,与对新闻室所处的更大的社会和经济结构进行更系统的研究之间的张力"[5]。值得一提的是,国内新闻生产的早期研究者从一开始就给予权力问题特别的关注,比如陆晔运用媒体田野调查资料,从宣传管理、媒介组织、消息来源三个层面,分析了21世纪初中国社会转型大背景下新闻生产过程中的权力实践形态,尤其重视微观的动态实践,

---

1 陈刚、王继周:《中国大陆传播研究民族志进路的逻辑、问题与重塑》,《现代传播》2017年第7期,第36-42页。
2 郭建斌:《民族志传播研究的概念、理论及研究取向——基于中文相关文献的纲要式讨论》,《新闻大学》2019年第9期,第1-14页。
3 Cottle, S. (2007). Ethnography and News Production: New(s) Developments in the Field. *Sociology Compass*, vol.1, pp.1-16.
4 Willig, I. (2012). Newsroom Ethnography in a Field Perspective. *Journalism: Theory, Practice & Criticism*, vol.14, no.3, pp.372-387.
5 克里斯·安德森:《没有历史的技术:民族志、物质性与新闻业的变迁》,何仁亿译,《新闻界》2021年第5期,第4-12页。

从而理解和揭示实践活动背后权力关系的"深层游戏"逻辑[1],可以说是在中国语境下反拨了西方新闻生产经典研究中对于"权力""控制"等问题的忽视或者执着于专业主义共识的单一解释。

后来出现的几项以博士论文为代表的开拓性成果,基本上都是选取某一个媒体作为核心个案,揭示中国社会转型大背景下新闻生产的特征、机制及影响因素,包括宣传逻辑、专业逻辑与市场逻辑在媒体场域中的互动,以及互联网技术对新闻生产的影响。比如张志安的《编辑部场域中的新闻生产——〈南方都市报〉个案研究》,研究新闻生产与社会控制之间的互动机制,阐释编辑部作为一个新闻场域,其与国家、市场和社会之间的勾连,强调强化政经路径,重视媒体背后的权力逻辑。[2]洪兵的博士论文《转型社会中的新闻生产——〈南方周末〉个案研究(1983年—2001年)》,考察了《南方周末》在过去十几年间的新闻生产过程及其特点。田秋生的博士论文《市场化生存的党报新闻生产——〈广州日报〉个案研究》,重点探讨中国语境下党报与市场的关系。武汉大学窦丰昌的博士论文《报纸开放式新闻生产研究——以〈广州日报〉为例》,总结网络语境下报纸开放式新闻生产的特征及缺陷。复旦大学刘兆明的博士论文《"融合架构"下的新闻业转型研究——基于新闻生产社会学的视角》,考察融合新闻生产模式。复旦大学杨保达的博士论文《全媒体时代电视财经新闻生产研究——以第一财经频道为例》,总结了全媒体环境下财经媒体新闻生产的实践与变化。然而,如何以田野调查的经验材料支撑起权力问题探讨,始终是新闻生产社会学研究路径的一个难点。梁君健认为,越偏向于探讨权力和结构的影响,民族志所能够提供的资料和支撑也相对越少。民族志事实上成为"第一波浪潮"学者们的一种论证策略,即以政治经济学的框架和方式推导出最终结论之后,再以民族志经验材料进行印证。基于此,民族志与媒介社会学的研究结论之间的配合并非天衣无缝。[3]

互联网时代的到来,使得新闻民族志遭遇到另一重挑战。由于数字新闻生产不再局限于新闻编辑室的实体空间、生产主体也不再局限于专业生产者,新闻生产研究中的"新闻室中心主义"(newsroom-centricity)受到质疑。一些学者提出,随着新闻生产的数字化、移动化,新闻室作为物理生产空间的地位在下降,其作为核心田野地点的重要程度也需

---

[1] 陆晔:《新闻生产过程中的权力实践形态研究》,《信息化进程中的传媒教育与传媒研究——第二届中国传播学论坛论文汇编(上册)》,2002年,第158-166页。
[2] 张志安:《新闻生产社会学视角下的田野观察和案例研究——从博士论文〈编辑部场域中的新闻生产〉谈起》,《新闻记者》2017年第5期,第17-25页。
[3] 梁君健:《秒表可以测出重量吗?——基于民族志方法论的新闻生产社会学再思考》,《新闻记者》2018年第8期,第62-74页。

重新考量[1]。安德森提出"爆掉新闻室"(blowing up the newsroom),认为新闻室已经失去了以往在新闻生产中的中心地位,许多新闻工作是在传统新闻室外展开的,同时,记者也不是形塑新闻室的唯一主体,应当拓展新闻生产研究的视域,聚焦于更广泛的新闻生态系统。[2]梅亨代尔(Sneha Gore Mehendale)研究印度媒体的播客生产,起初采用传统的新闻民族志方法,后来由于新冠疫情暴发,记者们都在家上班,他失去了观察点,但同时他也深刻感受到,没有新闻室照样可以进行新闻生产,这使得他开始重思新闻民族志的方法论[3]。总之,田野的改变引发了新闻民族志作为核心研究方法的危机,即传统以新闻室为核心田野地点的、时间限定的、规律性的参与观察,收获可能极为有限。

基于此,"第二波浪潮"中的一些学者开始尝试对传统民族志方法的改造。安吉拉·克里斯蒂(Angele Christin)在巴黎和纽约的两个网络编辑室进行民族志考察,由于研究对象是成天盯着屏幕的网络记者,她发明了一种独特的"轮转观察法"(rotation method):

"在征得记者同意后,我把椅子坐在他们身后,最好是带轮子方便滑动的那种,确保可以看见他们的屏幕,同时小心翼翼地不要打扰到他们工作。观察一个小时,记录下他们在干什么、写什么、交换什么信息、开了哪些窗口。当我不明白他们在干什么的时候,我会问他们。一个小时以后,我转向下一位坐得最近的记者,继续这种观察。"

她认为,一个小时是比较恰当的观察时间。首先是给记者一个明确的时间概念,让记者觉得在容忍范围之内。因为记者一般会同时打开多个窗口,一部分是和工作相关的,另一部分则是私人页面。如果有研究者在,记者基本上能忍住在一个小时之内不打开私人页面。一开始他们会频频回过头来和研究者交流,解释他们正在做的事情,但大约15分钟以后,他们就渐渐忘记了研究者的存在,而专注于自己的工作。此外,克里斯蒂提出传统的民族志方法必须要和其他方法相结合,比如追踪产品传播情况和受众反馈、记者发布的Twitter内容及其他社交媒体信息,爬取所研究的媒体内容数据库进行量化内容分析等,来和参与式观察、深度访谈的资料相互补充和校正,以获得更为准确、全面、深入的研究资料。[4]凯特琳·佩特(Caitlin Petre)在2011—2015年间展开了一项关于点击率

---

1 白红义:《在新闻室做田野:作为方法的新闻民族志研究》,《现代传播》2017年第4期,第61-67页。
2 Anderson, C.W. (2011). Blowing up the Newsroom: Ethnography in the Age of Distributed Journalism, in Domingo, D, Paterson, CP (eds) *Making Online News: Newsroom Ethnography in the Second Decade of Internet Journalism*. New York, NY: Peter Lang, pp.151–160.
3 Mehendale, S. G. (2020). *All ears! Tracing journalistic podcasting in India through newsroom ethnography. Media Anthropology*. Available at: https://media-anthropology.medium.com/all-ears-tracing-journalistic-podcasting-in-india-through-newsroom-ethnography-560bfa337808.
4 Christin A. (2020). *Metrics at Work: Journalism and the Contested Meaning of Algorithms*. NJ: Princeton University Press, p. 171-172.

如何影响新闻生产的研究,包括进入两家媒体Chartbeat和Gawker进行参与式观察,以及对纽约时报员工的25次访谈。她在田野调查中感受到,由于员工的互动大多在网上进行,因此在编辑室的参与式观察较难有收获,于是对研究方法进行了改进,最具突破性的是争取到进入Gawker两个核心网络工作群组的机会,尽管只被允许待5天时间,但这让她可以全天候观察编辑室的工作流程,尤其是观察用户数据对从业者新闻工作的影响,并且和线下观察到的材料相互印证。[1]尼基·厄舍(Nikki Asher)将短期田野调查、访谈与多个案分析结合起来研究互动新闻。她称自己进行的是"广泛而非深入的观察……尝试在被压缩的时间内去最大化地实现民族志观察"[2]。不过,对比"第一波浪潮"学者们的研究方式,会发现厄舍的"混合民族志"(hybrid ethnography)与经典的新闻民族志方法实际上已相去甚远。一是田野调查的时间,虽然厄舍没有明确统计,但从书中可以看到,在她所调研的14个编辑室中,停留时间少则半天,最多也不过一两个星期;二是在参与观察和访谈两者间,主要偏向于访谈。这两点在正统的人类学家眼中,某种程度上并非在做民族志,更恰当地应该称之为"访谈法",而实际调查时间则被视为检查田野资料可靠性的重要指标。[3]

笔者认为,对经典时代和互联网时代新闻民族志的反思以及改造的尝试,还存在着一个盲点,那就是新闻生产社会学以往主要是在职业社会学的框架下,以社会建构论为理论支撑,将民族志单纯作为一种研究方法,在操作层面上与新闻传播研究进行机械拼接。这导致了"新闻民族志"在一定程度上缺失了人类学民族志的精神内核,忽略了民族志内在蕴含的理论关怀、问题意识和批判性,同时对人类学民族志本身的转型和变化也缺少关注。在研究实践中,民族志常常被狭义地理解为参与观察、深度访谈等具体的质性研究方法。人类学所强调的整体论和情景主义,在这样一种工具性的征用中被淡化了。这将直接影响到新闻民族志在研究权力和社会结构等深层问题上难以充分发挥。潘忠党提出,民族志不仅仅是一种研究方法,更是一种研究取向[4]。回到上述民族志与新闻传播相勾连的知识图谱,尽管人类学越来越关注媒介问题,但新闻生产研究和人类学之间始终若即若离,缺少深入的理论对话。如果说新闻生产社会学在互联网时代面临"再出发"的使命,那么摆脱对于社会学的单纯依赖,更多地汲取人类学的理论资源,将新

---

[1] Petre C. (2021). *All the News That's Fit to Click: How Metrics Are Transforming the Work of Journalists*. NJ: Princeton University Press, p. 204–205.
[2] 尼基·厄舍:《互动新闻:黑客、数据与代码》,郭恩强译,北京:中国人民大学出版社,2020年,第265–266页。
[3] 郭建斌:《雾锁田野:如何在媒体机构内做田野调查——兼对〈什么在决定新闻〉的方法学梳理》,《新闻记者》,2017年第5期,第61–69页。
[4] 潘忠党:《代序:作为深描的民族志》,载郭建斌主编《文化适应与传播》,昆明:云南大学出版社,2007年。

闻民族志不仅作为研究方法、更是作为研究取向进行改造,真正实现"嵌入式"地观察媒体生产、传播与社会生活的互构关系,探寻新闻生产背后的权力支配体系,建构起宏观、中观、微观相结合的综合性研究范式,将有望为新闻生产社会学打开一个更为宏阔的研究格局。同时,对于"生产"的关注,也能够对过于偏向受众和效果研究的媒介人类学,提供一定的理论反哺。

第三节　数字时代的新闻民族志:几个核心问题

在新的时代环境下对传统的新闻民族志进行反思和改造,需要进入到人类学更深层的脉络中。沙垚认为,相比于参与和观察,民族志的核心是提出问题和解决问题,即格尔兹所说的通过"深描"进行"文化的解释",然而传播学在引入民族志的过程中,出现了喧宾夺主的态势。[1]基于此,新闻生产社会学对人类学的借鉴,必须注意完整性和系统性,应该超越方法层面,探索"作为研究取向"的民族志的内涵。换言之,引进民族志的意义不仅在于参与观察所获得的"局内人视角",更在于改变、丰富新闻生产研究的问题结构。

一、整体观

马林诺夫斯基从民族志的开端时期,就确立了整体论的宏观视野及对整体社会结构的关注。他在奠基之作《西太平洋的航海者》前言中提出:"可接受的民族志工作的首要条件就是,它必须把该社区中社会的、文化的和心理的所有方面作为一个整体来处理。"媒介人类学在研究中对权力、政治视角的引入,重视国家权力、意识形态和市场力量的影响,应该说直接秉承了人类学的整体论视角,将微观具体的田野工作和宏观结构联系起来。基于此,人类学的田野资料,也强调全面、丰富,以便创造出这个社会的整体画卷。同时,资料又应该是高度情景化的,即观察现象之外的更广阔场景和社会网络,寻找现象之间的关联,探寻显性社会结构与功能之下的文化意义和脉络。

对于新闻民族志而言,吸收人类学整体观,探索外在于新闻生产过程的社会因素对内容生产机制的影响,是修正以往新闻生产社会学研究过于"媒介中心主义"的重要方面。也就是说,单纯通过参与观察媒介组织及其从业者所获取的田野资料,不足以解释新闻生产,在分析从基层田野中观察到的大量现象时,还需要吸纳宏观的"国家—社会"

---

[1] 沙垚:《民族志传播研究的问题与反思》,《国际新闻界》2018年第6期,第110-121页。

分析框架,展示田野现象和国家力量的联结点。比如,考察我国省级党报的新闻生产,一个主要的制度背景就是我国自2014年开始将媒介融合提升到国家战略的高度,从国家层面强力推进。所以,省级党报的融合媒体转型,是政治、技术、市场等各种因素合谋的结果,任何一个新闻决策中都包含着新闻逻辑、宣传逻辑、商业逻辑、流量逻辑的综合作用。当然,这样的一种分析方式,并不是完全与"生产"隔绝的外在框架,而是融合到田野观察之中。如郭于华所说,"有洞察力的民族志研究"应当具备在微观事实与宏观结构之间进行穿梭的贯通能力[1]。

二、反思性与批判性

人类学民族志内在地蕴含着反思性和批判性,马林诺夫斯基、列维-斯特劳斯等先行者对异文化的探索,事实上亦是在探索西方自由主义发展模式之外,是否人类还有别的可能。1986年《写文化》一书出版,标志着传统民族志进入"反思民族志"阶段,人类学者马尔库斯(George E.Marcus)等人明确提出要"推动当代解释人类学向更具政治和历史之敏锐性的批评人类学"的方向发展[2]。媒介人类学研究非常明显地汲取了这一取向,将媒介视为形塑现代生活的基本环境,甚至是改变和推动社会变革的结构性力量之一,从而对"媒介化实践"展开批判性理论建构。

新闻生产社会学"第一波浪潮"研究的主要结论其实也非常具有批判性。塔克曼、甘斯、吉特林(Todd Giltlin)都不约而同地提及"常规"或"媒介惯例"带来新闻同质化、框架化操作,以及由此导致新闻对精英观点的强化和对权力、现行体制的维护。问题在于"田野材料多大程度上能回答研究问题"的元追问。回到人类学意义上的民族志,会发现这样的问题并非是民族志本身的缺陷,而在于新闻生产社会学仅仅将民族志作为一种研究方法,未能充分激发"作为研究取向的民族志"内在蕴含的批判性。也就是说,与传播政治经济学等从资本、所有权等宏观结构和经济因素出发进行的媒介批判不同,民族志的批判应当来自于"空间拓展与关系走向的田野",其视角落点不能仅仅局限于媒体和生产者的层面,而要延伸到更宏观、结构性的影响因素,观察宏观与微观因素的往复运动,尤其是宏观权力等因素对媒介日常实践的渗透性和影响力,从而实现方法、视角与研究问题的有机融合。

---

1 郭于华:《从社会学的想象力到民族志的洞察力》,《清华社会学评论》2012年第6期。
2 乔治·E.马尔库斯、米开尔·M.J.费彻尔:《作为文化批评的人类学——一个人文学科的实验时代》,王铭铭、蓝达居译,北京:三联书店,1998年版,第18页。

三、多点（multi-sited）

20世纪八九十年代以来，人类学对传统民族志田野工作进行了批判性的再思考，理论和实践逐渐不受地域限制，成为多点的、移动的，或是游历的（itinerant）[1]。1995年，马尔库斯较为系统地介绍了"多点民族志"（multi-sited ethnography）。这对媒介人类学研究产生了极大的影响。郭建斌认为，田野点同时具备地理空间和社会空间含义，因此"多点"并非单纯指田野观察点的数量增多，而是强调探究共处于一个"体系"中的不同点之间的关系或是勾连，即马尔库斯所说的"追踪人，追踪事，追踪隐喻，追踪情节、故事或寓言，追踪生活史，追踪冲突"的具体策略。基于此，"多点民族志"也并非仅仅是一种方法，而是一种研究提问的视角[2]。由此田野也从单一的地缘概念，转向了情境概念[3]。或者如孙信茹所说，不仅关注空间，更要关注"关系"[4]。

回到新闻民族志的语境，"多点民族志"不仅应对单一、封闭新闻室观察的危机，同时也启迪了研究取向上的改变，以及研究视域上的拓展：将主要限定于新闻室生产行为的观察，拓展为追踪新闻生产、传播、消费的整个环节。互联网技术为这样一种"追踪"策略提供了便利与可能性，因为媒体产品的阅读、转发、评论等，很多都实时呈现在网络平台上，而不像以往掩埋在"黑箱"中，不仅受众，甚至连媒体生产者都不甚了解。民族志研究者完全可以以大卫·费特曼（David M. Fetterman）所说的"关键事件"[5]为线索，线上线下结合，观察新闻产品从生产到消费的全过程，尤其是生产和消费循环往复、相互作用、相互杂糅的状况，在此过程中将原本在新闻场域之外的新行动者纳入研究视野。总而言之，"多点"对新闻民族志的启迪，不仅指向空间意义上田野的拓展，更意味着研究视角、研究范围的拓展，单一的"生产"观察必须与传播、消费相勾连，才能形成对数字新闻生产更为完整的认知。

四、参与观察

马林诺夫斯基开创的"参与观察法"，强调与被研究群体近距离、长时间接触，观察他们的生活，成为田野工作的主要方法。这种方法与社会学的实地调查较为接近，为新闻

---

[1] 费·金斯伯格、里拉·阿布－卢赫德、布莱恩·拉金：《媒体世界：人类学的新领域》，丁惠民译，北京：商务印书馆，2015年版，第13页。
[2] 郭建斌：《"电影大篷车"：关于"多点民族志"的实践与反思》，《新闻大学》2014年第3期，第45-50页。
[3] 叶宏：《微信与民族志：田野、书写以及自媒体时代的人类学》，《玉溪师范学院学报》2017年第5期，第40-43页。
[4] 孙信茹：《田野作业的拓展与反思——媒介人类学的视角》，《新闻记者》2017年第12期，第70-78页。
[5] 大卫·M.费特曼：《民族志：步步深入》，龚建华译，重庆：重庆大学出版社，2013年，第106-109页。

生产社会学"第一波浪潮"学者们采用参与观察作为核心方法提供了交叉学科资源,塔克曼、甘斯等都接受过社会学家休斯的田野研究训练。而受到职业社会学影响,其问题框架则选择了从媒介组织的角度对新闻生产的过程进行描述、分析和解释。虽然"第一波浪潮"之后,社会学家很少再进入新闻室进行研究,但他们开创的这条研究路径却被新闻学界奉为正统。互联网时代兴起的"第二波浪潮"依然以参与观察作为重要的研究方法,但是围绕着"如何进行参与观察",则提出了一些新的问题。

甘斯总结出参与观察中研究者的三类角色:完全的研究者、研究者-参与者、完全的参与者。郭建斌认为,"参与"比"观察"更重要,因为研究者不仅仅是要"看",更需要在亲身参与中运用各种感官获得一种体验,这是其他研究方法无法实现的,也可以说是参与观察最大的价值所在。从这种意义上,没有参与他者生活的观察并非民族志。而访谈与参与观察比起来,又居于更次的地位,虽然后者显得更为省时高效[1],但访谈得来的经验材料可能是"被访谈者"的一种话语建构,而非真实的事实本身。同时,缺失了参与观察中那些混乱、复杂且富有感情色彩的人际互动[2],使得访谈材料显得单薄而缺乏解释力。托马斯·多兹(Tomás Dodds)对两家智利媒体进行了7个月的民族志考察,研究记者使用WhatsApp的动机及其对新闻生产常规的影响,特别提及了自己"完全参与者"的角色定位:

"在七个月中,我作为记者和他们一起工作,包括写日常报道、为报纸和网站写稿,与信源联络,自己策划选题……并获邀进入WhatsApp群组。这使得我看上去更像同行,而非外来者……可以亲身感受他们的时间压力,以及WhatsApp如何成为一个主要的工作伙伴。"[3]

笔者认为,"参与"的重要性在数字新闻生产中显得尤为突出,由于新闻生产大量在数字平台上进行,让纯粹"局外人"式的观察变得事实上无效,只有真正参与到新闻生产中,才可能了解其实际运作逻辑,同时也才更有可能获准加入核心工作群,开展线上田野工作。当然,如何参与、参与到何种程度,要视乎研究者自身对于新闻业务的熟悉程度、能够投入的时间精力,以及媒体机构的意愿而定。就笔者个人的田野经历而言,首先研究者要表现出积极的参与意愿,同时寻找适当的契机为编辑部在新闻选题、制作以及后

---

[1] 郭建斌:《雾锁田野:如何在媒体机构内做田野调查——兼对〈什么在决定新闻〉的方法学梳理》,《新闻记者》2017年第5期,第61-69页。
[2] 林恩·休谟、简·穆拉克:《人类学家在田野:参与观察中的案例分析》,龙菲、徐大慰译,上海:上海译文出版社,2010年,第11页。
[3] Dodds, T. (2019). Reporting with WhatsApp: Mobile Chat Applications' Impact on Journalistic Practices. Digital Journalism, vol. 7, no. 6, pp. 725-745.

期传播方面出谋划策,包括在自己的社交媒体上主动地转发媒体机构热推的新闻产品,都有利于尽快获得参与的机会,从而实现"研究者—参与者"的角色转换。

五、线上田野

随着互联网的兴起,人类学研究领域开始拓展到网络空间。研究者在虚拟田野中"浸染"(immersion)[1],参与观察特定社群的网络互动,是传统"参与观察法"在网络上的拓展和延伸。新闻民族志吸纳线上观察法,可以说是应对数字新闻生产的一种现实策略。笔者刚进入这家省级党报不久,就明显感受到,与"空荡荡的编辑室"形成强烈反差的是报社微信工作群异常活跃,讨论选题、审稿、校对、人员调度等各种生产活动都在群里进行。于是,笔者的观察重心很自然地转移到线上新闻生产以及线上、线下互动,通过微信工作群搜集田野资料。当然,这样的田野方式不完全等同于"潜水",从加入报社融媒体中心的核心工作群开始,笔者一直在揣摩如何在不干扰编辑部日常工作流程的前提下,寻找契机为编辑部提供有价值的资讯和力所能及的帮助,参与工作群互动、转发、评论、点赞新闻产品,以及寻找话题与编辑部成员在社交媒体上单独交流等,以维持在编辑部场域中适度的存在感和持续互动的可能性。也就是说,在线上田野仍需贯穿"参与观察"的思维——合作而非掠夺,在互动中生产知识。

相较于实地参与观察,线上田野工作呈现出一些新的特征。一是不再有固定的观察时间,而是与数字新闻生产的节奏相配,变成24小时不间断,搜集信息成为一个漫长而疲累的过程,笔者已经养成了一有空就拿起手机刷报社工作群信息的习惯,并随时通过截屏等方式保存资料。二是田野资料的多元化。与以往主要是文字、图片资料不同,通过微信群可以原生态记录包括对话、图片、语音、视频、表情包、文件等各种资料。因此,资料分析方法也需要多元化。比如,由于工作群中获取最多的资料是对话,而线上对话相比面对面交流,显得更加轻松自如,表达的内涵更为丰富,同时也包含隐喻、反语、一语双关等多重涵义。基于此,借鉴"录像分析"方法对自然状态下社会互动的研究思维,以及福柯的微观权力分析,考察编辑部成员在不受外界干扰情况下的实时互动与情感联结,可以补充实地参与观察难以获取的一些田野资料,包括媒体管理者的顶层控制、记者和管理层之间的日常冲突、对"禁令"的维系与突破、效率与权力约束下记者的能动性等。

---

[1] 张娜:《虚拟民族志方法在中国的实践与反思》,《中山大学学报(社会科学版)》2015年第4期,第143–150页。

甘斯所说的"(研究者)不能进入编辑或制片人批评下属的场合"[1],在线上田野中很大程度上得到破解。

当然,实地参与观察应该说是线上田野工作的基础,帮助理解线上田野中行动者互动的深层含义,并且和线上田野资料进行相互补充和校验。微信工作群并非纯粹是编辑室的线上延伸,而是基于社交媒体的特性,形成不同于传统编辑室的驯化、表演、印象管理等功能。如何穿梭于线上线下,捕捉这些能动的策略性实践,获取、解读更为复杂多元的田野资料,揭示新闻生产的"深后台",是线上田野工作对新闻民族志超越方法论意义上的挑战。

六、混合民族志

在人类学传统中,一直不乏民族志与其他研究方法,尤其是量化方法结合的先例。20世纪60年代媒介人类学学者已经采用问卷调查、内容分析等量化方法,来补充民族志研究。而被视为新闻生产社会学"第一波浪潮"三大经典的《做新闻:现实的社会建构》《什么在决定新闻:对CBS晚间新闻、NBC夜间新闻、〈新闻周刊〉及〈时代〉周刊的研究》和《新左派运动的媒介镜像》,除了塔克曼的《做新闻:现实的社会建构》采用了比较纯粹的新闻室观察的经验材料,甘斯的《什么在决定新闻:对CBS晚间新闻、NBC夜间新闻、〈新闻周刊〉及〈时代〉周刊的研究》有三分之一的内容来自于对媒体产品的内容分析,而这部分分析与新闻室观察的田野资料并无太多直接关联。作为"学生争取民主社会组织"的一员,吉特林亲身参与了示威等各种组织活动,新左派运动本身就是他个人政治生活的一个重要领域,但他在《新左派运动的媒介镜像》一书中,并没有提出自己使用了参与观察法,而是强调"彻底的质化研究",也就是对两家媒体内容进行了详尽的质化内容分析[2]。可见,即便"第一波浪潮"最引人注目的研究方法是参与观察法,但也并不抗拒其他研究方法。一项文献计量研究显示,过去二十来年中国大陆传播民族志研究论文中近一半使用了"混合民族志法",也就是将民族志与问卷调查、文本分析、口述史等方法综合使用。但该研究也警示,在多种研究方法混合使用中,参与观察法被弱化了,与人类学民族志原有的研究旨趣和关怀相悖[3]。它所带来的一个方法论层面的表现就是田野时间大大压缩,乃至几乎没有参与研究对象的生活,更多倚重于访谈和焦点小组等较为"省时高效"的

---

[1] 赫伯特·甘斯:《什么在决定新闻:对CBS晚间新闻、NBC夜间新闻、〈新闻周刊〉及〈时代〉周刊的研究》,石琳、李红涛译,北京:北京大学出版社,2009年,第90页。
[2] 托德·吉特林:《新左派运动的媒介镜像》,张锐译,北京:华夏出版社,2007年,第21、229-231页。
[3] 陈刚、王继周:《中国大陆传播研究民族志进路的逻辑、问题与重塑》,《现代传播》2017年第7期,第36-42页。

方法。

笔者认为,在新媒体时代的新闻生产研究中,民族志框架下多种研究方法的混合使用会继续占据主导,其主要原因并非在于一些研究者提到的参与观察获取资料的方式在现代社会越来越难以实现,而在于新闻生产研究问题视域的重构,即从关注"新闻是如何生产出来的"转向"新闻是如何被生产、传播、消费的"这一全过程。基于互联网平台的特性,新闻产品内容、传输渠道、传播效果基本都可以实时呈现,因此将访谈、新闻产品内容分析、从业者日常会话分析等方法结合进来,观测特定选题制作的全过程、时间线、发布平台与受众使用,对比编辑部内部生产、把关、评价机制与受众反馈数据,有助于打通原本割裂的媒介内容生产与效果研究领域,更真实地解读"新闻是如何被建构的"这一核心问题。当然,包含线上与线下的参与观察是无可取代的核心和基础,其他研究方法所获取的材料与参与观察获得的经验材料相互印证、补充,才能形成对数字新闻生产更加完整、深入的认识。

第四节 基于田野个案的思考

笔者以对M报的考察为例,基于田野的变化,反思传统的新闻民族志方法应用于互联网时代新闻生产研究的价值与局限性,进而探索如何在新的时代环境下对民族志方法进行改造,使之更好地适应数字化新闻生产研究。

一、田野的拓展:从"新闻室"观察到全过程观察

20世纪70年代新闻生产社会学"第一波浪潮"研究,也被称为"新闻室观察研究",原因就在于核心田野地点是媒体编辑室,这也是以往新闻生产社会学研究被指责过于"媒介中心主义"的因素之一。因此,在互联网时代编辑室作为新闻生产物理空间重要性下降的背景下,可以更多借鉴人类学领域已较为成熟的"虚拟民族志"方法,拓展线上田野。

与数字化新闻生产模式相对应,涵盖生产端与发布端的线上田野成为笔者获取资料的重要来源。主要包括两个方面:一是生产端的微信平台,包括微信工作群、微信聊天与微信朋友圈。微信作为一种占据主导地位的社交媒体,不仅深度嵌入数字化新闻生产,成为组织日常生产的重要方式,同时也成为编辑室控制机制的重要组成部分。笔者刚进入M报不久,就明显感受到,与"空荡荡的编辑室"形成强烈反差的是报社微信工作群异

常活跃,讨论选题、审稿、校对、人员调度等各种生产活动都在群里进行。于是,笔者的观察重心很自然地转移到线上,通过加入部分微信工作群,全天候观察新闻生产,并结合与从业者的微信聊天以及对从业者微信朋友圈使用的观察,随时记录田野资料。二是发布端的报社各个新媒体平台。目前,M报已拥有自建平台网站、客户端,并入驻微信、微博、抖音、知乎、B站等多个第三方平台,形成较为完整的新媒体传播矩阵。对一些重点选题,笔者会追踪其在各个平台上的传播情况,包括转发、评论、点赞等,进行多平台信息收集,与生产环节获得的田野资料相互补充和校验。

同时,编辑室实地观察仍然是不可或缺的,也是线上田野工作的基础,帮助理解线上行动者互动的深层含义。如何穿梭于线上线下,捕捉这些能动的策略性实践,获取、解读更为复杂多元的田野资料,关注新闻如何生产、传播、二次传播和消费的全过程,以及上述传播链条如何再反作用于媒体生产常规的改变,揭示新闻生产的"深后台",是线上田野工作对新闻民族志超越方法论意义上的挑战。

二、"关键事件"与"追踪"策略

关键事件是发生在每一个社会群体中的,田野作业者可以用来分析整体文化的事件,具有较强的隐喻性,为审视文化提供了一面镜子。关键事件可以是突发的,比如土著部落中的一场火灾,也可以是常规的,比如现代办公室中的表决、电脑分配等。[1]在数字化新闻生产中,选择某些关键事件,追踪观察事件的全过程,有助于体察隐藏在日常新闻生产表象下的权力、观念、博弈等,尝试为宏观政治经济结构和日常新闻实践之间的勾连提供有说服力的经验材料及阐释。

笔者以M报2021年高考报道作为一个关键事件,追踪了报道的生产、传播、消费的全过程。高考是一个常规热点,报社对于高考报道已经形成了一套惯例,比如派出条线记者现场采访、解读高考政策、即时传递高考信息等,但今年一个"高考女孩"的爆款短视频却激起了一场编辑部"地震"。该视频是M报教育条线记者蹲守在一个考点外拍摄的。当第一场语文考试结束后,一个女孩抢先飞奔出考场,气喘吁吁但兴高采烈地说"我好牛,我就想第一个接受采访"。条线记者用手机拍下了这一幕。这条视频时长只有20秒左右,谈不上什么拍摄技巧,就是条线记者用手机拍下来的,没有进行后期剪辑制作,属于比较原生态的目击新闻短视频。视频发到审稿工作群的时候,并没有引起太大的关注,当作一个小花絮新闻发到微博上。同时记者做了一篇短评,在第二天的报纸上配在

---

[1] 大卫·M.费特曼:《民族志:步步深入》,龚建华译,重庆:重庆大学出版社,2013年,第106-109页。

关于高考的大篇幅常规报道旁边。没想到的是,这个短视频竟然迅速在网上疯传,当天晚上几大央媒纷纷转载。还没等报社反应过来,这个视频已经冲上微博热搜。到了第二天下午,编辑部才匆忙整合了一篇微信稿,亮明"首发媒体"身份,同时还综合了三大央媒转载、多家媒体跟进、网上传播反响巨大等信息,相较于原创视频本身,形成了一定的内容增量,迅速获得2.3万阅读量。微博该话题阅读量超过2000万,评论上千条。

笔者综合使用了参与观察、访谈、内容分析和话语分析的方法,对这一关键事件进行动态追踪和分析。一是通过参加编辑部会议、与编辑部成员谈论该报道,以及采集微信群中编辑部成员关于此报道的讨论,获取田野资料,进行话语分析。二是汇集报纸和客户端、微博、微信等新媒体平台关于此事件的报道,以及其他媒体相关转载报道,进行内容分析。三是对拍摄该视频的记者进行了深度访谈。四是持续关注该报道的后续效应。以下为笔者从编辑部成员闲聊以及工作群讨论中得到的资料。

由一个20秒的短视频引发的报道事件,提供了一个较好的切入点,观察新媒体环境下省级党报如何整合"宣传逻辑""新闻逻辑"与"流量逻辑",建构和修正对"热点"的理解,其背后来自国家意志和民众心态的驱动因素,以及新媒体多平台运作的架构下,如何在首发与二次传播、原创稿与综合稿之间循环往复、信息叠加,推动热点的传播扩散。同时,也折射出党媒内部不同层级、不同年龄、不同岗位从业者对热点新闻的不同认知和态度。笔者认为,这并非一个孤立的个案,还应当置于"新党媒共同体"的场域中,分析省级党报与央媒、其他省级党报之间新的竞合规则,以及由此形成的以资源整合、相互模仿、相互引流、快速抓取热点为特征的"综合稿"现象。

研究者恰好身处"关键事件"现场这种独一无二的、民族志意义上"到过那里"的经历,不仅有助于采集事件相关资料,更为宝贵的是可以直观感受到从业者在此事件中的反应和态度,比如"震惊""愤怒""急迫""懊悔""惶恐"等,与从业者形成一定的情感共鸣,真正理解他们的新闻选择。而最重要的一点则是,必须将所有经验材料置于更大的社会情景和文化结构之中,挖掘影响新闻生产的深层次因素,才能"超越个案"[1],尝试完成舒德森所提出的将文化的、组织的与文本的研究结合起来的任务。

三、问题视域的拓展:以编辑室控制研究为例

田野的拓展进一步影响到了问题视域的拓展,有助于延续、丰富、修正以往新闻生产社会学领域的一些经典问题研究。比如编辑室控制问题,一项经典研究来自布里德发表

---

[1] 卢晖临、李雪:《如何走出个案——从个案研究到扩展个案研究》,《中国社会科学》2007年第1期,第118—130页。

于1955年的《编辑室的社会控制：一项功能主义研究》(Social Control in the Newsroom: A Functional Analysis)，聚焦于"编辑室如何实施和强化控制"。布里德除了分析现代职业中比较普泛的控制因素，比如机构权威、强制权力、对上级遵从的义务、向上流动的渴望等之外，更强调编辑室控制是以从业者潜移默化地接受组织价值观的方式来隐性地实施，从而形成一种新闻专业的社区控制力量[1]。1970年代新闻生产社会学"第一波浪潮"的学者们也认为从业者会比较一致地遵循新闻"常规"(routines)，事实上延续了布里德的研究结论，共同导向默顿所说的"观念遵从"(attitudinal conformity)。社会控制在新闻从业者职业意识的形成与演变中扮演重要角色。在功能主义范式下，从组织层面解析编辑室的控制问题，对从业者一致性与遵从的强调，形成了媒介社会学领域的一个研究传统。

笔者观察到，在M报内部，传统的组织权力结构中的一些控制性力量在弱化，但在新技术条件下编辑室互动的可见性、可记录性与可追溯性特点，使得工作群作为虚拟编辑部，并非仅仅是工作场所的线上延伸，而是强化了基于互联网特性的新型控制，主要带来了三个方面的变化：一是"秒回"文化，二是互动的公开化，三是"监控"朋友圈。这三点都不同程度地强化了沃伦(Donald Warren)所说的"可见性"(visibility)这个与权力实施密切相关的特征[2]，使得时间管理、地点管理和任务管理以一种更具弹性的方式交织在一起，削弱了从业者对自己工作的控制感和自主性，强化了编辑室控制机制。但另一方面，从业者也发展出了一套适应微信互动特点的博弈和协商机制，包括"保持队形"策略、适时沉默、延迟回复、微信朋友圈分组等，让自己在不直接对抗编辑室规则的前提下，成为戈夫曼所说的"愤世嫉俗"的表演者。同时，微信群中经常使用的表情符号、玩笑、段子、斗图等，提供了一种强化或者弱化感情色彩、缓解紧张、化解摩擦的方式，在一定程度上助推了编辑室平等、协商的氛围。

笔者认为，引入以微信工作群为主的线上田野资料，有助于在一个更加复杂的在线环境中考察个体互动的微观现实，进而探究其对编辑室控制机制的影响，呈现社会结构与个体能动性之间的张力，揭示出互联网时代伴随着机构权威和新闻行业"奖赏性权力"(reward power)的弱化，编辑室更多的控制是在互动中实施。这对以往主要基于功能主义范式、从组织层面研究编辑室控制机制的传统，形成了一定的补充和革新。类似地，对把关机制、新闻业"时间性"等经典问题的研究，线上田野都提供了更加多元的资料，激发了更为丰富的理论思考。

---

[1] Breed, W. (1955). Social Control in the Newsroom: A Functional Analysis. *Social Forces*, vol.33, pp.326-35.
[2] Warren, D. (1968). Power, Visibility and Conformity in Formal Organizations. *American Sociological Review*, Vol. 33, no. 6, pp. 951-970.

第五节　总结：寻求民族志与新闻传播研究的深度互嵌

进入互联网时代，稳定、连续、结构化的媒介生产和消费体系已不复存在，因此"第一波浪潮"时代那种以编辑室为核心田野地点的、时间限定的、规律性的新闻室观察，也面临着问题与方法重置的挑战。如果说，"第一波浪潮"学者以精彩的民族志工作，揭示出"新闻是被建构的产物"，"第二波浪潮"应该以此为出发点，将核心问题转向"新闻为何会被如此建构"这一更深层的追问。事实上，"第二波浪潮"的学者们已经因数字时代新闻业的根本性变化，试图对传统框架进行改造，避免新闻生产研究的"内卷化"。但相对来说，以往更多是从理论或方法论层面来进行的，对作为新闻生产社会学核心研究方法的新闻民族志探讨并不深入，亦缺少与个案密切结合的实践印证。在操作中，新闻民族志常常被狭义地理解为参与观察、深度访谈等具体的质性研究方法，这直接影响到新闻民族志在研究权力和社会结构等深层问题上的发挥。基于此，本章从民族志的理论与实践两个维度切入，试图脱出社会学的学科框架，更多引入人类学，尤其是媒介人类学的学术资源，从研究视域、研究对象、研究问题以及具体的操作方法等层面，对新闻民族志进行调整、拓展和延伸。

从理论维度上，通过回溯20世纪40年代发端的民族志与新闻传播研究相勾连的知识图谱，可以看到由社会学家开创的新闻生产社会学，与主要由人类学家推进的媒介人类学或民族志传播研究，形成了两条似乎并不交叉的学术路径。尤其在新闻室观察研究崛起的1970年代，以"受众民族志"为代表，媒介人类学开始全面转向接受研究，两条路径更是渐行渐远，缺少深入的理论对话。比如，作为一个深受芝加哥社会学派田野研究传统影响的学者，甘斯就拒绝被贴上人类学家的标签，而是称自己为一个主要使用参与观察方法的社会学家[1]。然而，在新的时代背景下，这两条路径出现了重新碰撞和交流的契机，借以充分挖掘人类学的学术资源和方法论视角，寻求民族志与新闻传播学的深度共鸣与融合。

从实践维度上，本章结合笔者自己所作的田野研究，不仅将新闻民族志作为研究方法、更是作为研究取向进行改造，认为面对"空荡荡的编辑室"，互联网时代的新闻民族志应以线上、线下穿梭，"时刻在场、整体浸润"的参与观察为核心，形成整体的、批判的、多点的研究取向。并综合使用访谈、新闻产品内容分析、从业者日常会话分析等方法，全面

---

[1] Gans, H. J. (1999). Participant Observation in the Era of "Ethnography". *Journal of Contemporary Ethnography*, vol. 28, no. 5, pp. 540–548.

追踪新闻生产、传播、消费的全过程,打通原本割裂的媒介内容生产与效果研究领域,在此过程中将原本在新闻场域之外的新行动者纳入研究视野。同时,视角落点不能仅仅局限于媒体和生产者的层面,而要延伸到更宏观的、结构性的影响因素,尤其是宏观权力对媒介日常实践的渗透性和影响力,展示田野现象和国家力量的联结点,真正实现"嵌入式"地观察媒体生产、传播与社会生活的互构关系,探寻新闻生产背后的权力支配体系,建构起宏观、中观、微观相结合的综合性研究范式,从而更深刻地解读"新闻为何会被如此建构"这一核心问题。

附录一

在编辑室做田野

2016年6月,南半球渐入深秋。我忐忑地敲开了澳大利亚布里斯班市中心CBD内一层办公楼的大门。此前,我给《布里斯班时报》(*Brisbane Times*)总编辑H写了一封邮件,提出希望到编辑部做一段时间田野调查的设想。一个素不相识来自中国的访问学者,提出这么一个"非分之想",大抵是不会有回音的。然而没想到,H很快回了一封简短的信,对我表示欢迎。惊喜之余,我鼓足勇气进入布里斯班时报编辑室,其实并没有太充分的准备,便开始了我的第一次编辑室田野研究。

布里斯班时报是澳大利亚第二大传媒集团费尔法克斯集团(Fairfax)2007年在昆士兰州首府布里斯班创办的一份互联网报纸,主要致力于报道昆士兰东南部尤其是布里斯班、黄金海岸等主要城市的当地新闻。根据Nielsen Digital Ratings 2016年3月的统计数据,布里斯班时报当月用户数为140万,位列澳大利亚新闻网站第20位,已经实现了稳定盈利。同时,以其独立媒体(independent media)的定位,在当地民众中建立了较为良好的新闻声誉。

在布里斯班时报考察的两周中,我每天一大早从郊区坐巴士赶到位于市中心的编辑部,全天候参与式观察新闻室运作,参加每天两次的新闻会议以及一些不定期的选题讨论会。同时,进入编辑部开始,我就给每一位成员发了邮件,告知他们我的身份和来意,并请他们在有空的时候能接受我的访谈。大部分人没有给我回信,但也有几位编辑、记者真的出现在我的座位前,说:"我现在有一点空,我们可以聊聊。"最后我总共访谈了9位编辑部人员,包括总编辑H、主编C以及一位制作人、一个社交媒体编辑、一个视频编辑、2个"突发事件报道"记者、2个"政治和城市事务报道"记者,访谈时间总计约12个小时。每个访谈时间大约在0.5小时至1.5小时之间,其中对主编C先后进行了两次、共计3小时的访谈。在本次考察期间,恰逢昆士兰州以及各主要城市公布预算,我与"政治和城市事务"报道记者、视频编辑、社交媒体编辑一起参加布里斯班市长的预算新闻发布会,并全程追踪了这一事件的网络直播报道(live coverage)过程。

最后一个访谈对象T给我印象很深,他是一位有着二十几年从业经验的老记者,当时他正急匆匆从外面回来,手里拿着一个汉堡边走边啃,我厚着脸皮拦住他,问可不可以占用他一点时间聊聊。看得出他当时急于赶稿子,但他还是勉强同意了。他说他其实早就看到我坐在编辑部:"我知道你在这里,但我不知道你为什么在这里(I know you are here, but I don't know why you are here),我理解他的真实想法是:我忙得没工夫关心你为什么在这里! 事实上,这也是民族志研究者在编辑室里的一种普遍遭遇——编辑记者们都太忙了,谁会在意你是谁或者你要干吗呢? 在编辑部茶水间,T一边啃汉堡,一边跟我聊了大概45分钟。他说对于自己这样的传统记者而言,数字时代的确带来了很多挑战,增加了很多工作内容,包括为报道匹配的图片、视频和音频,熟悉各种活跃的网络社区和社交媒体小组,能够通过各种方式获取进入某些封闭式小组的方法,能够快速地在Google上搜索图片和视频来源,熟悉和适应Google算法,让自己的故事尽量容易被搜索到,等等。不过,他仍然坚持把自己70%以上的时间精力放在编辑室之外,像所有的老派记者(old-fashioned reporter)一样,到大街上、咖啡馆里寻找新闻,而不是眼睛一直盯着屏幕做新闻(screen-work sedentary news making)。

可以看到,尽管布里斯班时报是一个原生的数字化媒体,但对于观察互联网语境下的媒体转型,依然具有一定的典型意义。其管理层和核心编辑记者基本上都是有长期传统媒体工作经验的新闻老兵,他们不愿也不会轻易抛弃自己的职业惯习,而是将这些惯习带入新媒体工作中,自觉或不自觉地去主导、改变、修正新闻生产实践。因此,从旧惯习到新常规,并不是一个断裂或者抛弃的过程,而是持续的、渐进的、充满张力的过程。比如,深度与速度的矛盾,用户生产内容(UGC)与新闻专业要求之间的差距,大量依赖互联网信息作为新闻来源可能导致未来新闻产品"越来越像"从而伤害民主社会至关重要的信息"多样性"(diversity),等等,都导致转型的过程充满了矛盾和张力。

在此过程中,新常规开始逐渐显现。"卷入度"(involvement)成为一个新的核心概念,并衍生出在地化(localization)、社区(community)、分享(sharing)、参与(participation)、互动(interaction)等相关概念。"即便我们可以毫无难度地了解发生在地球另一端的新闻,但每个人最关心的可能仍是自己所生活的社区",主编C坚信全球化时代地方媒体依然有其独特的生存价值。她将"卷入度"总结为两个层面:一是故事,让用户了解自己的社区发生了什么,以及对自己意味着什么;二是评论,让用户深度参与到对新闻话题的评论、分享、转发等过程中,从而成为新闻生产的一部分。如果说,传统媒体时代已经将第一个层面做到极致的话,那么新媒体时代的突破在于第二个层面,以即时、参与、互动、分享这样一些吸引用户"卷入"的方式,塑造虚拟与现实相结合的"社区感",让用户认为报道与自己相关,并感觉到自己在讨论中有存在感。个人不再是信息洪流中孤独的冲浪者,而是"行动者网络"(Actor Network)中的一个节点(node)。这样一个网络中,没有所谓的中心,每一个节点都是处于平等地位的行动者,具有很强的主观能动性,既是新闻实践的产物,又反作用于新闻实践。

在布尔迪厄的理论体系中,惯习具有开放性、能动性和建构性,会随着历史条件的变化而处在不断的变动之中。"它是新闻场域的产物,又寄居在从业者身上,并通过指导新闻实践而不断强化或调整自己的结构"。[1]在这样一个新闻行业大变革的时代,传统的新闻惯习如何改造、重构和嵌入数字化新闻生产,成为一个值得研究的核心问题。这也可以说是对布里斯班时报这项不成熟的研究给我的一个问题启示。

布里斯班时报编辑室内景。

编辑会议常常是三五个人随意站着,进行简短的讨论。

---

[1] 杨雨丹:《新闻惯习的产生与生产——惯习视角下的新闻生产》,《国际新闻界》2009年第11期,第51-54页。

作者追踪观察视频记者报道布里斯班市长的预算新闻发布会。

在布里斯班时报的田野调查还带来了一个意外收获。社交媒体编辑D是个腼腆的大男孩,在访谈中他偶然提及自己来自一个偏远的小镇Boonah,家族好几代长期经营一份名为"Fassifern Guardian"的社区报纸。"家族经营""社区报纸"对我当时来说是一种比较新鲜的概念。D没有向我提供他父母的联系方式,然而我竟然在结束布里斯班时报田野调查之后的一天,突然很想去看看这份报纸,于是驱车约80公里,来到了Boonah。小镇不大,非常安静,路上人也很稀少,属于典型的澳州内陆小镇。我稍微打听了一下,就找到了 Fassifern Guardian 编辑部,在小镇边缘的教堂街上。推门进去,D的母亲、一位干练的中年女性W,稍微有点惊讶地接待了我。我跟她解释如何认识D,又如何听D描述这份报纸并产生兴趣,希望以研究者的身份来做一个访问。尽管这样没有事先联系突然到访很冒昧,但W还是友好地带我参观了编辑部,其实就是两间屋子,不多的几个工作人员,W作为主编,同时兼任编辑、记者、摄影师和设计师。当我问及她当天的工作安排,她说午饭后要到Boonah high school采访。承蒙W的善意,我不仅利用跟她共进午餐的两个小时做了一个深入的访谈,还获邀跟她一起去中学采访,得到了一个可以近距离观察澳州小镇记者工作方式的难得的机会。

这份报纸是Boonah小镇所在的Fassifern山谷地区唯一的一份报纸,存在已经上百年,当地人口大约7000,而报纸的发行量是3000份,可以说几乎每个家庭都订阅了,如果按照市场占有率来说那是相当之高。*Fassifern Guardian* 为我提供了一个独特的视点,来观察一个澳州内陆农牧业地区媒体的生产与消费。当地虽然有互联网,但是民众还是保存了比较传统的媒介消费习惯,订阅报纸以及在社区图书馆看报纸,是民众普遍的一种生活方式。

如果说布里斯班时报是在一个相对比较大、比较现代的地域范围内追求"本地化",*Fassifern Guardian* 则诠释了一种更加纯粹意义上的"本地化",报纸内容基本局限于Fassifern山谷地区所发生的事件,报纸立场则是坚定的本地利益维护者。W称自己为"自豪的地方主义者"(proudly parochial),她一辈子生活在Boonah,生育了六个子女。在她的价值观念中,显然媒体并不是"不偏不倚的",而是代表各自所处社区的群体利益。民主的价值就在于让各种利益在一个公开、公平的平台上博弈,最终收获最大的社会福祉。

据W介绍,目前 *Fassifern Guardian* 依靠发行和广告,还是保持着比较稳定的盈利,可以支撑报纸运作下去。基于本地的消费习惯,也出于投入成本考量,*Fassifern Guardian* 只出版纸质版,而没有生产任何形式的网络版以及进行互联网传播。联想到Wendy的儿子D在80公里外的布里斯班整天忙于社交媒体传播,不禁有一种时空穿越的错觉。在互联网高速发展、网络媒体强势崛起的时代,竟然还有这样坚持"不上网(offline)"发展路线的纯粹纸媒,而且活得还挺好。

告别W,走出 *Fassifern Guardian* 编辑部的大门,我独自在Boonah小镇上漫步,找了一家咖啡馆再坐了一会儿,沉浸在小镇静谧的空气中,回味一个媒体以及它所处的地理文化环境,深深感到两者协调媒体才可能有生存空间。

2016年7月,作者访问位于澳州内陆小镇Boonah的 *Fassifern Guardian* 报纸编辑部。

乡村报纸 *Fassifern Guardian* 已有上百年历史,是当地社区生活的重要组成部分。

作者跟随W一起采访Boonah high school。

社区图书馆是当地重要的文化生活中心,老人们习惯在这里聚会、阅读。

2016年12月作者在澳大利亚内陆矿业小镇Coober Pedy邂逅当地社区报纸 *Coober Pedy Regional Times*。与 *Fassifern Guardian* 类似,这也是一份服务澳州内陆乡村社区的传统报纸,在上面还可以读到当地普通人婚丧嫁娶等充满温度的新闻信息。

随后,我尝试在不同的编辑室继续进行田野工作。2017年7—8月,我在墨尔本进行了一些短期的田野调查,包括进入澳大利亚广播公司(ABC)和澳大利亚特别广播公司(SBS),进行调研和采访。这两家澳大利亚的主流广电媒体也正经历转型期,在着手进行部门架构的大调整,朝着互联网广播电视的方向转变。此外,我还通过邮件联系了墨尔本大学传媒学院老师。我总共给4位老师发了邮件,简要阐述了我的研究兴趣,以及希望能够和他们进行交流的愿望,只有一位老师Q给我回了信息,同意我去拜访他。Q曾经是一位资深记者,在澳大利亚第二大传媒集团费尔法克斯公司(Fairfax)工作了二十多年,

2012年被集团裁员后,到墨尔本大学教新闻,所以我们聊的第一个话题就是"那些'冗余'的记者们都去哪儿了",我告诉他在中国媒体转型的浪潮中,也出现了不少资深记者流失现象,看来全球新闻业面对的危机有一定共通性。除了教课,Q还利用自己在媒体一线工作多年的优势,指导学生媒体"公民"(the Citizen)的日常采编工作。"公民"还与传媒学院的一些核心课程相结合,成为一个活跃的学生实习实践平台,这对于国内新闻教育中长期存在的"实践性不足""实践平台缺乏"等问题,具有很好的启发意义。经Q引荐,我有机会探访"公民"编辑部参观,与编辑进行了访谈交流。

在墨尔本的两个月收获颇丰,但可惜受限于一些客观条件,我没能在这些媒体进行深入的参与式观察,主要靠访谈获得了一些资料。同时,与在布里斯班时报的研究类似,由于语言障碍和文化背景差异等因素,调研和观察总体难度较高,可能存在理解不够深入,乃至出现误读等状况。

SBS用74种语言广播,编辑室犹如一个"小联合国"。

作者访问SBS中文部。

ABC 编辑室内景。

作者在澳大利亚广播公司做田野调查,亲身体验"全透明"直播大厅。

作者造访墨尔本大学学生媒体"the Citizen"编辑部。

当然,失败的经历也相当不少。我曾花了一个月时间和澳大利亚新闻集团(News Corporation)旗下的一份畅销小报联络,希望能进入编辑室做研究,但最终被拒绝,理由是"在这样一个特殊的转型时期,我们自身面临很多艰难的问题,这时候不希望接待研究者。任何外来者对我们来说都是一种干扰性的力量"。我很沮丧,但也充分理解——如同一个人春风得意、衣衫光鲜的时候，可能并不介意他人在侧，但当落魄失意、问题缠身的时候，谁会希望有人在旁边近距离"观察"自己呢？与国内一些媒体接触中，也遭遇过以各种理由被拒绝的情况。相比20世纪70年代新闻生产社会学"第一波浪潮"黄金时期，在互联网新媒体冲击之下，全球新闻业都不再处于稳定、兴盛、冉冉上升的发展状态，对研究者的态度也相对不那么包容。不过，对于新闻生产研究来说，全球媒体大转型时期也恰恰是盛产研究问题的富矿，所以激发了新闻生产社会学"第二波浪潮"的兴起。

2020年3月，我进入一家省级党报M报融媒体中心，进行为期一年的新闻民族志研究。

因为有挂职的身份，所以我"进入"编辑室没有任何障碍，但并不意味着研究能够非常顺利。其间我遭遇到了"第一波浪潮"时期的学者们共通的一些问题，包括如何获得编辑室真正的接纳，如何在繁忙的工作间隙见缝插针地进行采访，如何搞清楚从业者互动的真实含义等。报社没有给我安排固定的座位，由于空位子很多，我自行找一个合适的空位子坐下。田野工作一开始总会有一段初来乍到者"不知何以自处"的窘迫体验，如同凯特琳·佩特（Caitlin Petre）形容的"感觉自己就像新同学第一次参加高中咖啡聚会"。[1] 渐渐地和一些编辑部核心成员熟悉以后，才开始觉得没有那么尴尬了。并且，出现了几个合适的"资讯人"（informant），他们信任我，喜欢跟我聊天，乐于倾诉日常工作中的许多问题。跟他们的多次深度交谈（indepth conversation）帮助我尽快了解特定的编辑室文化，并逐步厘清和修正研究思路。

我每周基本上固定有两天待在编辑室，能够参加的常规会议主要包括每天早上的报社中央厨房会议，报社管理层和各部门主任都会出席，讨论第二天的选题策划和版面安排，以及每周二的融媒体中心部门会议。在会议上我基本上是旁听的角色，尽力记录下所有感兴趣的细节，偶尔融媒体中心领导们会就某些选题咨询我的意见，或者礼貌性地询问我有没有什么要说的。此外，还有报社不定期组织的业务培训会、内部业务研讨会、重要产品"复盘"讨论会等，我都尽可能地参加。有时候我也会准备一些发言内容，以使自己不完全处于旁听者的状态，这样会让我能够更加自然地置身于编辑部团队之中。

约翰·德尔瓦（John Delva）在她的博士论文中所提及的编辑室田野经验，包括注意沟通技巧，力所能及地给编辑部跑跑腿，时不时分享食物以释放善意等，我也都有过类似的经验。比如，在和记者一起外出采访时，针对采访提一些建议，帮忙记录部分文字资料，

---

[1] Petre C. (2021). *All the News That's Fit to Click: How Metrics Are Transforming the Work of Journalists*. NJ: Princeton University Press, p. 201.

视频拍摄需要时充当"临时演员",还有当视频记者扛着"长枪短炮"气喘吁吁时帮忙拿一下器材……尽力为编辑部帮点小忙,不仅是出于拉近和研究对象的距离、便于开展研究的"功利目的",事实上,作为一名曾经的新闻工作者,做这些事情几乎是自然而然的。我能够充分理解一线记者总是如影随形的忙碌、焦虑和彷徨,并且愿意力所能及地帮他们分担一些。

同时,我也在反复揣摩德尔瓦所说的"(在编辑室做田野时)一定程度的隐瞒或欺骗是不可避免的,这样可以减缓因研究者的存在而对编辑室的影响",或者说"告知研究意图,但模糊具体的研究目标"。[1] 从我进入M报的第一天起,我就跟多个从业者谈及过自己对媒介融合之下的新闻生产的研究兴趣,得到的反应几乎都是吃惊而略带嘲讽地说:我们有什么好研究的?随即他们就几乎完全遗忘了我是一个研究者。对他们来说,我只是一个偶然的过客,一个安静、温和、不讨人嫌的大学老师。我获得了他们中大多数人礼貌、客气而疏远的对待。在编辑室的大多数时候,我都处于"局外人"的状态,但也有一些时候,比如和他们一起熬夜绞尽脑汁想海报文案、想策划方案以及一起外出采访时,或者一起闲聊、吃饭喝咖啡、相互调侃开玩笑时,我开始有了一些"局内人"的感觉。最让我感激而庆幸的是,他们邀请我加入了融媒体编辑部最核心的审稿工作群,这让我可以随时随地了解到编辑部的审稿过程,知晓他们正在进行的工作,关注在生产过程中从业者之间、管理层与普通员工之间、部门之间、部门与报业集团之间的观念冲突与碰撞,从而部分地管窥新闻生产的深后台。

在M报融媒体中心待了8个月后,我开始考虑自己的观察是否已经进入到"饱和"状态。我也越来越好奇传统的条线记者,在媒体融合的新闻生产中,有什么样的变化,于是向一位比较熟悉的报社管理层提出,想去某个条线部门观察一段时间。他非常爽快地同意了,并立即做出安排。于是,在M报的最后4个月,我是穿梭在融媒体中心和另一个条线部门之间。遗憾的是,由于我身份"暧昧不明",没有能够获邀加入条线部门的微信工作群,只是旁观他们每周一次的部门会,以及与该部门的一些条线记者建立了个人联系,获得了一些跟随他们出去采访以及访谈的机会。

需要说明的是,我在M报所做的访谈大多数并非正式的一对一的封闭式访谈或半结构化访谈,而是漫谈以及多次碎片化交谈的汇集。从我的田野经验来看,正式访谈虽然能够聚焦话题,一次性获得比较多的信息,但是很难保证信息的真实性,被访者可能基于

---

[1] Delva, J. (2017). *Best of Acquaintances: An Ethnography of Radio-Canada's Newsroom* (Doctoral dissertation, Concordia University).

各种动因,而回避某些问题,或者讲述自己认为"应该讲述"的,而不是"真相"。反而,各种非正式的漫谈、闲谈,却更有机会获知被访者的真实想法。比如,我进入报社的第一天,融媒体中心的一位副主任T在介绍报社情况时,说报社已经实现了"新媒体优先",一切工作围绕新媒体运转。然而两个星期以后,在一次午餐闲聊中,他开始抱怨"其实报社还是围绕报纸运转,新媒体只是配角"。这和我在田野中得到的印象是一致的。我理解他一开始并不是存心要误导我,而是在接待新来者时习惯成自然地讲述"应然",而相互熟悉了之后,他才会不经意地讲出"实然"。

同时,我也深切感受到安吉拉·克里斯蒂(Angele Christin)在编辑室做田野时所总结的:记者(尤其是男记者)大多不愿意接受采访,而且他们很擅长于转换情境,将一个正式的采访转变为闲聊、打趣,甚至反过来问研究者很多问题。同时,他们会更希望展示新闻行业中"高大上"的一面,而不愿意谈论研究者感兴趣的"用户数据"之类的话题。[1]我在采访中也屡次碰到这样的情况,记者会很奇怪我来"采访"他,他显然对我的采访问题并不感兴趣,随即就会把采访情境"反转"为我们共同对媒体行业中某些现状或者社会现象的吐槽。年轻记者还会向我咨询高校工作、考研等。我虽然很乐意跟他们聊天以及提供一些资讯,但很多时候心底里其实非常焦虑自己准备好的访谈化为泡影。渐渐地,我开始将重心从正式访谈转向非正式访谈。在长时间的参与式观察中,我尽力寻找各种时机切入、引导某些话题的谈论,以及聆听从业者之间的交谈,并在谈话结束后及时记录、整理和编码。

在研究过程中,一些新的问题开始浮现:如何通过对编辑部的田野考察,透视新闻生产背后的权力运作和结构性因素?如何适应互联网时代新闻生产去组织化、去空间化、去职业化的新趋势,打破新闻生产研究中的"新闻室中心主义"(newsroom-centricity),重构新闻生产的田野?如何对传统的新闻民族志方法进行改造,以应对数字新闻生产的新格局?

---

[1] Christin A. (2020). *Metrics at Work: Journalism and the Contested Meaning of Algorithms*. NJ: Princeton University Press, p. 169-170.

附录一 在编辑室做田野

互联网时代常常"空荡荡的"编辑室,一度让作者感到非常焦虑。

M报融媒体中心记者外出采访拍摄。

研究者跟随M报条线记者、摄影记者外出采访金佛山国家野外科考站。

M报融媒体中心不定期举办内部业务研讨会。

  美国学者安吉拉·克里斯蒂（Angele Christin）称，传统的民族志研究者在离开所研究的社区后很少再回去，这被称为"脱离过程"（disengagement process）。但在数字时代，民族志研究者很少能够真正地"脱离"。事实上，离开M报之后，笔者和报社的许多同事仍然保持着社交媒体上的互动和线下偶尔的联系，用克里斯蒂的书中的一个概念来形容，我们部分地继续成为对方的"算法公众"（algorithmic publics）。[1]我喜欢这种状态，让我能够持续地接收到来自田野的信息，这意味着可以不断更新我对于所研究的问题域的理解，而非静态地依赖已获取的田野资料。另一方面，我也由衷地感谢田野中遇到的所有从业者对我研究的支持，他们正经历着前所未有的媒体剧变和行业震动，对那种转型中的彷徨、焦虑、艰难我感同身受，真心地祝福他们能够顺利走过！

---

[1] Christin A. (2020). *Metrics at Work: Journalism and the Contested Meaning of Algorithms*. NJ: Princeton University Press, p. 175.

附录二

参考文献

1.中文文献

[1]安东尼·吉登斯:《社会的构成:结构化理论大纲》,李康、李猛译,北京:三联书店,1998年。

[2]布尔迪厄、华康德:《反思社会学导引》,李猛、李康译,北京:商务印书馆,2015年。

[3][美]芭比·泽利泽:《严肃对待新闻:新闻研究的新学术视野》,李青藜译,北京:中国人民大学出版社,2022年。

[4]保罗·拉扎斯菲尔德、伯纳德·贝雷尔森、黑兹尔·高德特:《人民的选择:选民如何在总统选战中作决定》(第三版),唐茜译,北京:中国人民大学出版社,2012年。

[5][美]C.W.安德森:《重建新闻:数字时代的都市新闻业》,王辰瑶译,北京:中国传媒大学出版社,2022年。

[6]大卫·M.费特曼:《民族志:步步深入》,龚建华译,重庆:重庆大学出版社,2013年。

[7]费·金斯伯格、里拉·阿布−卢赫德、布莱恩·拉金:《媒体世界:人类学的新领域》,丁惠民译,北京:商务印书馆,2015年。

[8]赫伯特·甘斯:《什么在决定新闻:对CBS晚间新闻、NBC夜间新闻、〈新闻周刊〉及〈时代〉周刊的研究》,石琳、李红涛译,北京:北京大学出版社,2009年。

[9]黄旦:《传者图像:新闻专业主义的建构与消解》,复旦大学出版社,2005年。

[10]何塞·范·迪克:《连接:社交媒体批评史》,晏青、陈光风译,北京:中国人民大学出版社,2021年。

[11]罗德尼·本森:《图绘场域变量:法国和美国的新闻业》,载罗德尼·本森、艾瑞克·内维尔主编《布尔迪厄与新闻场域》,杭州:浙江大学出版社,2017年。

[12]林恩·休谟、简·穆拉克:《人类学家在田野:参与观察中的案例分析》,龙菲、徐大慰译,上海:上海译文出版社,2010年。

[13]刘海龙:《宣传:观念、话语及其正当性》,北京:中国大百科全书出版社,2013年。

[14]李立峰:《什么在决定新闻:新闻室观察研究的经典之作》,载赫伯特·甘斯《什么在决定新闻:对CBS晚间新闻、NBC夜间新闻、〈新闻周刊〉及〈时代〉周刊的研究》,石琳、李红涛译,北京:北京大学出版社,2009年版。

［15］迈克尔·舒德森：《发掘新闻：美国报业的社会史》，陈昌凤、常江译，北京：北京大学出版社，2009年。

［16］［美］曼纽尔.卡斯特：《网络社会的崛起》，夏铸九等译，北京：社会科学文献出版社，2000年版。

［17］［美］迈克尔舒德森：《新闻的力量》，刘艺娉译，北京：华夏出版社，2011年。

［18］［美］米切尔·斯蒂芬斯：《新闻的历史》，陈继静译，北京大学出版社，2014年。

［19］［美］尼基阿瑟：《〈纽约时报〉是怎么做新闻的》，徐芳芳译，上海：上海译文出版社，2019年版。

［20］尼基·厄舍：《互动新闻：黑客、数据与代码》，郭恩强译，北京：中国人民大学出版社，2020年。

［21］潘忠党：《代序：作为深描的民族志》，载郭建斌主编《文化适应与传播》，昆明：云南大学出版社，2007年。

［22］乔治·E.马尔库斯、米开尔·M.J.费彻尔：《作为文化批评的人类学——一个人文学科的实验时代》，王铭铭、蓝达居译，北京：三联书店，1998年，第18页。

［23］［英］斯图亚特·艾伦：《危机时代重思新闻业》，胡特译，北京：中国传媒大学出版社，2023年。

［24］托德·吉特林：《新左派运动的媒介镜像》，张锐译，北京：华夏出版社，2007年。

［25］扬·阿斯曼：《文化记忆：早期高级文化中的文字、回忆和政治身份》，金寿福、黄晓晨译，北京：北京大学出版社，2015年。

［26］俞可平：《公民参与民主政治的意义（代序）》，载贾西津主编《中国公民参与——案例与模式》，北京：社会科学文献出版社，2008年。

［27］罗文辉、陈韬文等：《变迁中的大陆、香港、台湾新闻人员》，台北：巨流图书公司，2004年。

［28］臧国仁：《新闻媒体与消息来源——媒介框架与真实建构之论述》，台北：三民书局，1999年。

［29］张文强：《新闻工作者与媒体组织的互动》，台北：秀威资讯出版社，2009年。

［30］白红义：《因时而作：新闻时间性的再考察》，《国际新闻界》2018年第6期。

［31］白红义：《"媒介化情感"的生成与表达：基于杭州保姆纵火事件报道的个案研究》，《湖南师范大学社会科学学报》2018年第5期。

［32］白红义：《在新闻室做田野：作为方法的新闻民族志研究》，《现代传播》2017年

第4期。

[33] 陈刚、王继周：《中国大陆传播研究民族志进路的逻辑、问题与重塑》，《现代传播》2017年第7期。

[34] 陈楚洁：《公民媒体的构建与使用：传播赋权与公民行动——以台湾PeoPo公民新闻平台为例》，《公共管理学报》2010年第7期。

[35] 常江：《聚合新闻：新闻聚合服务对新闻编辑行业的影响》，《编辑之友》2018年第2期。

[36] 陈凯星：《新华社打造智能化编辑部的初步探索与实践》，《中国记者》2020年第3期。

[37] 蔡雯：《追求"新闻"与"宣传"的双赢——对党报以"新闻性"强化"宣传性"的思考》，《新闻与写作》2004年第3期。

[38] 蔡雯：《新闻传播的变化融合了什么——从美国新闻传播的变化谈起》，《中国记者》2005年第9期。

[39] 蔡雯：《角度·视野·轨迹：试析有关媒介融合的研究》，《国际新闻界》2009年第11期。

[40] 蔡雯、邝西曦：《对话式传播与新闻工作者角色之变——由"僵尸肉"新闻真假之争谈起》，《新闻记者》2015年第9期。

[41] 陈阳：《每日推送10次意味着什么？——关于微信公众号生产过程中的新闻节奏的田野观察与思考》，《新闻记者》2019年第9期。

[42] 陈阳、郭玮琪、张弛：《我国报纸新闻中的情感性因素研究———以中国新闻奖一等奖作品为例（1993—2018）》，《新闻与传播研究》2020年第11期。

[43] 仇筠茜：《新闻策展："微媒体"环境下突发新闻报道及伦理分析——以美国马拉松爆炸案报道为例》，《国际新闻界》2013年第9期。

[44] 邓建国：《筛选与呈现：信息疲劳背景下的移动内容传播新趋势》，《新闻记者》2015年第6期。

[45] 段乐川、黄天露：《主流媒体参与社会治理的实践和探索——以新华社客户端"全民拍"为例》，《中国记者》2021年第4期。

[46] 丁伟、胡洪江：《微信公号内容运营的三个维度》，《中国报业》2015年11（上）。

[47] 高钢：《谁是未来新闻的报道者？——维基技术的本质及对新闻报道的影响》，《国际新闻界》2008年第6期。

[48]郭建斌:《民族志方法:一种值得提倡的传播学研究方法》,《新闻大学》2003年夏。

[49]郭建斌:《"电影大篷车":关于"多点民族志"的实践与反思》,《新闻大学》2014年第3期。

[50]郭建斌:《雾锁田野:如何在媒体机构内做田野调查——兼对〈什么在决定新闻〉的方法学梳理》,《新闻记者》2017年第5期。

[51]郭建斌:《民族志传播研究的概念、理论及研究取向——基于中文相关文献的纲要式讨论》,《新闻大学》2019年第9期。

[52]甘险峰、郭洁:《5G与人工智能技术赋能下媒体融合的新发展——2019年中国新闻业事件回顾》,《编辑之友》2020年第2期。

[53]盖伊·塔克曼:《报导报道者——〈做新闻〉的田野故事》,李红涛译,《新闻记者》2021年第4期。

[54]黄旦:《"把关人"研究及其演变》,《国际新闻界》1996年第4期。

[55]和莹:《短视频UGC新闻生产研究及模式反思》,《青年记者》2020年3月下。

[56]何瑛、胡翼青:《从"编辑部生产"到"中央厨房":当代新闻生产的再思考》,《新闻记者》2017年第8期。

[57]黄雅兰、陈昌凤:《"目击媒体"革新新闻生产与把关人角色——以谷歌新闻实验室为例》,《新闻记者》2016年第1期。

[58]黄月琴:《"心灵鸡汤"与灾难叙事的情感规驯——传媒的社交网络实践批判》,《武汉大学学报(人文科学版)》,2016年第5期。

[59]克里斯·安德森:《没有历史的技术:民族志、物质性与新闻业的变迁》,何仁亿译,《新闻界》2021年第5期。

[60]罗昶、丁文慧、赵威:《事实框架与情感话语:〈环球时报〉社评和胡锡进微博的新闻框架与话语分析》,《国际新闻界》2014年第8期。

[61]李枫林、魏蕾如:《社会化策展研究综述》,《图书情报工作》2016年第8期。

[62]卢晖临、李雪:《如何走出个案——从个案研究到扩展个案研究》,《中国社会科学》2007年第1期。

[63]蓝江:《生命档案化、算法治理和流众——数字时代的生命政治》,《探索与争鸣》2020年第9期。

[64]梁君健:《秒表可以测出重量吗?——基于民族志方法论的新闻生产社会学再思考》,《新闻记者》2018年第8期。

[65] 梁君健、黄一洋、阳旭东:《数字新闻生产创新:一项关于记者Vlog的新闻社会学研究》,《新闻界》2022年第2期。

[66] 李金铨、黄煜:《中国传媒研究、学术风格及其他》,《媒介研究》2004年第3期。

[67] 李乐:《〈时代〉创始人亨利·鲁斯的新闻编辑思想》,《新闻界》2008年第5期。

[68] 吕琳露:《内容策展平台及其特征研究——以"花瓣网"为例》,《现代情报》2017年第3期。

[69] 龙强、李艳红:《从宣传到霸权:社交媒体时代"新党媒"的传播模式》,《国际新闻界》2017年第2期。

[70] 罗昕:《结构性缺失:网络时代把关理论的重新考察》,《新闻与传播研究》2011年第3期。

[71] 陆晔:《社会控制与自主性——新闻从业者工作满意度与角色冲突分析》,《现代传播》2004年第6期,第9页。

[72] 陆晔、周睿鸣:《新闻创新中的"协作式新闻布展"——媒介融合的视角》,《新闻记者》2018年第9期。

[73] 刘勇:《作为宣传的新闻:范式锚定与逻辑演进——基于中国共产党百年党报实践的考察》,《现代传播》2022年第2期。

[74] 穆怀中:《社会控制概念和结构分析》,《社会学研究》1988年第3期。

[75] 牛天、周继坚:《新华社:短视频成为创新新闻报道"利器"》,《传媒评论》2016年第10期。

[76] 潘祥辉:《"无名者"的出场:短视频媒介的历史社会学考察》,《国际新闻界》2020年第6期。

[77] 潘祥辉:《对自媒体革命的媒介社会学解读》,《当代传播》2011年第6期。

[78] 潘忠党:《新闻改革与新闻体制的改造——我国新闻改革实践的传播社会学之探讨》,《新闻与传播研究》1997年第3期。

[79] 任志祥、肖苹宁:《无情感不抖音:〈人民日报〉抖音号的表达特征分析》,《新闻界》2020年第12期。

[80] 沙垚:《民族志传播研究的问题与反思》,《国际新闻界》2018年第6期。

[81] 莎伦·梅拉兹、齐齐·帕帕卡利斯:《埃及革命期间网络把关以及网络框架分析》,陈瑜编译,《国际新闻界》2015年第9期。

[82] 邵力:《微信互动的结构化时间分析———一个时间社会学视角》,《哈尔滨工业

大学学报(社会科学版)》2021年第7期。

[83] 史安斌、谢张天:《美国社群媒体的复兴与"公共新闻"的重塑》,《青年记者》2017年第28期。

[84] 宋玉生、骆正林、万思蔚:《意识形态娱乐化的情感面向与主流媒体实践》,《新闻界》2020年第8期。

[85] 宋昭勋:《新闻传播学中Convergence一词溯源及内涵》,《现代传播》2006年第1期。

[86] 孙信茹:《田野作业的拓展与反思——媒介人类学的视角》,《新闻记者》2017年第12期。

[87] 王宝林:《论党报发展面临的竞争压力》,《新闻爱好者(理论版)》2007年3月(下半月)。

[88] 王斌、张雪:《双向融合:互联网环境下平台媒体与传统媒体的关系建构》,《中国编辑》2022年第4期。

[89] 王辰瑶、刘天宇:《2020年全球新闻创新报告》,《新闻记者》2021年第1期。

[90] 王海燕:《加速的新闻:数字化环境下新闻工作的时间性变化及影响》,《新闻与传播研究》2019年第10期。

[91] 王敏、扶小兰:《目击者视频:融合路径与伦理挑战》,《新闻与传播评论》2019年第6期。

[92] 王敏:《从"常规"到"惯习":一个研究框架的学术史考察》,《新闻与传播研究》2018年第9期。

[93] 王炎龙、王石磊:《"驯化"微信群:年长世代构建线上家庭社区的在地实践》,《新闻与传播研究》2021年第5期。

[94] 王喆:《台湾社会热点事件中"懒人包"的信息策展实践》,《东南传播》2016年第3期。

[95] 王之月、彭兰:《纸媒转型的移动化尝试——〈纽约时报〉新闻客户端NYT Now的探索与启示》,《新闻界》2014年第23期。

[96] 夏倩芳、王艳:《"风险规避"逻辑下的新闻报道常规——对国内媒体社会冲突性议题采编流程的分析》,《新闻与传播研究》2012年第4期。

[97]《新闻记者》课题组:《2021年传媒伦理研究报告》,《新闻记者》2022年第1期。

[98] 徐蓉蓉:《控制抑或自由:边沁全景监狱的设想及误读》,《当代传播》2021年第6期。

[99] 徐翔:《社交网络意见领袖"同心圈层":现象、结构及规律》,《深圳大学学报(人文社会科学版)》2022年第1期。

[100] 杨雨丹:《新闻惯习的产生与生产——惯习视角下的新闻生产》,《国际新闻界》2009年第11期。

[101] 叶宏:《微信与民族志:田野、书写以及自媒体时代的人类学》,《玉溪师范学院学报》2017年第5期。

[102] 叶珂、贺咏柳:《国外媒体UGC内容的引入机制、实践模式及效果》,《传媒评论》2018年第12期。

[103] 喻国明、焦健、张鑫:《"平台型媒体"的缘起、理论与操作关键》,《中国人民大学学报》2015年第6期。

[104] 喻国明:《媒体变革:从"全景监狱"到"共景监狱"》,《人民论坛》2009年第15期。

[105] 袁光锋:《情感何以亲近新闻业:情感与新闻客观性关系新论》,《现代传播》,2017年第10期。

[106] 曾丽红:《新闻从业者的工作自主性及影响因素研究——基于新媒体环境下的考察》,《新闻与传播研究》2014年第11期。

[107] 曾祥敏、曹楚:《专业媒体新闻内容生产创新实践——用户生产与专业生产深度融合的路径研究》,《现代传播》2015年第11期。

[108] 张斌:《场域理论与媒介研究——一个新研究范式的学术史考察》,《新闻与传播研究》2016年第12期。

[109] 张斌:《新闻生产与社会建构——论美国媒介社会学研究中的建构论取向》,《现代传播》2011年第1期。

[110] 张彩霞、张涵:《互联网平台媒体的反向融合逻辑与新传播生态》,《现代传播》2022年第2期。

[111] 张放:《传播学史视域下媒介研究"民族志转向"之辨及其价值探析》,《南京社会科学》2018年第6期。

[112] 张娜:《虚拟民族志方法在中国的实践与反思》,《中山大学学报(社会科学版)》2015年第4期。

[113] 章苒:《捡拾真相的碎片——"我在现场"的新闻众包探索》,《青年记者》2015年第12期。

[114] 张文强:《媒介组织内部权力运作与新闻工作自主:封建采邑内的权力控制和

反抗》,《新闻学研究》第73期,台北:政治大学新闻研究所。

[115] 张志安、曹艳辉:《新闻从业者的社会控制感知及影响因素研究》,《当代传播》2017年第3期。

[116] 张志安、李霭莹:《变迁与挑战:媒体平台化与平台媒体化——2018中国新闻业年度观察报告》,《新闻界》2019年第1期。

[117] 张志安、彭璐:《混合情感传播模式:主流媒体短视频内容生产研究——以人民日报抖音号为例》,《新闻与写作》2019年第7期。

[118] 张志安、束开荣:《新媒体与新闻生产研究:语境、范式与问题》,《新闻记者》2015年第12期。

[119] 张志安、陶建杰:《网络新闻从业者的自我审查研究》,《新闻大学》2011年第3期。

[120] 张志安、吴涛:《"宣传者"与"监督者"的双重式微——中国新闻从业者媒介角色认知、变迁及影响因素》,《国际新闻界》2014年第6期。

[121] 张志安、张京京、林功成:《新媒体环境下中国新闻从业者调查》,《当代传播》2014年第3期。

[122] 张志安:《新闻场域的历史建构及其生产惯习——以〈南方都市报〉为个案的研究》,《新闻大学》2010年第4期。

[123] 张志安:《新闻生产社会学视角下的田野观察和案例研究——从博士论文〈编辑部场域中的新闻生产〉谈起》,《新闻记者》2017年第5期。

[124] 郑佳欣、代羽、吴枫:《南方号:平台化时代新型主流媒体内容生产逻辑再造》,《传媒》2021年8月下(第16期)。

[125] 郑瑞城、罗文辉:《电视新闻消息来源人物之背景与呈现方式之研究》,转引自臧国仁:《新闻媒体与消息来源的互动关系——系统理论的观点》,国科会研究集刊,1995年7月,第5卷第2期。

[126] 郑忠明、江作苏:《作为知识的新闻:知识特性和建构空间——重思新闻业的边界问题》,《国际新闻界》2016年第4期。

[127] 周乾宪:《公益组织对社群媒体的利用及传播策略——基于对13家全国公益基金会新浪微博主页的内容分析》,《新闻爱好者》2012年第9期。

[128] 金加宝:《策展人:编辑转型的角色期待》,《中国新闻出版广电报》2016年9月14日第004版。

[129] 王丽:《半岛电视台战争报道研究》,暨南大学硕士学位论文,2010年。

[130]袁冬雪:《英国〈卫报〉Guardian Witness 网站众包新闻研究》,河北大学硕士学位论文,2018年。

[131]陆晔:《新闻生产过程中的权力实践形态研究》,载《信息化进程中的传媒教育与传媒研究——第二届中国传播学论坛论文汇编(上册)》,2002年。

[132]郭于华:《从社会学的想象力到民族志的洞察力》,《清华社会学评论》2012年第6期。

[133]何飞鹏:《策展人策展什么》,《数位时代》2012年第12期。

[134]陆晔:《"去中心化"时代新闻媒体的意义何在?——由MU5735空难报道谈起》,《探索与争鸣》杂志微信公众号专稿,2022年3月26日。

2.英文文献

[1] Abramson S., Proof of Collusion: How Trump Betrayed America. New York: Simon & Schuster, 2018. https://www.amazon.com/Proof-Collusion-Trump-Betrayed-America/dp/1982116080

[2] Altheide, J. & Snow, R. P. (1979). *Media Logic*. Beverly Hills, CA: Sage.

[3] Anderson, C.W. (2011). Blowing up the Newsroom: Ethnography in the Age of Distributed Journalism, in Domingo, D, Paterson, CP (eds) *Making Online News: Newsroom Ethnography in the Second Decade of Internet Journalism*. New York, NY: Peter Lang.

[4] Andrews, J. C. (1955). *The north reports the Civil War*, Pittsburgh: University of Pittsburgh Press.

[5] Bruno, N. (2011). Tweet First, Verify later? How Real-time Information is Changing the Coverage of Worldwide Crisis Events (Reuters Institute Fellowship Paper). Oxford: Reuters Institute for the study of Journalism. https://reutersinstitute.politics.ox.ac.uk/our-research/tweet-first-verify-later-how-real-time-information-changing-coverage-worldwide-crisis.

[6] Christin A. (2020). *Metrics at Work: Journalism and the Contested Meaning of Algorithms*. NJ: Princeton University Press.

[7] Campbell-Copeland, T. (1944). "On Correspondents". In C. Riess, Eds., *They Were There: The Story of World War II and How it Came about by America's Foremost Correspondents*, New York: G. P. Putnam's Sons.

[8] Carey, J. (Ed.). (1987). *Eyewitness to History*. New York: Avon Books.

[9] Cottle, S. (2003). *Media Organization and Production*, London: Sage.

[10] Couldry, N. (2012). *Media, Society, World*. Cambridge: Polity Press.

[11] Dana, C. A. (1937). "News and Reporting", in F. L. Mott, eds., *Interpretations of Journalism*. New York: F. L. Crofts & Co.

[12] De Sola Pool, I. (1983). *Technologies of Freedom*. Harvard University Press.

[13] Dovey, J. (2000). *Freakshow: First Person Media and Factual Television*. London: Pluto.

[14] Elizabeth L.(1996). *Eyewitness Testimony*. Cambridge, Mass: Harvard University Press.

[15] Langenhove, F. V. (1916). *The Growth of a Legend*. New York: G. P. Putnam's Sons.

[16] Ellis, J. (2000). *Seeing Things: Television in The Age of Uncertainty*. London: I. B. Tauris.

[17] Epstein, E. J. (1973). *News from Nowhere: Television and the News*. New York: Random House.

[18] Felman, S., & Laub, D. (1992). *Testimony: Crises of Witnessing in Literature, Psychoanalysis, and History*. New York, NY: Routledge.

[19] Fishman, M. (1980). *Manufacturing the News*. Austin: University of Texas Press.

[20] French, J. R. P. and Raven, B. (1960). The Bases of Social Power. In D. Cartwright and A. Zander(eds.), *Group Dynamics*, Evanston: Row, Peterson.

[21] Goffman, E. (1974). *Frame Analysis: An Essay on the Organization of Experience*. Cambridge, MA, US: Harvard University Press.

[22] Goldberg, V.(1991). *The Power of Photography*, New York: Abbeville Press.

[23] Turner. (2010). *Ordinary People and the Media: The Demotic Turn*. London: Sage.

[24] Gunnison, R. A.(1942). "Manila Eyewitness", *Collier's*, January 10.

[25] Hughes, E. C. (1964). *Men and Their Work*. Illinois: The Free Press of Glencoe.

[26] Hughes, H. M. (1940). *News and the Human Interest Story*, Chicago: University of Chicago Press.

[27] Knightley, P. (1975). *The First Casualty*. New York and London: Harcourt Brace & Jovanovich.

[28] Langenhove, F. V. (1916). *The Growth of a Legend*. New York: G. P. Putnam's Sons.

[29] McQuail, D. (2013). *Journalism and Society*. Los Angeles: Sage.

[30] Meulen, V. D. (2009) Courant, D., quoted in Jeroen Blaak, *Literacy in Everyday Life: Reading and Writing in Early Modern Dutch Diaries*, Leiden: Brill.

[31] Meyers, A. (June, 1943). The Camera: A Silent Witness, *American Photography*.

[32] Motte, R. (1950). *American Journalism: A History of Newspapers in United States through 260 Years: 1690-1950*. New York: the Macmillan Company.

[33] Murdock, G. (1982). "Large Corporations and the Control of the Communications Industries", in Gurevitch, M., Bennett, T., Curran, J., & Woollacott, J. (Eds.), *Culture, Society and the Media*, NY: Methuen.

[34] Mortensen, M. (2015). *Journalism and Eyewitness Images: Digital Media, Participation, and Conflict*. New York: Routledge.

[35] Petre C. (2021). *All the News That's Fit to Click: How Metrics Are Transforming the Work of Journalists*. NJ: Princeton University Press.

[36] Shapiro, B. J. (2003). *A Culture of Fact: England 1550-1720*. New York: Cornell University Press.

[37] Stone, M. (1921). *Fifty Years A journalist*. Garden City, NJ: Doubleday.

[38] Shoemaker, P. J. (1991). *Gatekeeping*. Newburry Park, CA: Sage Publications.

[39].Shoemaker, P. J., Reese, S. D. (1996). *Mediating the message*. White Plains, NY: Longman.

[40] Tuchman, G. (2002). The Production of News, in K.B. Jensen, eds., *A Handbook of Media and Communication Research: Qualitative and Quantitative Methodologies*, London: Routledge.

[41] Synder, L. I. (Ed.). (1962). *Masterpieces of War Reporting*. New York: Julian Messner.

[42] Friend C. & Singer J. (2007). *Online Journalism Ethics: Traditions and Transitions*. New York: Routledge.

[43] A. Hermida, S. C. Lewis, R. Zamith. (2014). Sourcing the Arab Spring: A Case Study of Andy Carvin's Sources on Twitter During the Tunisian and Egyptian Revolutions.

Journal of Computer-Mediated Communication, vol. 19, no. 3.

［44］Ahva L., Pantti M. (2014). Proximity as a Journalistic Keyword in the Digital Era: A Study on the Closeness of Amateur News Images, *Digital Journalism*, vol. 2, issue 3.

［45］Ahva L., Hellman M. (2015). Citizen Eyewitness Images and Audience Engagement in Crisis Coverage, *International Communication Gazette*, vol. 77, issue 7.

［46］Albright, T. D. (Jul 2017). Why Eyewitnesses Fail. *Proceedings of the National Academy of Sciences*, vol. 114, no.30.

［47］Allan, S. (2014). Photo-reportage of Terror Attacks in Boston and London. *Media, War & Conflict*, vol. 7, no. 2.

［48］Andén-Papadopoulos, K. (2014). Citizen Camera-witnessing: Embodied Political Dissent in the Age of "Mediated Mass Selfcommunication". *New Media & Society*, vol. 16, no. 5.

［49］Aufderheide P., Journalists, Social Media and Copyright: Demystifing Fair Use in the Emergent Digital Environment, *Journal of Business & Technology Law*, vol. 9, no. 1, 2014.

［50］Badoel, J., Deuze M., (2001), Network Journalism: Converging Competencies of Old and New Media Professionals. *Australian Journalism Review*, vol. 23.

［51］Bakker, P. (2014). Mr. Gates Returns: Curation, Community Management and Other New Roles for Journalists. *Journalism Studies*, vol. 15, no. 5.

［52］Barbera, Pablo, John T. Jost, Jonathan Nagler, Joshua A. Tucker, Bonneau R. (2015). Tweeting from Left to Right: Is Online Political Communication More than an Echo Chamber? *Psychological Science*, vol. 26, no. 10.

［53］Borah, P., Thorson, K., Hwang, H. (2015). Causes and Consequences of Selective Exposure among Political Blog Readers: The Role of Hostile Media Perception in Motivated Media Use and Expressive Participation, *Journal of Information Technology & Politics*, vol. 12, no. 2.

［54］Barzilai-Nahon, K. (2008). Toward a Theory of Network Gatekeeping: A Framework for Exploring Information Control. *Journal of The American Society for Information Science and Technology*, vol. 59, no. 9.

［55］Becker K. (2013). Gestures of Seeing: Amateur Photographers in the News, *Journalism*, vol. 16, no.4.

[56] Bird, S. E., & Adams, D.B. (1990). Agenda Building and Information Subsidy in Local Television News, *Journalism Quarterly*, vol.67.

[57] Broersma, M. (2010). The Unbearable Limitations of Journalism: On Press Critique and Journalism's Claim to Truth. *International Communication Gazette*, vol. 72, no.1.

[58] Bock, M. A. (2011). Citizen Video Journalists and Authority in Narrative: Reviving the Role of the Witness, *Journalism*, vol. 13, no. 5.

[59] Breed, W. (1955). Social Control in the Newsroom: A Functional Analysis. *Social Forces*, vol.33.

[60] Bruns, A. (2003). Gatewatching, Not Gatekeeping: Clooaborative Online News. Media International Australia Incorporating Culture and Policy: quarterly journal of media research and resources, 107.

[61] Bruns, A. (2015) Working the Story: News Curation in Social Media as a Second Wave of Citizen Journalism. In Atton, C (Ed.) *The Routledge companion to alternative and community media*. Routledge, United Kingdom.

[62] Carlson M. (2006). War journalism and the "KIA Journalist": The cases of David Bloom and Michael Kelly. *Critical Studies in Mass Communication*, vol. 23, no. 2.

[63] Castells, M. (2011). A Network Theory of Power, *International Journal of Communication*, vol. 5.

[64] Chan, J., Zhongdang Pan and Lee, F. (2004). Professional Aspirations and Job Satisfaction: Chinese Journalists at a Time of Change in the Media. *Journalism & Mass Communication Quarterly*.

[65] Coddington, M. (2012). Defending a Paradigm by Patrolling a Boundary: Two Global Newspapers' Approach to WikiLeaks. *Journalism & Mass Communication Quarterly*, vol. 89, no. 3.

[66] Cohen, N. S. (2019). At Work in the Digital Newsroom. *Digital Journalism*, vol. 7, no. 5.

[67] Cottle, S. (2007). Ethnography and News Production: New(s) Developments in the Field, *Sociology Compass*, vol.1.

[68] Curran, J., Gurevitch, M., Woott, J. (2005). The Study of the Media: Theoretical Approaches. *Culture, Society and the Media*.

［69］Das, R. (2011). Converging Perspectives in Audience Studies and Digital Literacies, *European Journal of Communication*, vol. 26, no. 4.

［70］Daston, L. (1994). "Marvelous Facts and Miraculous Evidence in Early Modern Europe", In T. Chandler et al. *Questions of Evidence*. Chicago: University of Chicago Press.

［71］Davis, J. L. (2017). Curation: A Theoretical Treatment. *Information, Communication & Society*, vol. 220, no. 7.

［72］Delva J. (2017). Best of Acquaintances: An Ethnography of Radio-Canada's newsroom. A Thesis in The Department of Journalism Presented in Partial Fulfillment of the Requirements for the Degree of Master of Arts (Journalism Studies) at Concordia University Montreal, Quebec, Canada.

［73］Dodds, T. (2019). Reporting with WhatsApp: Mobile Chat Applications' Impact on Journalistic Practices. *Digital Journalism*, vol. 7, no. 6.

［74］Eliasoph, N. (1988). Routines and the Making of Oppositional News, *Critical Studies in Mass Communication*, vol. 5, no. 4.

［75］Farber D., Baran P. (1977). The Convergence of Computing and Telecommunications Systems. *Science New Series*, vol. 195, no. 4.

［76］Gamson, W. & Wolfsfeld, G. (1993). Movements and Media as Interacting Systems, *Annals of the American Academy of Political and Social Science*, vol. 528.

［77］Gans, H. J. (1999). Participant Observation in the era of "Ethnography". *Journal of Contemporary Ethnography*, vol. 28, no. 5.

［78］Gieryn, T. F. (1983). Boundary-Work and the Demarcation of Science from Non-Science: Strains and Interests in Professional Ideologies of Scientists. *American Sociological Review*, vol. 48, no. 6.

［79］G. Lotan, E. Graeff, M. Ananny, et al. (2011). The revolutions were tweeted: Information flows during the 2011 Tunisian and Egyptian revolutions. *International Journal of Communication*, no. 5.

［80］Hanska, M. & Bode, M. (2018). How the Ubiquity of Eyewitness Media Changes the Mediation and Visibility of Protests in the News. In *Screening Protest: Visual Narratives of Dissent across Time, Space and Genre*, edited by Alexa Robertson, Routledge.

［81］Hayes, K. (2021). The Networked Newsroom: Navigating New Boundaries of

Work. *Journalism Practice*.

［82］Howarth, A. (2015). Exploring a Curatorial Turn in Journalism. *Media/Culture Journal*, vol. 18, no. 4.

［83］L. Chouliaraki. (2010). Ordinary Witnessing in Post-Television News: Towards a New Moral Imagination. *Critical Discourse Studies*, vol. 7, no. 3.

［84］Liu, S. B., Palen, L., Sutton, J., Hughes, A. L., & Vieweg, S. (2008, May). In Search of the Bigger Picture: The Emergent Role of On-line Photo Sharing in Times of Disaster. In *Proceedings of the Information Systems for Crisis Response and Management Conference (ISCRAM)* (pp. 4-7). Citeseer.

［85］Michael, L., Martin, M. (2018). The Eyewitness Texture of Conflict: Contributions of Amateur Videos in News Coverage of Arab Spring. *Global Media Journal*, vol. 8, no. 1.

［86］Mortensen, M. (2015). Connective witnessing: Reconfiguring the Relationship Between the Individual and the Collective, *Information, Communication & Society*, vol. 18, no. 11.

［87］O'Neill, P. (2013). *The Curatorial Turn: From Practice to Discourse*. Bristol: Intellect.

［88］Pache, C. (2011). Content Curators: The DJs of the web. *Journal of Digital Research & Publishing*.

［89］Paterson, H. M. (2018). Why We Made iWitnessed, an App to Collect Evidence. *New South Wales Police News*, vol. 98, no. 5.

［90］Peters, J. D. (2001). Witnessing. *Media, Culture and Society*, vol. 23, no. 6.

［91］Robinson, S. (2009). The Cyber-newsroom: A Case Study of the Journalistic Paradigm in a News Narrative's Journey from a Newspaper to Cyberspace, *Mass Communication & Society*, vol.12, no.4.

［92］Sarah, P. & Simon, B. (2018). "Citizen Curation" in Online Discussions of Donald Trump's Presidency, *Digital Journalism*, vol. 6, no. 5.

［93］Schlesinger, P. (1990). Rethinking the Sociology of Journalism: Source Strategies and the Limits of Media-Centrism, in M. Ferguson, eds., *Communication: The New Imperatives*, London: Sage.

［94］Schmidt, R., & Wiesse, B. (2019). Online Participant Videos: A New Type of Data for Interpretative Social Research? *Forum: Qualitative Social Research*, vol. 20, no. 2.

[95] Schudson, M. (1982). The Politics of Narrative Form: The Emergence of News Conventions in Print and Television. *Daedalus*, vol. 11.

[96] Schudson, M. (1989). The Sociology of New Production. *Media, Culture and Society*, vol.11.

[97] Schultz, I. (2007). The Journalistic Gut Feeling: Journalistic Doxa, News Habitus and Orthodox News Values. *Journalism Practice*, Vol. 1, No 2.

[98] Schwartz, D. (1992). To Tell the Truth: Codes of Objectivity in Photojournalism. *Communication*, vol. 13.

[99] Seitzinger, J. (2014, April). Curate Me! Exploring Online Identity through Social Curation in Networked learning. In *9th International Conference on Networked Learning* (pp. 7-9).

[100] Sherwood, M., O'Donnell, P. (2018). Once a Journalist, always a Journalist? Industry Restructure, Job Loss and Professional Identity. *Journalism Studies*, vol. 19, no. 7.

[101] Singer, J. (2006). Stepping back from the Gate: Online Newspaper Editors and the Co-production of Content in Campaign 2004. *Journalism and Mass Communication Quarterly*, vol. 83, no. 2.

[102] Singer, J. (2014). User-Generated Visibility: Secondary Gatekeeping in a Shared Media Space. *New Media and Society*, vol. 16, no. 1.

[103] Singer, J. B. (1997). Still Guarding the Gate? *Convergence: The International Journal of Research into New Media Technologies*, vol. 3, no. 1.

[104] Soloski, J. (1989). News Reporting and Professionalism: Some Constraints on the Reporting of the News. *Media, Culture & Society*, vol. 11, no. 2.

[105] Stieler, K. Zeitungs Lust und Nutz, G. Hagelweide Eds., Bremen: Carl Schünemann Verlag. (Orig. pub. 1695.)

[106] Stonbely, S. (2015). The Social and Intellectual Contexts of the US "Newsroom Studies", and the Media Sociology Today. *Journalism Studies*, vol. 16, no. 2.

[107] Stuart, A., Chris, P. (2015). Visual truths of citizen reportage: Four research problematics. *Information, Communication & Society*, vol. 18, no. 11.

[108] Synder, I. (2015). *Discourses of "Curation" in Digital Times. Discourse and Digital Practices: Doing Discourse Analysis in the Digital Age*. Eds. Rodney H. Harris, Alice Chik, and Christoph Hafner. Oxford: Routledge.

[109] Tameling, K., Broersma, M. (2013). De-Converging the Newsroom: Strategies for Newsroom Change and Their Influence on Journalism Practice. *The International Communication Gazette*, vol.75, no. 1.

[110] Tchen, J. K. W. (2013). Who Is Curating What, Why? Towards a More Critical Communing Praxis. *Museum and Curatorial Studies Review*, vol. 1.

[111] Thorson, K., Wells, C. (2015). How Gatekeeping Still Matters: Understanding Media Effects in an Era of Curated Flows. *Gatekeeping in Transition*. Eds. Tim P. Vos and Francois Heinderyckx. Abingdon: Routledge.

[112] Tuchman, G. (1972). Objectivity as Strategic Ritual: Examination of Newsmen's Notions of Objectivity. *American Journal of Sociology*, Vol 77, no. 4.

[113] Tuchman, G. (1973). Making News by Doing Work: Routinizing the Unexpected, *The American Journal of Sociology*, vol. 79, no. 1.

[114] Tuchman, G. (1978). *Making News: A Study in the Construction of Reality*. New York: The Free Press.

[115] Villi, M., Moisander, J., Joy, A. (2012). Social Curation in Consumer Communities: Consumers as Curators of Online Media Content, in *NA – Advances in Consumer Research*, vol. 40, eds. Zeynep Gürhan-Canli, Cele Otnes, and Rui (Juliet) Zhu, Duluth, MN: Association for Consumer Research.

[116] Wahl-Jorgensen, K. (2013). The strategic ritual of emotionality: A case study of Pulitzer Prize-winning articles. *Journalism*, vol. 14, no. 1.

[117] Wallace, J. (2018). Modelling Contemporary Gatekeeping: The Rise of Individuals, Algorithms and Platforms in Digital News Dissemination. *Digital Journalism*, vol. 6, no. 3.

[118] Wall, M., Baines, D., & Rajaram, D. (2014). Pop-Up Newsroom as News Literacy. *Global Citizenship*, 149, 162.

[119] Walsh, P. (2003). That Withered Paradigm: The Web, the Expert, and the Information Hegemony, in H. Jenkins and D. Thorburn, eds., *Democracy and New Media*. Cambridge, MA: MIT Press.

[120] Warren, D. (1968). Power, Visibility and Conformity in Formal Organizations. *American Sociological Review*, Vol. 33, no. 6.

[121] Weinberger D. (August 28, 2009). Transparency: the New Objectivity, *Trend-

Setting Products, Vol 18, Issue 8. Available online: https://www.kmworld.com/Articles/Column/David-Weinberger/Transparency-the-new-objectivity-55785.aspx.

[122] White, D. M. (1950). The "Gate Keeper": A Case Study in the Selection of News. Journalism Quarterly, vo. 27, no. 4.

[123] William A, Wahl-Jorgensen K., Waddle C. (2011). "More Real and Less Packaged": Audience Discourse on Amateur News Content and Their Effects on Journalism Practice, in Anden-Papadopoulos K. and Pantti M. eds, *Amateur Images and Global News*, Bristol: Intellect.

[124] Williams, BA., Carpini MXD., (2004). Monica and Bill all the time everywhere: The Collapse of Gatekeeping and Agenda Setting in the new media environment. *American Behavioral Scientist*, vol. 47.

[125] Willig, I. (2012). Newsroom Ethnography in a Field Perspective, *Journalism: Theory, Practice & Criticism*, vol. 14, no. 3.

[126] Zelizer B. (1993). Journalists as Interpretive Communities. *Critical Studies in Mass Communication*, no. 10.

[127] Zelizer, B. (1998). The Failed Adoption of Journalism Study. *Harvard International Journal of Press/Politics*, vol. 3, no. 1.

[128] Zelizer B. (2007). On "Having Been There": "Eyewitnessing" as a Journalistic Key Word, *Critical Studies in Media Communication*, vol. 24, no. 5.